ZENでいましょう

禅のことばをめぐる雑感

透雲 義文

はじめに

「ZEN《ぜん》でいましょう」

こんな言いまわしを時おりすることがあると、フランスの若者が微笑《ほほえ》みながら話していました。もう十数年ほど前の、あるドキュメンタリー番組でのことです。その「ZEN」とは、深遠にして崇高な本来の「禅」の境地ではなく、〝おちつき〟〝安らぎ〟〝憩《いこ》い〟というような、つねひごろの心地よいありようをさしているようでした。

本書は、そのような心境を禅宗に関わる言葉にたくしてあらわしてみたもの、といえるかもしれません。書名を京ことば風に翻訳すると、「ほっこりおしやす」（ほっとおくつろぎください）というふうになるでしょうか。

檀信徒様への寺報に連載してきた拙文を編集したのがこの書です。日常から遠いと思われている仏教や禅宗に少しでも親しんで、何かのきっかけやお慰《なぐさ》みにでもしていただければ。そんな思いで私の日常雑感をふまえて掲載を続けてきました。「いいのかよ、こんなふざけたことを書いて」と言う友人がいました。一方で、「読んだあと、あたたかな気持ちになりますね」と言ってくださった方もありました。出版を勧めてくださる方々もあり、ようやく実現したしだいです。

せつなかったり、いらだったり、モヤモヤとして、なかなかホッとできないあなたへ。

本書に対して、〝襟《えり》を正す〟必要なんてまったくありません。おやすみ前のひと時など、寝ころがって気楽にひろい読みしていただければけっこうです。何だかユルーい文面にボンヤリしてきて、そのうち、安らかな眠りに入ることができれば。

それこそ、「ZENでいましょう」の「ZEN」が、あなたにもたらされたことになるのかもしれません。ただオモシロクナイだけなのかもしれませんが。

どうかみなさまに、ひと時の〝ほっこり〟がありますように。

合掌

ZENでいましょう

―禅のことばをめぐる雑感―

目次

はじめに　3

I　雪を担いて井を埋む

一　東司《とうす》　1989・3　14
二　浴室《よくしつ》　1990・3　17
三　典座《てんぞ》　1990・9　21
四　分衛《ぶんねい》　1991・3　24
五　作務《さむ》　1991・9　29
六　生死事大《しょうじじだい》　1992・3　33
七　山門《さんもん》　1992・9　37
八　以心伝心《いしんでんしん》　1993・3　41

九　帰《き》家《か》　1993・8　46
十　剃《てい》髪《はつ》　1993・9　52
十一　園《えん》頭《ず》　1994・3　56
十二　暮《ぼ》露《ろ》々《ぼ》々《ろ》　1994・9　61
十三　拈《ねん》香《こう》　1995・3　65
十四　虚妄《こもう》はこれ鬼神《きじん》なり　1995・9　69
十五　生も一時のくらゐ《い》なり
死も一時のくらゐなり　1996・3　74
十六　引《いん》導《どう》　1996・9　79
十七　雪を担《にな》いて井《せい》を埋《うず》む　1997・3　83
十八　我与《われと》大地《だいち》有情《うじょう》同時《どうじ》成道《じょうどう》　1997・9　88
十九　春は花夏ほととぎす秋は月
冬雪さえてすずしかりけり　1998・3　93
二十　挨《あい》拶《さつ》　1998・9　97
二十一　作《さ》務《む》　その二　1999・3　102

二十二　維《い》那《のう》　1999・9　106

Ⅱ　如如

二十三　壺中《こちゅう》の天地《てんち》　2000・3　112
二十四　生と死と還《ま》た双《ふた》つながら美《よ》し　2000・9　116
二十五　磬《けい》子《す》　2001・3　121
二十六　袈《け》裟《さ》　2001・9　125
二十七　般《はん》若《にゃ》湯《とう》　2002・3　129
二十八　威儀即仏法《いぎそくぶっぽう》　2002・9　134
二十九　古松般若《こしょうはんにゃ》を談《だん》ず　2003・3　139
三十　脚下照顧《きゃっかしょうこ》　2003・9　144
三十一　天地は我と同根《どうこん》　万物《ばんぶつ》は我と一体　2004・3　148
三十二　如夢幻泡影《にょむげんほうよう》　如露亦如電《にょろやくにょでん》　2004・9　153
三十三　昏鐘一炷《こんしょうのいっしゅ》　2005・3　157

三十四　如《にょ》如《にょ》　2005・9　162
三十五　臨《りん》済《ざい》　2006・3　166
三十六　慈眼視衆生《じげんじしゅじょう》　2006・9　171
三十七　狗子仏性《くすぶっしょう》　2007・3　184
三十八　牡丹花下睡猫児《ぼたんかかのすいみょうじ》　2007・9　196
三十九　滴《てき》水《すい》　2008・3　201
四十　三万里程《さんまんりてい》を尺寸《しゃくすん》に縮《ちぢ》む　2008・9　205
四十一　萬戸《ばんこ》の心和《しんわ》　太平《たいへい》を致《いた》す　2009・3　210
四十二　菩提樹《ぼだいじゅ》　2009・9　214

Ⅲ　万里一空

四十三　塔《たっ》主《す》　2010・3　220
四十四　諷《ふ》経《ぎん》　2010・9　224
四十五　弥《み》綸《りん》　2011・3　228

四十六　万里一空《ばんりいっくう》　2011・9　233

四十七　過貪等《とかとんとう》を離《はな》るるを宗《しゅう》とす　2012・3　237

四十八　大悲呪《だいひしゅ》　2012・9　242

四十九　消災呪《しょうさいしゅ》　2013・3　246

五十　ZENでいましょう　2013・9　251

五十一　老牛《ろうぎゅう》之《の》歩《あゆみ》　2014・3　255

五十二　円《えん》　相《そう》　2014・9　262

五十三　夢　2015・3　267

五十四　心　2015・9　273

五十五　南無大慈大悲観世音菩薩《なむだいずだいひかんしいんぷさ》　2016・3　278

五十六　夜船閑話《やせんかんな》　2016・9　282

五十七　清涼渇心《せいりょうかっしん》を洗《あら》う　2017・3　286

五十八　舎利礼文《しゃりらいもん》　2017・9　292

五十九　定中昭鑑《じょうちゅうしょうかん》　2018・3　297

六十　山静かにして太古《たいこ》に似たり　2018・9　302

六十一　柔《にゅう》軟《なん》心《しん》　2019・3　306

Ⅳ　清風明月禅心を照らす

六十二　清風明月禅心《せいふうめいげつぜんしん》を照らす　2019・9　318
六十三　生死一如《しょうじいちにょ》　2020・3　324
六十四　洗《せん》耳《じ》　2020・9　331
六十五　空《くう》華《げ》　2021・3　338
六十六　一行三昧《いちぎょうざんまい》　2021・9　343
六十七　方《ほう》丈《じょう》　2022・3　349
六十八　窮《きゅう》して変《へん》じ 変《へん》じて通《つう》ず　2022・9　354
六十九　水を掬《きく》すれば月手《つきて》に在《あ》り　2022　359
七十　桔梗《ききょう》 刈萱《かるかや》 女郎花《おみなえし》　2022　363
七十一　うらを見《み》せおもてを見せて散るもみぢ　2022　370
七十二　回光返照《えこうへんしょう》　2022　375

七十三　不立文字《ふりゅうもんじ》　2022　381
七十四　幻化空身即法身《げんけのくうしんそくほっしん》　2022　387
七十五　潜行密用《せんこうみつよう》は愚《ぐ》の如《ごと》く魯《ろ》の如《ごと》し　2022　393
七十六　指《し》　月《げつ》　2022　398
七十七　蒟蒻問答《こんにゃくもんどう》　2023　404
七十八　天上天下唯我独尊《てんじょうてんげゆいがどくそん》　2023　409

おわりに　416

［参考文献］　419

付記　各説末尾の年月は寺報『もんじゅ』への掲載時で第六十九節以降は書き下ろしです

カバー画　井隼慶人
本文挿絵　心山知里

Ⅰ　雪を担いて井を埋む

雪の境内［第十七節　雪を担いて井を埋む］

一　東《とう》司《す》

「オレッてさぁ、メシ食ってる時とクソしてる時にしか〝生きている〟って思えないんだよなあ」

学生時代、数名の男女と議論している時でした。いささか虚無感にとらわれていた友人がこんな発言をしたのです。すぐにマジメな女子から批難されたのも当然でしょう。しかし今思えば彼は、禅における重要な行為に着目していたとも言えるようです。

いきなりシモの話からで恐縮ですが、人がウンコをする時、自律神経の働きがよくなり、心がたいへん安定するのだそうです。

これは、以前テレビ番組である学園の校長先生が言っておられたことで、その学校の便所はたいへんきれいに掃除がしてあり、壁には楽しい絵が描かれてありました。「便所がきたないと人の心にも悪い影響を与える。できるだけゆっくりと落ち着いて使えるような便所でなければいけない」と言われていました。「早メシ、早グソ」が出世の条件と言われる日本では、「何を便所ごときでくだくだというか、出すものを出せばそれでいいではないか」と言われるかもしれません。

しかし、禅宗では、便所が修行の場としていっそう貴重であるとしています。すなわち便所を「東司《とうす》」と呼び、本山《ほんざん》などの大寺院の正式な建築様式である七《しち》堂伽藍《どうがらん》の一つとされているのです。本尊をおく仏殿《ぶつでん》や法要を行う法堂《はっとう》などと共に独立した建物とするのですから、いかに便所を重要な所としているかがうかがえます。京都の大本山東福寺《だいほんざんとうふくじ》には、りっぱな本堂なみの壮大な東司がのこされています。現在わが宗門では、独立したものでなくても便所を東司と呼びならわしています。

私の修行した道場でも、東司の掃除は重要な修行であるとされていました。ろくに便所掃除をしたことがない私は、初めはずいぶん抵抗がありました。しかし、やり終えた後には清々《すがすが》しい気分になったものです。

便所でのマナーを実にこまごまとご教示されている鎌倉時代の高僧がおられ

ます。先輩の仏教史研究者はそのことを、「大昔の姑《しゅうとめ》さんみたいだね」と批評されていましたが。

その高僧とは、禅宗の一派である曹洞宗《そうとうしゅう》の開祖にして福井県の永平寺《えいへいじ》を創建した道元禅師《どうげんぜんじ》。一時期、わが臨済宗建仁寺開山《りんざいしゅうけんにんじかいさん》の栄西禅師《ようさいぜんじ》に師事されています。「両辺《りょうへん》をけがすことなかれ」などという、詳細にして格調高き教えの一節をここに現代語の意訳でご紹介致しましょう。

「まわりにそそうをするな。黙ってしなさい。話したり歌ったりするな。つばをはくな。ひどくいきんではいけない。落書きをするな。」（「洗浄《せんじょう》」『正法眼蔵《しょうぼうげんぞう》』）

このような作法なら、我々にもできそうですね。道元禅師は、心身を清らかに保つ作法《さほう》は仏法《ぶっぽう》であり、東司は仏の説法する道場で、正しい作法によれば仏の心身が現れるのだ、とまで言っています。さきの校長先生のような見解を、宗教的な立場ではるか以前に言われているようにも思えます。臨済《りんざい》禅師も「大小便をしたり衣服を着たり食事をする（屙屎送尿《あしそうにょう》、著衣喫飯《じゃくえきっぱん》）なかに仏法はある」と言われています。ある檀家さんのお宅で便所をおかりした折、「便所は清き聖堂《せいどう》で心して使うように」という張り紙がありました。あるお寺でいただいた文言だったようです。

私の友人が「心静かにウンコをする時、大自然の摂理《せつり》を感じる」と言ったことがありました。その時は何だか妙なことを言うなと聞き流していました。しかし、ここに及んでその発言は何かの啓示《けいじ》かもしれないと思えるのです。「摂理」には、「神や仏などの大いなるものの導き」という意がありますから。ひょっとして彼は、祖師方《そしがた》のいう尊き仏法にふれえたのでしょうか。

願わくは日々のお通じの際、ひと時の安らぎ、仏の境地を味わいたいものですね。

一九八九年三月

二 浴室《よくしつ》

私は銭湯《せんとう》が大好きです。今日は何となくスッキリしたいなと思うと、家人の「家におふろがあるのに何で?」というぼやきを背にして近くの銭湯へよく出かけます。

ある日、銭湯で「よおっ」と声をかけられました。見ると、髪はパンチパーマで筋骨たくましい、いかにも世慣れたオッチャンがほほえみかけていました。小学校の同級生でした。建設会社に勤め結婚もしていて、「ひと月の小遣いが一万円、根性ババじゃ！」とぼやいていました。給料はぜんぶ嫁はんにおさえられているようです。哀れ好男子…。

またある日、別の銭湯で突然「センセイ！」と呼ばれ、ふりむくと、そのころ講師をしていた高校の教え子でした。並んで体を洗いながら話を聞いていると、彼は大学進学希望なのに、父親は「行かんでええ」と言っているらしいのです。「目の前まっくらや」となげいていました。いっしょに帰る道すがら、先の方にパチンコ店がみえると「先生、あのパチンコ屋でなあ、お父ちゃんがいっつもパチンコしてはるでぇ」と、少々情けなさそうに言っていました。くじけるな、少年！

銭湯で思いがけない人に会い、グチや不満を聞いても、それがほのぼのとした思い出になるのは、お互い気どりのない裸で体をしんから暖めるお湯のためでしょうか。

ある江戸時代の民家を見学した折、一人用の蒸《む》し風呂を見たことがあります。その説明には神経症の治癒などに使われたとありました。「湯治《とうじ》」の言葉があるように、古来日本人にとって風呂は心身の癒しに必要だったようです。

禅宗では、風呂の施設を「浴室《よくしつ》」と言い、本山などの大寺院では主要な建物の七堂伽藍の一つに数え、独立した建物としてあります。それが現在実際に使用されることはないようですが、復元されたものを見ると、浴衣《ゆかた》を着て入る蒸《む》し風呂だったようです。また浴室は坐禅堂や東司《とうす》（便所）と共に黙って修養を行う三黙堂《さんもくどう》の一つです。

私が修行した道場では、浴室は六畳ほどの小さなものでした。湯は修行僧でつくったタキギで沸かしていました。新米には「浴頭《よくじゅう》」という風呂焚《た》き当番がありました。浴室内を綿密に清掃し風呂をわかします。風呂釜につきっきりで、浴室に人が入るたびに湯加減をたずねました。入浴は数人一組で入りました。まず脱衣所に置かれているバッダバラ菩薩（水によって悟りを開いた仏）の前で三回伏し拝み、先輩のあとに続いて浴室に入り、先輩よりも先に外へ出て、待っていなければなりませんでした。その間無言であることはもちろんです。ゆっくり湯船につかっている余裕などありませんでした。

しかし道場での入浴のほんのひと時は、私の心身に一瞬の光明《こうみょう》をもたらしてくれるようでした。土ぼこりを浴び、汗みどろになった夏の重労働のあと。暖房のない道場で身も心も凍《こご》えてこわばるような冬に。清々《すがすが》しさや温《ぬく》もりの、しびれるような安らぎの光明を。

わが宗門に、「沐浴《もくよく》の祈り」というべき意の短い文言が伝わっています。『華《け》厳経《ごんきょう》』の一節だそうです。「沐」は湯水を頭からかぶり、「浴」は湯水につかること。「沐浴」で身を清める行為です。「沐浴身体《もくよくしんたい》　当願衆生《とうがんしゅじょう》　心身無垢《しんじんむく》　光明無量《こうみょうむりょう》」（沐浴においては、まさにすべての命へ祈るべきである。その心身の垢《あか》が無くなり、はかりしれない光明がもたらされるようにと。）

まさに道場の浴室での沐浴ほど、深い光明をいただいた覚えがないように思えます。どうか皆様にも入浴での光明がありますように。

私は今もお風呂が大好きで、ついつい湯船に長居をしてしまいます。「お風呂で倒れてるんじゃないか」という家人の心配をよそに。

一九九〇年三月

三　典《てん》座《ぞ》

ある友人が、たび重なる失恋のせいか、一時期「独身宣言」をしていました。「自分のそばで女の人が老いていくのを見るのがイヤなんだ」とか言って。

ところが、しばらくして彼女ができ、友人達と集まっている所へ嬉しそうに連れてきました。その時の友人ときたら、実にデレデレとして、まるで女王様にお仕えしているようで、そばにいても気恥《きは》ずかしいくらいでありました。うすうす感じていたのですが、彼の独身宣言は、彼女がいない現実をとりつくろうものだったようです。実は内心、パートナーがほしくてほしくてしかたなかったのでしょう。彼女と結婚して、彼はいっそう献身を続けました。夕刻にはきっちり仕事を終え、夕食の買い物をしてまっすぐ家に帰り、育児に疲れた専業主婦の彼女をねぎらいつつ、子どもをあやしながら夕食まで作ってあげるというのです。現代家庭の夫の見本のようなみごとな働きぶりであります。

大昔、「男子厨房《ちゅうぼう》（台所）に入らず」などという言葉があったようです。これは男尊女卑と料理を軽んじるいにしえの価値観からするものでしょう。昨今は、「（女が）私つくる人、（男が）僕食べる人」というコマーシャルが、女性差別との批判を受けてとりやめになる時代です。

私が中学生の時、校長先生が朝礼でこんな話をされました。「以前、男子生徒が文化祭に講堂で料理の仕方を実演して見せ、それを見た皆がクスクス笑っていた。その人は今大きなレストランの店長になっている」。皆に笑われたのは、「男子厨房に入らず」という感覚がまだどこかにあった時代だったからでしょう。

しかし今や料理は文化・産業の花形ですね。料理の書籍は書店にあふれ、外食産業はしのぎをけずり、テレビの料理番組も人気を集めています。中学校で笑われながらレストランで成功したあの方は、さぞかし世を見返していることでしょう。

とにかく現在では、料理をすることはたいへん尊重され、世の脚光を浴びる重要なお仕事とされているのは確かなことです。

禅の世界では、料理番のことを「典座《てんぞ》」と言い、このような状況になるはるか以前から尊重してきました。

鎌倉時代、道元禅師《どうげんぜんじ》が中国へ留学した折、典座の役をしている一人の老僧に会いました。その方は六十一歳で、修行を積んで四十年になります。道元さんは疑問に思い、「高齢なあなたは、なぜ坐禅や読書をしないのか。わずらわしい典座の役をつとめ、ひたすら労働してどんないいことがあるのか」と問いました。

すると老僧は大いに笑ってこう言いました。

「あなたは仏道修行がどういうものか、まだよくおわかりではない」

これを聞いて道元禅師はずいぶん反省し教えられたそうです。

つまり、古来禅の世界では、食事をつくることを含め日常生活すべてが修行とされているのです。道元禅師にも、禅をよく学ぶ以前、食事をつくることは修行の本分ではなく雑務だ、という認識があったようです。しかし、古来禅宗では逆にたいへん尊重されていて、そのことじたいに禅の思想が示されているのです。現在の修行道場でも、典座の長は「大典《だいてん》さん」と言って、修行僧の中でもとりわけ高位の人がつとめています。

道元禅師はそののち、典座について「昔から求道《ぐどう》の志をいだいた高僧や名士が担《にな》った職である。その仕事が純粋な仏道修行だからである」とまで言っています。禅師がよりどころとする『禅苑清規《ぜんねんしんぎ》』（禅寺の修行規則）には典座の職務について、「大衆《だいしゅ》を受用安楽《じゅゆうあんらく》ならしむべし」（修行僧達が安心して修行に打ち込めるようにしなさい）とあります。仏教での「安楽《あんらく》」とは、安らかで幸せな仏の境地の意です。

私もごくたまに相棒に代わって料理をすることがあります。しかし、たいていいすこぶる不評であります。わが家の典座さんは、〝安楽〟をいただくほんとうにありがたく尊い方なのです。

一九九〇年九月

四　分衛《ぶんねい》

私は、何のとりえもない男でありますが、たったひとつ、ほんの少しだけ自慢できることがあります。

それは、「真冬でもスアシでいられること」です。冬の寒気にスアシをさらしていると、ジンジンとしてある快感さえするのです。

私は、子どもの頃から末端血行不良症で、冬になると足指は紫色にはれあるシモヤケになって、スキー用のぶ厚い靴下をはいてもなおりませんでした。大学卒業後に修行道場へ行くことになっていたのですが、道場ではずっと素足でいなければならず、冬も暖房はありません。私の足指はひどい凍傷《とうしょう》となり、果ては腐《くさ》って切断の憂《う》き目《め》にあうんではないかと恐れていました。

ところが、春に道場に入門し夏秋と過ぎ、問題の冬になっても、不思議なことにシモヤケにならなかったのです。

入門直後、初めて托鉢《たくはつ》に出た時、街中で「ホォー」という声を出すのが何とも気恥ずかしく、遠慮がちに声を出していました。すると、コワい先輩から「そんな蚊の鳴くような声でどうする。汗が出るような大声を出せ！」とひどく叱られました。それで無理に声はりあげて出していると、いったんノドがかすれて声が出にくくなってしまいました。それでも何とか声を出しているうちに、腹の底から声が出るようになりました。昔の説教師が味のある声色《こわね》に変えるため、滝の轟音《ごうおん》に向かって声をはりあげ、ノドから血を出すほど修練を積んだという話を聞いたことがあります。それほどのことではありませんが、人生二度目の声変わりを経験したのは確かです。

こごえそうな冬、朝四時に起きて本堂での勤行のため渡り廊下をスアシで歩く時、まるで凍《い》てついた鉄板の上を行くようでした。午前中托鉢に出るのですが、これも草鞋《わらじ》にスアシで、歩き始めは寒さにしびれ、自分の足という感覚がしないのです。しかし、「ホォー、ホォー」と連呼して腹の底から声を出していると、じわじわと下腹から暖気が生じ、やがてそれが体中にめぐるような心地になりました。冬の坐禅中にもそのようになったことがあります。「托鉢は歩く坐禅」（?）と先輩の誰かが言われていたようです。寒気にスアシをさらしていても、街中を歩き続ければ心が清々《すがすが》しく流れていく爽快感さえしてくるようでした。

禅宗では修行僧のことを雲水《うんすい》といいます。昔の修行僧は、よき師を求めて「行雲流水《こううんりゅうすい》」のごとく行脚《あんぎゃ》したことからこの呼び名があります。ある先輩からは、どこにいても「行く雲、流れる水」のような、とらわれのない境地でいるべきだと教えられました。しかし、私は托鉢でこそ、何ほどかその境地を体感しうる気がしたものです。ほぼカンヅメの修行生活の中で、外へ出られる貴重なひと時でしたから。托鉢で歩く京の街かど、路地裏、人々の暮らし。この町で生まれ育ちながら、初めて見る風景が何と多く新鮮に映ったことでしょう。

雲水の托鉢は京都の風物詩で、人々の喜捨《きしゃ》を受けに街を歩きます。頭に網代笠《あじろがさ》をかぶり、衣を着て素足に草鞋《わらじ》、すねに脚絆《きゃはん》をつけています。「お金をあげたら、もろうたぼんさんのおこづかいになるんですか」とよく聞かれます。いただいた金品はすべて道場で一緒にし、共同生活の糧《かて》にします。

托鉢は古くインドで仏教以前から修行者が鉢《はち》をたずさえて食を請うものとして行われていました。中国や日本では禅宗に伝えられています。日本の禅宗の中で曹洞宗《そうとうしゅう》は鉢をたずさえて行いますが、臨済宗では頭陀袋《ずだぶくろ》を首にかけてその中にいただいたものを入れます。

托鉢を「分衛《ぶんねい》」とも言います。食物を乞う「乞食《こつじき》」の意のインドの古語を音訳したもので、道場では専らこの語を用いていました。文字通りお米をいただいたこともあります。信者さんのお宅や、お寺でおやつをよくいただきました。ある茶店の近くを通りかかると、たいていそのご店主がわざわざ走って来られ「どうぞごいっぷくしておくれやす」と言われて、お店でおいしいぜんざいを再々いただきました。朝食のお粥《かゆ》しか入ってない体に至福のひと時でありました。「雲水は単純なものだ。眠気と食い気しかない」と先輩が言っていましたっけ。まさに分衛《ぶんねい》による無数のご縁によって、私の命を支えていただきました。私のシモヤケ症がすっかり治り、今も冬にハダシで平気なのは、そのおかげと言えます。先輩方の厳しいご指導も今はありがたいと思えます。

近頃スアシでいることが健康によろしいと言われているようです。私が得意になって相棒にすすめると、「体が冷えるからだめなのよ」とキッパリ言われてしまいました。それぞれの体質・体調もあるのでご無理は禁物ですね。

一九九一年三月

五　作務《さむ》

〝ニガウリ〟という野菜をご存知でしょうか。

この頃は沖縄での呼び名ゴーヤーで知られているようですが、正式和名はツルレイシ。古くはレイシとも言っていたようで、祖父はこの名でよんでいました。大きさはキュウリほどで薄緑色の表面にブツブツがあるウリです。見た目にもあまりうまそうに思えないヤツです。

ところが、これを輪切りにして油で炒め、醬油・砂糖・みりんで煮ると、これがうまいんですわ。名前の通り苦《にが》い味がするので、初めて食べる人には不評のようです。我家では、祖父の代から夏には必ず食卓に出たのですが、子どもの頃は食べられませんでした。ところが長ずるに及んで、いつしかニガウリのファンになっていました。ちょうどビールのほろ苦さが大人になってうまく思えてくるのに似ているようです。私の相棒も、初めは見たこともないこのウリにとまどっていましたが、今はすっかり大好物です。

ニガウリは熱帯アジア原産で、ビタミンCはキャベツの数倍あり、夏バテには大変いいらしいです。夏に食が細くなる私は、ニガウリだとがぜん食欲が出るのが不思議です。昔から禅寺でよく食べられていたようで、私の祖父も「ニガウリを食べずんば禅僧にあらず」と言っていました。ほぼ九十歳まで元気にお勤めをしていたのは、ニガウリのおかげかもしれません。沖縄ではふつうにみられる野菜で、卵や豚肉と炒めたゴーヤチャンプルーという料理があり、最近は居酒屋のメニューにもあるようです。沖縄に長寿の方が多いのもニガウリのゆえでしょうか。

私の修行した道場では、ニガウリを畑でつくり、同じく畑でとれたナスビといっしょに調理していました。関東から来た同輩はこれが苦手でしたが、私は楽しみにしていました。

禅道場は本来自給自足を基本にしています。そのための労働を「作務《さむ》」と言って、坐禅や読経と共に大事な修行の一環としています。インドの仏教教団では労働は否定されていたようで、生活はすべて在家信者の布施によってまかなうべきだとされていました。とくに食事は托鉢によって得るべきであり、自ら耕作することは、むしろ戒律によって禁じられています。

その後、中国で禅宗教団が成立し、修行僧達が自給自足のため農耕などの労働をするようになりました。その労働を「作務」とよび修行として尊重するようになったのです。

中国唐代の百丈禅師《ひゃくじょうぜんじ》は『百丈清規《ひゃくじょうしんぎ》』という道場の規則を制定し、全員の作務を原則にしています。百丈は自分の食物は自ら作り生涯農耕に励みました。ある日、百丈の弟子が高齢の師の身を案じて作業具を隠して働けないようにしました。すると百丈は、その日休みましたが終日食事をとりませんでした。理由をたずねると「一日作《な》さざれば一日食らわず」と答えたと言います。

これは、「働かざるもの食うべからず」という類《たぐい》の、人に労働を強《し》いる意ではありません。道場での労働を仏道修行とする精神において、それができないのなら食べられないという高邁《こうまい》な境地であると言われています。

この話から、ヘソマガリな私はある大変風変わりな思想家を思い浮かべました。江戸時代中頃、東北の医師であった安藤昌益《あんどうしょうえき》です。彼は「すべての人が自ら農耕して生活することが理想である」という万人直耕《ばんにんちょっこう》の思想を打ち立てました。この立場から、武士・商人・僧侶、はては何と達摩《だるま》さんからお釈迦さままでが、「自ら耕作しないで人々が生産した食物を貪《むさぼ》り食っている」と批判されています。その背景に多数の餓死者が出た悲惨な大飢饉《だいききん》がありました。この思想はあまりに独特なので、当初ごくわずかな人にしか知られませんでした。しかし、今やエコロジー（環境保護）思想として高く評価されています。昌益は一時期禅寺で修行しています。ひょっとして、禅の作務の精神から少なからず影響を受けたのでしょうか。

さて、私は初夏のある日、いそいそと作務を始めました。生来《しょうらい》モノグサな私が珍しくとりかかったのは、好物のニガウリの栽培であります。汗だくになって土をふるい、落ち葉の堆肥《たいひ》を畑に入れ、種を植えました。やがて芽が出て双葉を広げ、ツルが伸び、小さな黄色の花が咲き、花のもとがふくらみ始め…。今や待望のニガウリが次々と成ろうとしています。ここにいたるまでの作業や光景には、ほんとうにみずみずしい楽しみや喜びがありました。

もしかして百丈禅師にとっても作務とは、修行というより、大いに楽しみもあったのでは。その道具を隠され、ひどく落胆して食欲をなくされたのだろうか。などとふとどきな妄想《もうそう》をいだくと、これまた道場の老師さまから厳しいお叱りをうけそうですねえ。

一九九一年九月

六　生死事大《しょうじじだい》

「あれえっ、どうしたんやろ、動かへん」

懇意にしている方からいただいたリスが二匹、昼間だというのにじっと寝ています。いつもは、一日中カゴの中でクルクル元気に飛び回っているのに…。巣の外で寝ているメスをそっと手のひらにのせてみました。体はやや冷たいけれどまるくふっくらして、鼻をかすかにヒクヒクさせています。冬眠しているのでしょうか。巣の中で寝ているオスを引き出してみました。手足がすっかり細くなり、顔はほおがずいぶんへこんでいました。エサのやり方がよくなくて、飢え死にしたのでしょうか。

やがてリスの体は全体がいよいよ黒ずみ、ひからびて、死んでしまったのがハッキリしました。はじめ、「しんでないわ！」と強く言っていたわが子もそのようすにあきらめたようです。

死んだリスを境内の片隅に埋めてやることになりました。小さな穴を掘り、リスを入れた小箱をそっと置きました。二匹は眠るように向き合って仲のいい夫婦のようです。小さな花を上にかけて、エサのヒマワリの種もたくさん入れてやりました。「ありがとう」「なかよくね」などと言いつつわが子と土をかけてやり、やがてリスは見えなくなりました。この世とは別のおうちへ行くようでした。

思えば私も子どもの頃、文鳥やインコ、カメなどの生き物を次々に飼い、それらはだいじなお友達でした。そして死ぬたびにお墓をつくりました。子どもにとって、そうしたお墓を作るのは「遊び」なのでしょうか。

フランス映画の名作『禁じられた遊び』の題名の由来はまさにそれですね。戦時下の爆撃で両親を亡くした女の子が農家でしばらく世話になります。その家の少年と仲良くなり、一緒に生き物のお墓をつくって遊ぶ話です。神父に死者の冥福のお祈りを教わり、初めは女の子がかわいがっていた子犬のお墓。子犬が寂しいから、そのそばにモグラ、ヒヨコなどのお墓。さらに人の墓地から墓標の十字架をとってきて、動物達の墓を荘厳なまでに飾りました。やがて大人達に発覚し、とんでもない遊びだとしてひどく叱られるのでした。

この映画の監督ルネ・クレマンは、「この作品は〝死〟がテーマだ」と語っていたことがあります。若い頃、このコメントはずいぶん意外に思えました。じっくりこの作品を見直すと納得できるように思えます。

死者への祈りや慰め、〝死〟の受け入れ、生者の安らぎ。子どもの遊びというかたちで、〝死〟に向き合う〝生〟を純化してみせたのでしょうか。

禅の語に「生死事大《しょうじじだい》」があります。「生死の問題は極めて重大で、いかに生死を超えるかが最大事である」というのです。生死の問題とは、「生の不安や死の恐れという人間の限りない苦悩」（『六祖壇経《ろくそだんきょう》』）だと言われています。禅道場には、時を告げるために打ち鳴らす木の板があり、そこにはこう書かれていました。「生死事大《しょうじじだい》　無常迅速《むじょうじんそく》　光陰可惜《こういんおしむべし》　時不待人《ときひとをまたず》」（生死の問題こそ重大事である。命の移ろいは早く、一瞬も惜しむべきで、時は人を待ってはくれない）。本来、禅道場での一刻一刻が生死を超える修行なのでしょう。道場は規則正しく時間厳守で、入門当初はひたすら時間に追われる気がしたものです。

私の修行中、托鉢である学校の校庭に通りかかったことがあります。校庭では子ども達が楽しく飛び跳《は》ねるように遊んでいました。それを見た先輩が「あ あいうピチピチした子ども達を見ると、生きていてよかった、と思えるんだなあ」と言われ、私も甚だ共感したことがありました。寸暇を惜しむ修行の中で、いのちの輝きがいっそう鮮やかにしみ入ることがあったのでしょう。

さて、わが家のリスを埋葬した明くる日。相棒がわが子を保育園へ送りに行く時、子どもがこう言ったそうです。

「リス、死んでしまったねえ。こんどはアヒルをかおうか」

何と変わり身の早いやつ、といったんは呆《あき》れました。しかし、子どものことゆえ嫌《いや》みもなく、その時子どもの頭上に、カラリと晴れた青空がどこまでも広がっていたような気さえしました。子どもの心は、今曇ったり雨が降ったりしたかと思うと、すぐにまたすばらしく晴れたりするものです。大人が〝生死事大〟を構えてとりくんでも、解決は至難のわざです。しかし、ただただみずみずしいこの〝今〟に生きる子どもは、ヒョイヒョイと乗り越えていくようなところがあるようです。〝童心〟に人生問題解決の秘訣《ひけつ》があるのかもしれません。中国唐代の高僧趙州《じょうしゅう》禅師に次の言葉があります。

「七才の童子でも、自分より勝《すぐ》れている者には、教えを乞《こ》おう。」

一九九二年三月

七　山《さん》門《もん》

「あいたたっ！」

そう言って、当寺の低い小門の鴨居《かもい》に頭をしたたかぶっつけて入って来られる方がたまにおられます。

わが寺の門の正面は行事の日以外、ふだんは柵がしてあり、右側の低い小門が出入り口になっています。これはお寺によくある様式のようです。この出入り口の高さは百六十センチたらず。江戸時代の男性の平均身長はほぼ百五十五センチだそうで、その頃ならたいていの人は立ったまま通れたのでしょう。しかし、今や男女共に体格がよくなり、多くの方は頭を低くしないと通れないようです。その時、かがみ方がたりないと、小門の上部でガツンとやってしまうのです。誠に申しわけないことでありますが、その低さは伝統格式と皆様が思われているのか、今まで苦情などに及ばれたことはなく、恐縮至極に存じております。

禅宗では、主な施設の七堂伽藍のうち、正式の門を「山門《さんもん》」と呼びます。これは寺の名前の上につけられている山号にちなむものです。山号は中国の寺院が山中に建てられたことによるもので、とくに禅寺が山号を称するようになりました。俗世間を離れた静かで清らかな山中のような環境であるという意がこめられているようです。たとえば京都市内の建仁寺は平地にあっても「東山《とうざん》」の山号があります。今や繁華な街中にあっても、境内は清浄《しょうじょう》な聖域なのです。「山門粛静《さんもんしゅくせい》　法輪常転《ほうりんじょうてん》」（境内は慎み静かで、仏法は常に行われている）という語のように、「山門」は寺の境内全体を言う場合もあります。

「お寺の門をくぐったら、中は聖域なんやから、エッチな話は慎《つつし》まなアカン。

みんながそんな話をするので、私は心を痛めてますんや」

こんな発言をされた今は亡き檀家総代の方がおられました。

かつて当寺で毎月の役員会があり、中高年の男性ばかりの懇親会の席で、お酒がまわりだすと、例の方面の話題で盛り上がることがありました。その方は大変潔癖で正義感の強い方で、当寺の山門新築には総代の長として誠心誠意尽力されました。適度な艶話《つやばなし》なら和合になるのでは、なんて申しあげたりすると、その方のお叱りの声がわが山門から聞こえてきそうですね。

お参りにこられたある方に、ふだん出入り口にしている小門が低くて申しわけありませんと申しあげると、「お茶室の躙《にじ》り口《ぐち》と同じで、頭を低うして心を改めてお寺に入るもんや、と言わはったらええんとちがいますか」というご意見をいただきました。その方は茶道を長年たしなんでおられました。

お茶室の躙《にじ》り口《ぐち》はほぼ六十五センチ四方で、かなりかがみこまないと入れません。茶道の祖千利休《せんのりきゅう》がこれを始めたようです。一説によると、それは能《のう》や歌舞伎《かぶき》の会場への入口であった「ねずみ木戸《きど》」に由来するそうです。文字通りの狭い入口で客にわざと窮屈な姿勢をとらせることで、別世界に来た気持ちにさせる効果を意図したものだと。確かに、立ったまま入るより何らかの心境の変化はあるでしょう。利休は禅僧に学び、極端に狭い茶室を創作し床《とこ》の間に禅僧の墨跡をかけ、そこでの茶の湯《ちゃゆ》は仏道修行であると言ったそうです。

私が修行した道場にもそのような所がありました。禅堂でしばらく坐禅をした後、老師の所へ行って問答をします。これを「独参《どくさん》」と言い臨済宗の重要な修行の特色です。師が待ち受けておられる部屋は、お茶室のように狭く、入口も躙り口のようでした。それはわが道場独特のものだったようです。廊下で恭《うや》しく伏し拝み、這《は》い蹲《つくば》って入るのです。

中では師がひとり、静かに目を閉じ柔らかな安らいだ笑みをたたえ、坐っておられます。そこで、私を慈しむように親しくお話をされ、問われ、時にお叱りになり、また励まされたのでした。そこは師との一対一がすべての、緊張し安らかにもなれる〝別世界〟のようでした。自分の生い立ちや経歴など世間が自分に着せてきた外皮や、習得してきた知識が剥《は》がされていき、丸裸の一個の〝いのち〟にされていくようでした。私にとって、師のおられる部屋への入り口と共にそのなかの世界が、至高の〝山門〟だったのです。

わが寺の山門のふだんの入口が低いのは、頭を低うして慎んでお寺に入るべきであるという無言の教えなのでしょう。もしその時頭の下げ方がよろしくなくてぶつけたりされたら、それは仏様や御先祖の尊きみ教えです。なんて言うのも、私のあやしい妄想《もうそう》でしょうか。ただ、どうか皆様のだいじなお頭《つむ》に、おケガなきようお祈りするばかりです。私じしん、時折ボンヤリくぐろうとして、頭をしたたかぶつけたりすることがあります。まさにそれこそは、愚かな私への、仏祖《ぶっそ》（仏陀と祖師）の厳しき鉗鎚《けんつい》（師が修行者を鍛錬すること）というものでありましょう。

一九九二年九月

八　以心伝心《いしんでんしん》

まぶしいような金色の髪、宝石のような青い眼、すけるような白い肌。アンドリューはロシアから来た、わが子の通う保育園のお友達でした。

お父さんはニック、京都大学の研究所に勤め、生物物理学（?）なるものを修める研究者。お母さんはケイト、時々コンサートを開くハープの演奏家です。

ケイトさんが保育園にアンドリューの送迎をしていた時、話相手もなく寂しそうにしていたので、私の妻が声をかけたのがきっかけでこの家族とのおつきあいが始まりました。その夫妻はたいへんなエリートのはずですから、「わたしのようなアホでは応対できんのとちゃうやろか」というひけめや、外人というだけで身を引いてしまう島国根性的コンプレックスに、初めはいささかとらわれていました。ロシア語はわからないので、こちらのヘタクソな英語で何とか話しかけようとすると、相手も笑みをたたえながらていねいに答えてくれました。

ケイトさんに二人目の赤ちゃんを出産する病院のことを聞かれた時でした。私の妻がある大病院の事情を説明しようとして、診察を待つのに二時間もかかると言ったつもりが、「Oh, very fast !」（おお、なんて早いんでしょう）と驚いたのです。よく聞けば、彼女は赤ちゃんが二時間で産めるのだとかんちがいしたのでした。

ニックさんは、こちらの言うことがそんなにおもしろくなくても、時々純真な少年のような表情で笑ってくれました。ゆっくり話をした折は、しばしば禅について熱心に聞いてきました。彼自身はキリスト教を信仰しており、現在ロシアの多くの若者が宗教に関心があるそうです。かつて無神論《むしんろん》が主流だった国もさまがわりしたようです。それにしても、かの国の科学者に信仰があるというのが意外でした。後に彼らが帰国することになった時、キリスト教の聖母子像《せいぼしぞう》が描かれた小箱（次頁写真）をもらいました。ロシアではだいじな人と別れる時に自分の大切なものを相手にあげる習わしがあると、後に見た映画『レッドブル』で知りました。彼らが日本に来た理由は、ソ連崩壊後の混乱によるものだったようです。

彼らの家に招かれて、ケイトさんの手作りの料理をいただきました。彼女はちっとも座らずかいがいしく世話をしてくれました。トランプをしたり、和やかな楽しいひと時をすごしました。言葉のやりとりはぎこちなくても、とてもいい心の交流ができたようでした。お互いの気持ちを何とか伝えたいという思いと、それをまっすぐ受けとめようという誠意のなすわざでしょうか。

一般に「思うことが言葉によらず、互いの心から心に伝わること」を「以心伝心《いしんでんしん》」と言います。あの家族とはそのような交流だったように思えます。

ロシアの友人から贈られた小箱

この語は、「師と弟子が向き合い、文字や言葉によらず、心から心に仏教の真理が伝わる」という禅宗の特質を端的に示したことがもとの意です。その真理は、釈尊から達摩《だるま》を経て今日の禅宗に伝わっているとされています。

前節でお話したように、禅道場で師と向き合い、師から教えをいただくひと時がありました。師は初め、いつも静かに眼を閉じ微笑《ほほえ》みをたたえて坐っておられました。言葉を言われなくても、〝凜《りん》とした安らかさ〟とでも言うような、えも言われぬ何かが私を包み、身に沁《し》みてくるようでした。また、私に向けられた慈しみのぬくもりや、禅を生きることの喜びのような心が、私に伝わるようでもありました。しかし、それは師に相対して初めて照らされるようでした。もちろん愚かな私には文字通りの「以心伝心」とはまったくいかず、師の境地はあまりに遠く思われます。ただ、師の光のわずかな片鱗《へんりん》がわが心の底に、遙かな灯火《ともしび》のようにあるのも確かです。

さて、昨年の暮れ、ケイトさんが渡米の準備で忙しい折のことです。彼女が赤ちゃんとアンドリューを連れて保育園から歩いて三十分ほど離れている家に帰らねばならない時、私の妻の提案で一緒に送ってあげることにしました。寒風の中ひとしきり歩いて、やっと家にたどり着き、私と妻がすぐ帰ろうとすると、いつもとても気をつかうケイトさんは私達を少し休んで行くよう引きとめました。ロシア産のウオッカを小さなグラスにそそぎ、少し飲んだあとリンゴを食べるようすすめてくれました。別れる時、彼女は「あなたは私の日本の姉だと思っています」と涙ぐんで妻を抱きしめました。

帰りは寒風をついて自転車を飛ばしたのですが、ウォッカのせいもあるのか、何かしらとてもいい気持ちになっていたようです。

一九九三年三月

九　帰《き》家《か》

一昨年の夏、庭で死んでいた小鳥の小さなお墓を、三歳のわが子といっしょに作ったことがありました。境内の片隅に穴を掘って埋葬し、小さな石をおき庭の木の実をお供えしました。

その時、ふとわが子は、「ことりは、おかあさんのところへいったのかなあ」とつぶやきました。

わが子ながら、フシギなことをいうものだと感心しました。おさなごにとって、〝死〟はただの消滅ではなくて、母なるものへ、いちばん安らぎのあるところへ、帰ることなのでしょうか。

学生時代にみたスペイン映画『汚《けが》れなき悪戯《いたずら》』を思い出します。修道院で養われているかわいい孤児の男の子が主人公です。彼はある日、屋根裏部屋にしまわれていた十字架上のキリスト像を発見しました。そのやせ衰えた姿を憐れみ、ひそかに食事を捧げます。するとキリストは十字架から降りて食事をとり、男の子と対話を始めたのです。


（男の子）　「あなたのママは？」

（キリスト）「おまえのママと一緒だよ」

（男の子）　「ママは何してる？」

（キリスト）「与え続けることだよ」

（男の子）　「何を」

（キリスト）「すべてを。子ども達に命と眼の輝きを与える。そして自分は老いるのだ」


キリストは食事のお礼に何かほしいものをあげようと言いました。男の子は「ママに今すぐ会いたい」と言います。キリストは、彼を抱きよせ眠らせました。

やがて男の子は、そのまま永遠の眠りについたのです。

映画ではキリスト教信仰の〝奇跡〟であり、男の子は神に召されたとされています。その信仰の無い者には悲劇のようにも思えるでしょう。私は両者のどちらでもなく、〝母なるもの〟を問うおさなごの純粋な思いと、それにこたえるキリストの話に感銘を受けたようでした。

今年五月に祖父が満九十六歳で亡くなりました。祖父は明治二十九年生まれ。下京の商家出身で、幼い頃生家が没落し、父親が幼い祖父を頭に三人の息子といっしょに当寺の近くに間借りし、細々と暮らしていました。母親は病弱で丹後の実家に帰ったきり会うことはなかったそうです。子どもの祖父が質屋へ質草を納めに行った時、居合わせた当寺の檀家さんが窮状を憐れんで当寺に紹介して小僧になったと聞いています。その時八歳で、弟二人も商家へ奉公に出され父親は一人台湾に渡ったそうです。

過去帳を見ると、祖父の母親の命日は明治三十六年十一月三十日、行年二十九歳。祖父が小僧になったのが数え年八歳だとしても、その前後に死去したのでしょう。戒名は、当初の「釋尼貞房」という真宗式のものを、後に「落葉院房室致紅大姉」と改めています。紅葉散る頃に亡くなった若い母親を偲んで祖父がつけ直したのかもしれません。幼い頃の祖父に、遠く離れた母親への思慕《しぼ》は、当然あったことでしょう。

祖父のお通夜に、私が師事した老師様から墨跡を頂戴しました。その時、師はご療養中で右手が麻痺しておられ、左手で初めて本格的に墨跡を書かれたそうです。「帰家《きか》」と二文字に横書きされていました。不思議なことに字体がまったく反転していました。まるで鏡に映して反転しているようなので、こうした字体を「鏡文字《かがみもじ》」と言うそうです。

「帰家」または「帰家穏坐《きかおんざ》」は禅語で、「家を出てさまよった人が、わが家に帰りくつろぐこと」にたとえて「本来の自己にたちかえること」だと言います。また、死を〝帰家〟にたとえることもあるようです。千利休《せんのりきゅう》の参禅の師古渓《こけい》禅師に、「いま家に帰り穏やかに坐るようだ」(即今帰家穏坐底《そっこんきかおんざのてい》)という語があります。六十代で死去した信者の葬儀での引導法語の一節です。

祖父は幼くして家を出て、九十六年の旅を終え、ほんとうにくつろげる家に帰った。いただいた墨跡の、祖父の人生に重ねた表面上の解釈はそんなものでしょうか。師は、病をおして渾身の力をふりしぼり、その深い境界《きょうがい》を〝帰家〟にこめられたに違いありません。その一端でも直々に伺いたかったのですが、ついにかないませんでした。あの墨跡は、私へ下された厳しい課題でもあったのかと今にして思うのです。いつまでもフラフラと心の定まらない不肖の弟子の極みの私への。

師は子どもがたいそうお好きでした。「子どもの心は真っ白じゃ」と常日頃言われていたようです。道場で毎年師の企画による子ども会が催されていました。かわいい小僧さんの絵に「無心」と書かれた墨跡をいただいたことがあります。「わしの絵の先生は子どもじゃ」と言われていました。修行時代に近所の子達に絵をよくかいてあげたそうです。〝帰家〟の書の左下に書かれた花押《かおう》は、子どもが喜びそうなカタツムリのようです。

師は回想記でこう言われています。「自分は老境に追いやられても、今までに出会った子ども達の成長を思うと、楽しくて、うれしくて、若やぐ心地になる」と。

師は、常に〝母なるもの〟のような慈しみを、子ども達にいだいておられたようです。祖父も師のことを、「子どもがたいそう好きな人や」と言っていました。

そのような老師様のことですから、私のたわいない子どもの話をいっしょにさせていただいても、きっとお許しいただけるんじゃないかなあ。

一九九三年八月

（追記）

〝帰家〟の墨跡は、祖父の葬儀の際に祭壇前に掲示させていただき、前住職の父親に保管を託した後、すっかり所在不明になっていました。敬慕してやまない師の貴重な書を紛失してしまい、私の重大な過失だと悔やんでいました。ところがある時、檀家さんから掛け軸の箱書きを頼まれて、その参考にするものを捜して押し入れの中を調べるうちに、この墨跡が無造作に紙に包まれてあるのを発見したのです。師の遷化《せんげ》をも超えて、実に十数年ぶりの再会に、歓喜の思いがありました。さっそく表装し本堂の正面に懸けました。紙面にある積年の埃《ほこり》の付着を無理に落とすと紙が傷《いた》むおそれがあると、表具師の方に言われました。師に対し誠に畏《おそ》れながら、やや汚れたままで表装してもらいました。それは、この墨跡じたいの旅の苦難の痕跡と解するべきか、と不謹慎ながら勝手に思ったりしています。ある夜、ふと本堂に行って灯りをつけると、庭に面したガラス戸に、反対側に懸けてあるこの墨跡が映っているのを発見しました。鏡文字が反転してふつうの字体に見えるのです。それは闇の中に幻のように浮かぶようで、その境地がいっそう遠く幽玄なるものに思えました。檀家さんの納骨法要の際、この墨跡を参列した方々にご覧になっていただきながらお話をすることがあります。人生の苦難の旅を終えた方の安らぎを共に祈りつつ。

二〇二〇年六月

十　剃《てい》髪《はつ》

「和尚様《おっさん》、ヒゲはやさはんのどすか」

去る五月十五日、先代住職で私の祖父が亡くなってから度々檀家の方に聞かれました。

臨済宗では、師匠が亡くなってから本葬までの間、髪・髭《ひげ》を剃らないという習わしがあります。それは弟子としての弔意《ちょうい》を表す意味があるそうです。ふだん無精髭《ぶしょうひげ》などをたくわえると、まわりから早く剃れと言われることが度々あります。このたびのような名目があるのもめったにないことだし、いっちょう伸ばしてみるか、という気になりました。

ヒゲを伸ばしてみると、実にさまざまな批評を檀家さんからいただきました。「なかなかオシャレですね」と思わぬ好評をいただいた奥さま。「いやあ貫禄がありますなあ。ぼくら若いもんはいいと思いますよ」と自称万年青年の男性。「戦前は二等兵でもヒゲをはやしてたもんや。時代によって流行がありますんやろ。そやけどキッスする時は邪魔ですな。アッハッハッ」と一世紀近くも生きてこられた歴史的見地から肯定されたおじいさま。

一方で、「なんやら青白いダルマみたいじゃのう」とズバリ直言されたおじさま。ある理髪店のご主人は、「日本人にはヒゲが似合わないんだから、きれいに剃られたほうがいいですよ」と忠告されました。

「病気してはんのですか」と家人にお気遣いいただいた方もおられたそうで、

ありがたいことです。「気管支が弱いのではやされていると思いました」。ある指圧師の方は、冷気がヒゲでいったん暖められるので、気管支が弱い者は、ヒゲをはやしているほうがいいと言われます。そういえば、私は秋から冬にかけて、空気が急に冷えてくる頃になると、よくセキが出るので、健康のためヒゲが必要かもしれません。

近所の檀家でないおばさまに、「このヒゲ、なかなか評判がええで」と言うと、「そらぁ、将来お世話になるさかいにお世辞言うてはんにゃでえ。はよぉ剃り!」と第三者的立場からの厳しい批評をいただきました。

ヒゲひとつはやすことで、他にもいろいろな御批評をいただき、衆生《しゅじょう》のご縁に感謝するしだいです。

臨済宗の道場では、「四九日《しくにち》」と言って四と九のつく日、つまり五日に一回ほど剃髪します。カミソリで自分の髪とヒゲを剃るのですが、私の頭皮はデコボコしているので、慣れない頃急いで剃るとあちこち切って血だらけになり、「うわぁ、プロレスの流血戦みたいやなあ」などと先輩に言われました。スイカのようになめらかな頭皮がうらやましいですね。

古い戒律によると、頭髪は二寸（約六センチ）以内であればよいとされています。しかし、わが宗門ではきれいな剃髪がまっとうなありようとされています。ふだんバリカンで丸刈りにしている私は、長老方《ちょうろうがた》から頭髪の〝生活指導〟をいただくことがあります。

そもそも剃髪とは、「落飾《らくしょく》」とも言うように、髪やヒゲで外見を飾ることをやめ出家して仏道に入る規律です。おごって人をあなどり自分を頼みとする「驕慢自恃《きょうまんじじ》」の心を除くためともされています。もし、きれいに剃髪することで驕慢自恃の心が生じるとすれば皮肉なことですね。

剃髪がほぼ僧侶の正統ですが、例外もあります。釈尊の高弟魔訶迦葉《まかかしょう》は長髪でした。浄土真宗では本来剃髪をしません。教義上、僧侶も在俗生活が肯定され出家しないからです。

有名な禅僧で有髪《うはつ》だった方もおられます。一休禅師の肖像画は髪もヒゲもボウボウに生えています。弟子が禅師の生毛を植え付けたといわれているヒゲ面《づら》の木像があることからも、ふだんから剃髪されていなかったのでしょう。一休禅師は名刹《めいさつ》に留まることなく生涯方々に流転して教化し、形式的な戒律より見性《けんしょう》

（悟り）を重んじました。例の剽軽《ひょうきん》なとんち話は後世の江戸時代の創作で、実際は強烈な情念と批判精神を抱き続けた人です。その風貌は、異端の野僧《やそう》として生きぬいた境涯を伝えるものでしょうか。江戸時代に独特の禅を説いて大名から庶民まで多くの帰依を受けた盤珪《ばんけい》禅師も有髪だったようです。

私はもちろん一休さんや盤珪さんのような名僧ではなくただの〝迷僧《めいそう》〟です。私の髪やヒゲが伸びているとしたら、生来の不精《ぶしょう》と、いくらかの勝手な理由にすぎません。まわりから「剃れ、剃れ」という声が高まってきました。今日は子どもと風呂にゆっくりと入りながら、ヒゲを剃ることにしましょうか。

一九九三年九月

十一　園《えん》頭《ず》

「これ、レンくんのうんこトウモロコシや！」（いきなりシモネタですいません。

以後は○○○と伏字にします）

秋の昼下がり、郊外の川ぞいの畑でYさんの声がひびきわたりました。友人のYさんは画家で、アトリエの近くに借りた畑で、仕事の合間にさまざまな作物をこしらえています。乗馬クラブでもらった馬フンを入れ、化学肥料や農薬をいっさい使わない、いわゆる有機農法です。

先ほどの「○○○トウモロコシ」は、Yさんの息子さんが畑で遊んでいる時、もよおしたモノをトウモロコシのそばに穴を掘って用を足し、それを肥やしにして育った結果なのです。ちょっと聞くと汚いようですが、そのレンくんの○○○が土中で分解し、やがて栄養素になってトウモロコシの根に吸われ、茎を伸ばし、葉を広げ、花を咲かせ、おいしい実となる。そんなふうに想像すれば、なんて美しく豊かな自然のめぐりめぐるありさまでしょうか。○○○は、現代都市社会ではトイレの水流と共にどこか遠くへ捨て去られていく疎《うと》ましいモノでしかありません。しかし、大自然の中では本来大地の恵みにつながるひとつの過程なのだと気づかされます。

さて、実はこの日、Yさんにイモ掘りの招待を受けて、子どもを含めた三家族がこの畑に集まったのです。サツマイモのツルを頼りに掘り進めていくと、ゴロゴロとおもしろいようにイモが現れました。子ども達も競い合うように掘り出します。途中、例によってレンくんが〇〇をもよおし、畑の隅ですませました。お母さんも「したあと土かけときや」と大らかなものです。

畑の一角に枯草を集めて火をおこし炭をおきました。その中へ近くの小川で洗いアルミホイルでくるんだイモをどんどん投げ込みました。やがて、ホカホカの焼きイモの出来上がりです。イモは甘く、掘り出しの労働の後そのまま畑で食べることがいっそう味を引き立てているように思えました。子ども達は、皮についている少々の土も気にせずかぶりついています。

「あの柿うまそうですね」と言うと、Yさんは昔のガキ大将そのままにスルスルと柿の木を登って実を次々に下へ落としてくれました。ステキなデザートができました。

わずか半日の出来事でしたが、みんな畑の中で生き生きと輝き、どんな遊園地に行くよりも味わい深い時を過ごすことができたように思えます。大地の土に触れ、そこから生み出されたものを取り入れ食べることの楽しさを、改めて発見したしだいです。

禅の道場には、「園頭《えんず》」という田畑で作物をつくる役割があります。私がいた道場では位の高い修行僧で大学の理学部を出て農学にくわしい方が担当していました。道場は自給自足がたてまえで、皆の命を支える大切な役なのです。十五年も修行されていた大先輩が「三年、道場に居ればどんな所でもやっていけるぞ」と言われていました。およそ三年で道場のさまざまな役割をこなすことができるのでしょうけれど、とくに料理番の典座《てんぞ》とこの園頭は生活の基礎になるものでしょう。

私のいた道場では、ある乗馬クラブでいただく馬フンを肥料にしていました。軽トラック山もりに積んできたそれを、畑に運ぶ一輪車に積み替える作業をしたことがあります。頭と口をタオルで覆い、数人がかりでシャベルで飛ばすように移すのですが、勢いあまった馬フンを頭からぶっかけられることもしばしばでした。その馬フンは発酵しているのかやや温かくサラッとしていてひどい悪臭もなく、そう不潔感はありませんでした。

檀家さんで会社員の方が、休日に奥さんの実家の農家でお米を作り、家族の分はすべてそれでまかなっているそうです。ある大変おいしいとされる品種は、虫に弱く農薬が多量に必要なので、作っていないと言われていました。

以前紹介した安藤昌益《あんどうしょうえき》の思想を思いおこします。すべての人が自ら農耕すべきであるという理想です。昨年の大凶作をきっかけに米の輸入が実現し、日本の農業や食料自給の危機が心配されています。また、農業の機械化による人体への悪影響や環境問題も問われています。その中でいっそう昌益の思想が注目されるようです。彼は一時禅の修行をしたらしく、園頭を担当したことがあるのでしょうか。昌益や禅の思想にそくして自給自足すれば、安全で環境にもやさしいことでしょう。

私はそんな理想には遠く及びませんが、ニガウリなど好きなものをほそぼそと作ることを楽しみにはしています。ひょっとして、将来日本の食料自給が激減した時、私は境内のあちこちに畑をつくるでしょう。夕暮れ、嬉々《きき》として作物をとりいれる私がいるかもしれません。わが寺の園頭として。

一九九四年三月

十二　暮露々々《ぼろぼろ》

「おい、シャツを入れろよ、だらしないぞ」

私は学生時代、しばしばキッチリした友人に注意されたものです。モノグサな私はよくポロシャツなどをズボンの上にダラリとかぶせていたのです。今でこそ若者の間では、わざとだらしなく着るのがはやりで、シャツを上着の下からでも出しているのがオシャレなようですが、当時はそんな着方はだらしなくみえるのが常識だったようです。

確か作家の太宰治が「服は裸を隠してさえいればいいのだ」などと言っていたそうで、それにいたく感動したことがありました。しかし、私は高い志があって衣服に構わないのではなく、単にモノグサなだけなのです。

最近、あるスーパーでエレベーターをひとりのお上品なご婦人のうしろで待っていた時でした。そのご婦人が何気なくうしろをふり返って私を見たとたん、お顔がひきつり、さっとあとずさりしていかれました。人のようすを見るなり離れていくなんて、何と失礼な、と思いましたが、その時の私の容姿を思いおこせば納得がいきました。

頭髪は丸刈りがはんぱに伸びたボウボウで、顔中には無精《ぶしょう》ヒゲ。ぞうきんのようにヨレヨレにくたびれたTシャツとズボン。ぼろカバンをたすきにかけて、両手にジュースの空き缶を持ってボーッとつっ立っていたのです。何やら奇怪な男と思われたことでしょう。

檀家さんへのお参りの途中で時折立ち寄る古書店がありました。衣を着て店内に入ると、たいてい店番をしている年配の方は、「おまいりでございますか」と、いつも恭《うやうや》しく丁寧にごあいさつしてくださいます。

ある日、ふだん着ているぼろジャンパーにぼろズボンでその店内に入ると、いつもの店番の方はおられましたが、とくにごあいさつはありませんでした。本棚の上方にあったある高僧の全集の古本を買おうと心にきめ、念のため見てみたいと思い、その本をとって見せてほしいと頼みました。すると、その方はどうも怪訝《けげん》なそぶりでとりあってもらえません。再度強くお願いすると、やっとシブシブ一冊とって見せてくださいました。パラパラめくって問題がなさそうなので、「この全集を買います」と言うと、「えっ」という表情をされひどく驚かれたようでした。

この方の対応がとくに悪いとは思えません。むしろ、私の身だしなみがよくなかったというべきでしょう。先の事例も含め、私じしんの風采《ふうさい》がよくないうえに、ボロのような服を着ていたからと思われます。

昔、「暮露々々《ぼろぼろ》」と呼ばれる人々がいました。吉田兼好の『徒然草《つれづれぐさ》』に「世を捨てたるに似て我執《がしゅう》深く」とあるように、一般に卑しまれていたようです。その姿は、髪は伸びて逆立ち、ボロボロの紙衣《かみこ》（紙製の着物）を着て八角棒を持ち高ゲタをはくという奇妙なもので、仏道修行と称して乞食《こつじき》しながら諸国を放浪していたそうです。また、夜になるとフトンを引きかぶって坐禅をしていたと言われています。つまり、風体《ふうてい》悪しきニセモノ禅僧と言えるでしょう。

ただ、お釈迦様が出家された時は、糞掃衣《ふんぞうえ》と言ってボロ切れを縫い合わせた粗末な衣を着ていたそうで、外見は暮露々々のようであったらしいのです。また、ある道場の師にして高名な禅僧は高い位を示す色衣《しきえ》を着ずに、質素な黒衣《こくえ》で通されたと聞いています。高邁《こうまい》な枯淡《こたん》のご境地からされることでしょう。

一休さんの頓智話《とんちばなし》にこんな話があります。

ある大金持ちが、高僧として名高い一休禅師に使いをよこして家の方へ法要に来るよう頼んだ。了承した一休は、汚いボロを着たあさましいかっこうをしてその家を訪ねた。家の主《あるじ》は誰ともわからず腹を立て、下男に命じてたたき出してしまった。次に一休は立派な美しい衣を着て同じ家を訪ねた。先ほどの主はたいそう喜び家の中へ迎え入れようとした。すると一休は、この衣にお布施をあげて下さい。私自身にいただく言われはありません、と言って衣を脱ぎ捨てて帰ってしまった。

この話は江戸時代の創作ですが、一休の門下は生涯質素な黒衣で通したと言いますから、一定の根拠があるのかもしれません。いずれにせよ名僧一休だからこそ絵になる話と言えるでしょう。

ふだんからボロを着ている私は、〝枯淡〟を標榜しているのでも、中味が肝心と思っているわけでもさらさらありません。ただただ、モノグサで身だしなみが悪いだけなのです。やはり私は、「世を捨てたるに似て我執深き」、「暮露々々《ぼろぼろ》」

の類《たぐい》でしょう。たまたま少しましなものを着ているとしたら、見かねた相棒がみつくろったものに違いありません。

これ以上ボロが出て〝ボロボロ〟にならないうちにこのへんで…。

一九九四年九月

十三　拈《ねん》香《こう》

「和尚様《おっさん》、カゼひかはったんですか」

私のセキこむようすに檀家さんがよく聞かれます。ここ数年、五月と十月頃になると、のどの奥、胸の上あたりがむずかゆくなり、よくセキが出るようになりました。この頃は爽《さわ》やかなようで、気温の変動が著しく体調を崩しやすい傾向もあるようです。過去帳を見ると比較的お亡くなりになる方も多いです。

あまりセキが出て体調もよくない時があったので、病院で検査を受けたところ年齢通りの健康な体と言われました。何だか検査がムダになったようで納得がいきませんでした。親族に喘息《ぜんそく》が多く遺伝的に気管支が弱いのでしょうか。悪い所ばかり似たものです。

しかし、仕事がらノドをよく使うので、セキが出るのもなかなかつらいものがあります。檀家さんのお宅でお勤めをしている間、セキをおさえようとすればするほどわきあがってしまうのです。檀家さんにはかえってお気遣いをいただき、「これはノドにいいですよ」と特製の飲み物をいただいたり、ノドアメをいただいたり、「お線香は、やめておきましょうか」と言ってくださる方もあります。ありがたいことです。

なさけないことに私は、モウモウと立ちのぼる線香や焼香の煙が苦手なのです。日本人には煙の信仰というものがあるようです。大寺院の本堂の前にすえられた大香炉からモクモクと立ちのぼる線香の煙を、お参りの方々が、ありがたそうに手ですくい体にしみつけるような光景をよく見受けます。私にはその煙もあまり有難く無く、むしろ遠巻きに避けてご本尊に参拝したいくらいです。

仏教発祥のころ、お香は文字通り〝香り〟に意義があったようです。

昔、インドで須達《しゅだつ》という信者が、お釈迦様を招待する前日の終夜、お香をたきしめてお招きする部屋を清浄にしたのが焼香の始めとされています。インドの気候は暑く悪臭が出やすいので、それを消すために香料を用いる風習が古くからあって、仏教の儀礼にも取り入れられたのです。お経にも、焼香による「妙香《みょうこう》の気」の功徳《くどく》が説かれて、その香りが仏の世界へ誘《いざな》うものと言われています。

また、「塗香《ずこう》」と言って粉末にしたお香を体に塗る作法が古くからあります。焼香は火を使うので暑い時には向きません。よきお香を体に塗れば、身を焼くような熱い苦悩を除いて、涼しく澄みきった境地を得ると言われます。暑さも煙も苦手な私には塗香が好ましく思われますが、残念ながらわが宗門にこの作法はございません。

いずれにしても仏教でお香を用いるのは、香りによって心身を浄化し、安らかな仏の境地へ導き入れんとすることが、本来の目的なのでしょう。実際に「沈香《じんこう》」などの上等のお香は、意識を鎮静させる作用があると科学的に立証されているそうです。

逆に厳かな仏事において悪臭を出すのは、甚だよろしくないでしょうね。昔、ある和尚様がお葬式の最中、腹中にガスが沸々《ふつふつ》と湧《わ》いてきて、たまらずそっと抜《ぬ》かれました。それがまた、われながら強烈なニオイだったそうです。やがて、何事もなかったかのように神妙な顔つきで退場されようとしたその時。近くに座っておられたおばあ様が、「和尚様《おっさん》、ぬかはったな」と苦言に及ばれたそうで。

線香は、江戸時代の初めに発明されたそうです。それまでは焼香が一般的でしたが、便利なので広く用いられるようになりました。もともと線香と焼香をあわせ用いていたのではないのですから、どちらか一方でもかまわないのではないでしょうか。線香モクモク、焼香モウモウで、頭がモウロウとしてはお香本来の意味がないのでは。

禅宗では、法要の際の焼香を「拈香《ねんこう》」と言います。導師が一回だけ香木を額の上に恭しく高くあげてから香炉にくべるのです。法要でその後に導師が唱える言葉を「拈香法語《ねんこうほうご》」、略して「香語《こうご》」といいます。法要に際した自らの境地を表明する最も重要なところで、直前の拈香は、いちばん心をとぎすます場面でしょう。大法要では、導師が何度か仏前に進み出て焼香をしますが、そのつど一回焼香の作法をします。

一般に焼香は三回だと何となく思われているようです。それには、身《しん》（身体）・口《く》（言語）・意《い》（心意）を清めるという意味があるそうです。しかし、せわしなく心も虚《うつ》ろに三回するのであれば、禅宗の拈香のように丁寧に一回する方が見た目も美しく心もこもることでしょう。線香は何本ですか、とよく聞かれますが屋内であれば一本で十分でしょう。やはりお香はほのかに心地よく香るのがよろしいようで。ただ、それらの作法は宗派や地域によって様々です。

以上、煙の嫌いな虚弱な私の、とんだ長々しい言い訳になってしまいました。

一九九五年三月

十四　虚妄《こもう》はこれ鬼神《きじん》なり

冷夏のあてがはずれ、今年も猛暑が続きましたが、ここで少し涼しい話を致しましょう。

私の友人に屈強な男がいます。登山が趣味で体も壮健、仕事がらさまざまな修羅場を経験してきた男です。

ある日、彼が泊まりに来たので、我々家族の休む所からずっと離れた、本堂の手前の長い廊下の脇にある客間にひとり寝させました。こいつなら、コワイなんてことはちっともないだろうと思ったのです。

ところが、次の日の朝、ずいぶん眠そうな不機嫌な顔をして起きてきて、「おい、真夜中に子どもを廊下でガタガタ走らせるなよ」と言うのです。その廊下はそおっと歩いてもキュッキュッとよく鳴るのです。四歳の子どもは私達夫婦と一緒に寝ており、すぐ近くの便所へ行くのも怖がるくらいなのに、そんな所まで深夜に行くはずがありません。そのことを言うと、友人の顔がいささか青ざめていくように見えました。

その本堂前周辺の部屋は以前からいわくつきで、叔父達が学生時代にその部屋を使っていたのですが、本堂から化け物が出てくる夢をよく見てうなされたと言っていました。他にも、それらの部屋で夜を過ごした人から奇怪な話をいくつか聞いております。

実は私も経験したことがあります。それは、中学一年の夏の夜の出来事でした。例の叔父達が居た小部屋を勉強部屋に与えられ、家人から離れてひとりでおりま

深夜、本堂の闇から廊下へ足音がして……

した。人々はすっかり寝静まり夜もふけたころ。私はまだ机に向かって何やらくだらん本を読んでいました。すると、ふと本堂の方から、「キュッ…」と廊下を踏み鳴らして何者かが、こちらの方へ歩み出す音が聞こえました。そして、まるでこっちのようすをうかがうようにして、ゆっくりゆっくり「キュッ…キュッ…」と近づいてくるではありませんか。「本堂の化け物」の話を聞いている私は、いよいよ出たかという恐ろしい思いでいっぱいで、背中に冷や汗がタラリタラリと走るのを感じたくらいです。しかし、足音はさらに「キュッ…キュッ…」と近づいてきます。

〝このままではきっとこの魔物に襲われてしまう。いっそ廊下へ思いっきり出てしまおう〟そう思いつめ、勇気を奮い起こしていっきにドタンッと廊下をはでに踏み鳴らして飛び出しました。

すると、何と！一匹の猫が本堂へ走り去って行くではありませんか。

たぶんノラ猫が本堂の戸の隙間からでも侵入し食べ物でもさぐっていたのでしょう。化け物の正体は猫だったのです。それから私は、あの部屋で安眠できるようになりました。友人が夜中に聞いた足音もたぶんネコでしょう。

禅宗では、化け物のたぐいについてどう考えているのでしょうか。

禅宗の開祖達摩《だるま》から六代目の祖師に慧能《えのう》という人がおり、中国唐代に禅が広まる基礎を築いたとされています。この方の説法集『六祖壇経《ろくそだんきょう》』の中に「虚妄《こもう》はこれ鬼神《きじん》なり」という言葉があります。「虚妄《こもう》」とは、「偽《いつわ》り。迷いからおこる現象」。「鬼神《きじん》」とは、「人に害を与える悪い神、化け物」。つまり、「偽《いつわ》りや迷いこそが化け物だ」。言いかえれば、「化け物とは、ウソや迷いから生じたものなのだ」とも言えるでしょう。慧能は、「慈悲の心がそのまま観音《かんのん》である」「貪《むさぼ》りや怒りは地獄である」とも言います。超現実的現象や存在を心のありようと考えるのが禅の立場であるようです。中学生の私が怯《おび》えた化け物は、私じしんの迷いだったのでしょう。しかし、こういう講釈を子ども達にするとガッカリするようですね。たいていの子どもにとって化け物はどこまでも化け物であってほしいようです。「実は、あの猫は物《もの》の怪《け》の別の姿だったのでは」と言われた方もおられましたが。

さて、先日わが子のお友達七名を寺へ泊めて、夜に墓地で肝《きも》だめしをしました。子ども達と墓地の奥まで行こうとする途中、お墓にお供えしてあるススキの白い尾花《おばな》が、月明かりの中で妙に妖《あや》しく浮き上がって見えました。胆だめしの雰囲気を盛り上げるつもりで、「バケモンのシッポやあ！」と、私は恐ろしげに叫びました。

するとサッちゃんという女の子が恐怖のあまり、シクシクと泣き出してしまったのです。

私の「偽《いつわ》りの化け物」が、小さな女の子を悲しませてしまいました。この時こそ、「虚妄はこれ鬼神なり」という祖師の言葉を思いおこし、反省することしきりでありました。

ごめんね、サッちゃん。

一九九五年九月

十五　生も一時のくらゐ《い》なり　死も一時のくらゐなり

「さあ、みんなでヤキイモをしよう！」

初冬の夕暮れ、境内の一角で子ども達とたき火をしながらイモを焼きました。

これがけっこう子ども達に好評で、遊園地やゲームセンターなどに行くよりずっと奥の深い楽しみのように思います。

地面を少し掘り下げた所に、焚《た》き木をおいて燃やし始めました。「燃やす落ち葉をひろってこよう」と言うと、子ども達は先を争うように落ち葉をバケツに集めてきます。掃除もできて一石二鳥というわけです。カラカラに乾いてフワフワになった赤いモミジのかたまりを、弱くなった火に入れると、すぐにパリパリという気持ちのいい音と共に炎があがりました。モミジがいっそう鮮やかに変化《へんげ》したようでした。やはりたき火をする時は、落ち葉がおもむきあってよろしいようです。

「焚《た》くほどは風がもてくる落ち葉かな」（良寛）という句が思い起こされます。今日は「風」が「子《こ》ら」になったわけで。

さて、イモもほどよく焼きあがったようなので、火の中から次々に取り出すと、子ども達はいっせいに群がりました。ご近所のおばさまも、煙を見てか、愛犬を連れてやってきました。

たき火でじっくり焼いたイモは、アツアツで不思議に甘くおいしいのです。一日一食というワンちゃんも、「おなかこわすで！」という飼い主の制止も聞かず、シッポをふって次々とおねだりしています。子ども達は「〇〇ちゃんが〇個食べた！」という厳しいチェックをしつつむさぼり食べていきました。やがて最終目的を果たした子ども達は、暖かい屋内へさっさと帰ってしまいました。

後片付けをして、しばらく、熾《お》きになった焚き木を見つめていました。時折チカチカと小さな音をたて、真っ赤になって燃え続ける焚き木。所々もう灰になっています。さっきまでのにぎわいとうって変わった静けさ、安らぎのひと時です。

ふと道元禅師の「焚き木の喩《たと》え」とでもいうべき深遠な説法を思い浮かべました。

「焚き木は燃え尽きやがて灰になる。その灰がもう一度焚き木になりかえったりはしない。焚き木は焚き木としてのくらいにあり、灰は灰としてのくらいにあって、前後があるのである。人の生死も同じように、いったん死ねばもう一度そのまま生まれることはない。今生きていることも今しばらくのありかたであり、死ぬこともしばらくのありようなのである。」（『正法眼蔵』）

ほぼこのようなことを言われています。最後の一節の原文は「生も一時のくらゐ《い》なり。死も一時のくらゐなり」です。「くらゐ《い》」とは、古語で地位・身分の意。ここでは、それぞれの「ありよう」といった意味あいのようです。「くらゐ」の原意は「座居《くらい》」、つまり座る場所です。「生死のくらゐ」とは、「生死の座席」というふうにも解釈できるでしょう。

いずれにせよ凡人には、道元が言うように、生と死をそれぞれ「一時のありよう」だと、なかなか達観できるものではありません。ふつう我々は生を願い、死を忌み嫌いますから。

ただしかし、いのちを焚き木になぞらえるのは、わかりやすく鮮やかな喩えですね。

初めはチョロチョロとかわいらしい火であったのが、そのうちゴウゴウと猛然と炎をあげ、やがて落ち着いた熾きになり、最後に灰となっていく。これは、幼少の頃から、情熱の青年期、働き盛りの壮年期を経て、憩《いこ》いの老年、そして死へ、というだいたいの人々がたどる人生コースになぞらえることができるでしょう。また、ある焚き木はよく乾いていて、いっきに大きな炎をあげて燃えあがる。ある焚き木は湿っていて、なかなか火がつかず、くすぶりながらゆっくりと燃えていく。それは、めいめいの個性的な人生の喩えになるでしょう。

あの初冬の境内でのひと時。子ども達との焚き火のまわりには、さまざまなお墓が並んでいました。道元さんにしたがえば、それぞれに安らかな「死のくらゐ」にある方々が、我々をとり囲んでおられたのです。その中で、ほんの一時の「生のくらゐ」にある子ども達、ご近所のおばさん、ワンちゃん、わが相棒、私が、焚き火を囲んで幻のような楽しいひと時を過ごしたというわけです。

子ども達よ、燃やせ、命の炎を！

私じしんのいのちの焚き木は、一生グズグズくすぶり続け、いつのまにやら灰となるんでしょうねえ、きっと。

一九九六年三月

十六　引導《いんどう》

ある純朴な若い男が、日頃から好意をいだいている娘に、やっとのことで自分の思いを打ち明けました。

すると、娘は突然のことにとまどいつつ手紙で返事をよこしました。男は胸をときめかせながら、手紙の封を切りました。

しかし、そこには、大変ていねいな柔らかな言い回しで、結局のところ「いいお友達でいましょう」と書かれてあったのです。

男は荒れました。友人に「ボクは死にます」などと電話をしたり、やけ酒をずいぶんあおってひどく体調をこわしてしまいました。

私の青春時代には、こんな古風な話をよく聞いたものです。このような場合、いっそう古風でおもむきのある言い方をすれば、娘が男に出した手紙の内容は、「引導をわたした」ということになりましょう。辞書で「引導をわたす」を見ると「あきらめるように最終的な宣告をする」ともあります。なるほど、先の話にぴったりあてはまります。

しかし、その本来の意味は、「人々を導いて仏道に入らせる」ことであります。この意をふまえた引導をふくむ禅宗の葬儀は、死者を仏道への入門に導く儀式を想定しています。そのことから一般に引導とは、「葬式の際、導師の僧が、死者を迷いから悟りへ、この世からあの世へ、説き聞かせて導く」ことを言うようになりました。はじめの話は、このことに喩《たと》えた表現なのです。

禅宗の葬儀の際、導師が引導の場面で唱える言葉を「引導法語《いんどうほうご》」と言います。故人の経歴を讃《たた》えつつ仏の教えや導師の境地をさとすものです。故人の人生や季節に応じて、本来そのつどつくるべきものとされています。その作例の一節に、「去来生死《きょらいしょうじ》もと幻のごとし、煩悩菩提《ぼんのうぼだい》 畢竟空《ひっきょうくう》なり」とあります。「別れも出会いも、生も死も、本来幻のようなものだ。迷いも悟りも結局は不変の実体はないのだ」ということです。このように、死者と残された人々にも、「生」を諦《あきら》めさせ「死」を受け入れるように言うのでしょう。ただし、それは伝統的な作法では漢文なので、何やら呪文《じゅもん》のようにしか聞こえませんが。

この法語の最後に、思い切り大声で「カーッ」（喝）と唱えます。これは「一《いち》字関《じかん》」と言って、一文字で禅の奥義をあらわす作法です。昔、中国の雲門《うんもん》禅師は、常に漢字一字で修行者を導いたとされています。そのような境地を「一字禅」と言います。「喝《かつ》」の他に「唖《あ》」「咦《いい》」「咄《とつ》」「露《ろ》」などがあります。

「喝」は、昔の中国で大声のどなり声を表す言葉で、師がいきづまった弟子に心機一転させ導く手段として用いられました。葬儀の際にも、導師が自己の境界《きょうがい》をかけて、生死の迷いを断ち切るために言うのですから、せいいっぱい気合いをこめて「カーッ」と叫ぶのです。

ある老師様が葬儀の導師をされた時のことです。八十歳をこえておられたにもかかわらず、みごとな迫力で〝喝〟を叫ばれました。すると、その直後鼻血を出されていました。その時は、はなはだ心配申し上げましたが、思い返せば渾身《こんしん》の気迫をこめられた引導の鮮烈な光景でありました。

この引導の〝喝〟こそは、その一瞬に最大の気合いをいれるものですから、ご体調によっては甚だ危険なことがあります。ある老僧は喝を叫んだ直後、心《しん》筋梗塞《きんこうそく》で倒れ、葬儀途中にして霊柩車《れいきゅうしゃ》の隣に救急車のお迎えがあった、と聞き及んでおります。

恥ずかしながら私にも危ういことがありました。ある小さな公民館での真夏の葬儀のこと。会場は、白い布で前と左右三方がすっかり囲まれ、冷房もありません。おまけに私の背後から祭壇に向けられたライトの強烈な熱線を後頭部あたりに感じておりました。この異常な熱暑の中、襦袢《じゅばん》・白衣《はくえ》・衣を着たうえに袈裟《けさ》を体全体に巻き付ける装束《しょうぞく》で勤行しておりました。ただでさえ暑さが苦手の、私の心身状況をお察しください。

意識モウロウとしながら、引導法語を神妙に唱え、おもいっきり「カーッ」と叫びました。そのとたん、頭がクラッとなり、しばらく蟀谷《こめかみ》あたりがズキズキとしたのです。もう少しで自分にも引導を渡すところでした。

またある葬儀で、大声で一喝《いっかつ》したとたん、近くにおられたお婆さまが「あぁビックリした」と胸を押さえられたことがあります。以来、お葬儀の前に引導の作法をふくめてお話することにしております。当面ご予定がないお方まで引導致しては、誠にもうしわけございませんので。

私はきっと、生前に何度も本来の意味での引導をさまざまな方にいただくことでしょう。そしておしまいには、しかるべきお坊様に最期《さいご》の引導を渡され、迷い多きこの世から、はっきりすっきりサヨナラしたいものです。

一九九六年九月

十七　雪を担《にな》いて井《せい》を埋《うず》む

今年（一九九七）一月二十二日は、京都に四十年ぶりのドカ雪がふりました。前夜よく冷えるなと思っていたら、次の朝一面の銀世界！　十七センチほども積もったということです。

わが子を小学校に行かせた後、相棒と雪でカマクラを作ってやろうと思い立ちました。わが子やそのお友達が大喜びするだろうことを思い描いたのです。

まだ降りしきる雪の中をいそいそと、手袋・毛糸の帽子・コートで身を包み、シャベル・一輪車・チリトリなどの道具を動員し、やっさもっさと雪をかき集めにかかりました。雪ダルマを作る要領で大きな玉をつくり、それを積み上げて行けばいいと思っていました。しかし、例年のベチャ雪とは違いサラサラのパウダースノーなのでうまく固まりません。何しろ最低気温がマイナス五度でしたから。

そこで、とにかく〝山〟を作ればよいと思い、かき集めた雪を一輪車で運んではどんどん積んでいきました。それでもなかなか固まりにくいので、水をかけて踏みしめたり、ガバッと抱きついたり。

そんな作業を二時間ほど繰り返し、やっと一メートルほどの小山ができた頃、お勤めの時間がきてしまいました。

実はその日、檀家さんのお葬儀があったのです。故人は八十歳を超えてスキーをたしなまれておられた方でした。冬は毎週郊外のスキー場へ通い、そのスキー場に親しむ方の中で二番目の長老だったそうです。「一緒にスキーに行きまひょか」と、柔和なえびす顔でお誘いいただいたこともありました。ご遺族が、「おじいさんと一緒に子どもを連れて一家でよくスキーに行ったなあ。お葬式の日が大雪でおじいさんも喜んだはるやろねえ」と言っておられました。故人は、亡くなる前年の夏に日本海へ一人で泳ぎに行くほど元気だったそうです。その年の秋に癌《がん》が見つかり、手術を拒まれ、穏やかに逝かれたそうです。

さて、私と相棒があんなに苦労して作った雪の小山は、カマクラを作るどころか、結局そのままになってしまいました。その日、子どもが小学校から帰ってきて、お友達とさっそくその雪の小山で遊びだしました。窓からそおっとのぞくと、せっかくつくった小山はグジャグジャに壊されていました。

しばらくして、子どもがやって来て「ビニール袋ちょうだい」と言うので、大きなゴミ袋をわたすと急いでまた外へ出ていきました。

やがて日の暮れかかった頃、子ども達に現場へ連れていかれました。小山は形を変えられ、片方がツルツルに斜めに削られていたのです。「すべり台だよ」と言い、さきほどの袋をお尻にしいてツルッとすべるのです。

私もやってみました。すべるのは、あっという間のほんの一瞬です。それでも、その一瞬にスリルや快感がありました。その心地がずっと続くのがスキーだったりするのでしょう。

雪にちなんだこんな禅語があります。

雪を担《にな》いて井《せい》を埋《うず》む

昔、徳雲《とくうん》というお坊さんがいて、バカ正直な人をやとって雪をかついでは、せっせと井戸にほうりこんでは埋めようとした、という故事によるものです。

常識からすると、雪で井戸を埋めようとするなんて、果てしなくムダなことです。しかし、そうした一見ムダな行いのなかに禅の境地があるという喩《たと》えのようです。

徳雲さんのあだ名は「閑古錐《かんこすい》」。すなわち「閑《のど》かな古い錐《きり》」、つまり「使い古して先が丸くなったような鈍《にぶ》いキリ」のこと。ふつうなら、役立たずというシロモノでしょう。しかし、禅の世界では、世俗のことにとらわれない穏やかでゆったりとした境界《きょうがい》をあらわしているとされています。

私は大雪の日に、「雪を担いて小山をつくる」をやってみました。意図したカマクラも作れず大変マヌケなことでした。もっともそれは、「雪を担いて井を埋む」という達人の境地にはずいぶん遠いことでしょう。

しかし、カマクラを夢見て雪をせっせと運んだり、作った雪の小山で子ども達が遊んだり。雪は、それなりに楽しく幸せなひと時を我々にもたらしてくれました。

雪の小山は、ほかの雪がすっかりとけてしまっても、一週間ほどは残っていました。それからいつの間にか消えて、あとかたも無くなりました。子ども達は、いつか思い出すことがあるでしょうか。あの幻のような雪の日のひと時を。

私には、あの雪そのものが〝徳雲〟さんのようにも思えるのです。滋味深い笑顔で私をスキーにお誘いくださった、あの檀家のおじいさまのおもかげも、それに重なるようです。

一九九七年三月

十八　我与大地有情同時成道《われとだいちうじょうどうじじょうどう》

「おっ、なんだあのハチは？」

　ある初秋のころ、庭の築山の一角からハチとおぼしき虫が飛んで出入りしていました。以前、墓場のハチ退治でズボンの上から刺されたことがあるので、恐る恐る近づいてみました。築山の下に穴ができていて、黒いハチがせわしなくかわるがわる出入りしています。

　さっそく昆虫図鑑で調べてみると、それはクロスズメバチと言い、地方によって幼虫を食用にするそうです。私もいただいたことがあり、微妙なほろ苦さが酒の肴《さかな》によきものでした。テレビ番組で、これが大好物なある山村のおじいさまが、その巣をみつけるようすをうつしていました。肉のかたまりに真綿をつけてこのハチにやると、ハチはさっそく巣に飛んで帰ります。フワフワと空中を行くこの真綿を目印に必死に追いかけて巣のありかを見つけるのです。私は労せずしてこの巣を見つけたわけで、「ハチが冬眠にはいった時をねらえば…」など卑しい思いをいだいたりしていました。

ところがある日、その巣を見に行くと、深くごっそりと掘り返されて、巣はおろかハチ一匹もいないではありませんか。「しまった、先をこされたか」などとまた卑しくも悔しがったりしました。イタチかカラスか、それにしても何ともきれいに平らげたものです。

このように、当寺は都市の中の境内でありながら、まだまだ自然のいとなみが見られます。今のようにテレビゲームもなかった少年時代、とくに友達との約束もなかった日の私のひとり遊びには、虫達の観察がありました。日がな一日飽きもせず、様々な虫の蠢《うごめ》くようすをワクワクしながらジーッと見つめていたものです。今では見られなくなったタマムシやクワガタムシなどもいました。それらは子どもの頃の私の親しい〝友人達〟でした。

今年三月に、ずっとスケールの大きな自然を見ました。数千年に一回地球に接近するヘールボップ彗星《すいせい》。夜明け前の北の空に、白くスーッと淡い尾を引いていました。心もスーッとしていくような不思議な光景でした。

私は、眠気の中でただボーっと見ていただけですが、星を見てお悟りを開かれた方がおられます。お釈迦さま、釈尊です。

釈尊は、老・病・死の苦悩を解決しようと六年にわたる凄惨《せいさん》な苦行《くぎょう》をされ、酷《ひど》く衰弱されました。この苦行をやめ、乳粥《ちちがゆ》の供養を受け、川で水浴し、岸辺の菩提樹《ぼだいじゅ》の下で坐禅を始め深い瞑想に入られました。その時、身のまわりの自然のありようを肌身で感じもされたのでは。涼しい木陰《こかげ》、川のせせらぎ、吹き渡る風、葉擦《はず》れの音、鳥や虫の声…。それらが、苦行で荒《すさ》んだ身と心に、しみいるような心地よさに思われなかったか。誠に不遜《ふそん》ながら私は釈尊を、われわれと同じ感覚のあるなま身の人として想ったりするのです。

釈尊は一週間ほど坐禅をされ、夜明けの明星《みょうじょう》のもとで悟られたのです。その境地は、無上の安らぎがあり、身は安楽《あんらく》を感受し、心は清らかで柔らかく不動であったといいます。

ある禅僧の書に、釈尊が悟りを開かれた時、こう言ったとあります。

我与大地有情同時成道《われとだいちうじょうどうじじょうどう》　山川草木悉皆成仏《さんせんそうもくしっかいじょうぶつ》（私と大地、生きとし生けるものは同時に悟りを得た。山や川、草や木もすべて皆仏になった。『梵網経略抄《ぼんもうきょうりゃくしょう》』）

釈尊が悟って仏となった時、あらゆる命や自然が我と等しく仏のように尊く思われた、という意味あいのようです。釈尊の成道に、禅僧の到達した境地を重ねてあらわしたようにも思えます。

いつぞや私は、ある山のふもとの森の中で坐禅をしてみたことがありました。地面は降り積もった落ち葉でフカフカと柔らかく、上を見上げると、高い木々の幹が私を取り囲むように見えました。静かにしばらく坐っていると、私の身が森に少しずつなじんでくるような気がしました。やがて、私の気配《けはい》が薄らいで安心したのか、やや離れてさえずっていた小鳥たちが、私の身のまわりに徐々に近づいてきました。そして、すぐそばの木々の枝をあちこち飛びまわりながら、しきりにさえずるのです。

すると、この私と小鳥たちや木々が別々のものだという意識が不思議に薄らいでいくのでした。私の中に木々があり小鳥たちがいる。または、木々や小鳥たちが私自身のような……。とても心地よく満ち足りた気持ちに、ほんのしばしなれたのです。いつも何かに急《せ》かされているような思いに囚《とら》われている私が、ずっとこのままでいい、とさえ思えたのでした。

　しかし、やがて日も暮れ森から出て街に帰り、日常に戻ればもとの木阿弥《もくあみ》。クヨクヨ、オタオタの、いつもの卑小な私でしかありませんでした。森でのひと時は何だったのか。やはりお釈迦さまの成道は、はるか彼方の彗星のように仰ぎ見るばかりであります。

一九九七年九月

十九　春は花夏ほととぎす秋は月　冬雪さえてすずしかりけり

私は街かどをフラフラと歩くのが好きです。あてどもなく歩いてみると、さまざまな発見があったりするものです。しかも、ひっそりとした夜が好きです。先日テレビを見ていると、あるハンサムな青年俳優が「僕の趣味は夜の散歩です」と言っていました。今をときめく若者にも、私とよく似たヤツがいるものだと感心しました。ただ、彼のような人が言えばオシャレに聞こえますが、私が言っても薄気味悪いオヤジとしか思われないでしょう。ある深夜、一人で公園を散歩していると、お巡りさんが近づいてきて、「運動されているんですか」とたずねられました。何だか怪しいヤツと思われたのかもしれません。

散歩の楽しみの一つは大きな木を見つけることです。近頃ビルが次々と建設されていく京の街で、寺社の境内以外で大木が残されていることが珍しくなってきたようです。ふと通りかかった街角に、太い幹にうっそうとした枝葉を広げる木を見つけると、「おおっ、よくぞ生き残ってきたなあ、おまえ」としみじみながめて嬉しくなるのです。宮沢賢治の童話『虔十公園林《けんじゅうこうえんりん》』には、主人公について、「風がどうと吹いてぶなの葉がチラチラ光るときなどは虔十はもううれしくてうれしくてひとりでに笑へて仕方ない」という場面があります。その気持ちがわかるような気がするのです。

うちからほど近い所に、民家にめり込むようにして立っているエノキの大木がありました。天を突いて伸びきった枝葉が、天然の大きな傘のように狭い道を覆っているのです。炎暑の夏の日中など、その下を通りかかるとスゥーッと心地よい涼しさがしたものです。ほんとうはあの虔十のように、ニタニタしながらこの大木をずっと眺めていたかったのですが、また変なヤツと思われそうなので通りすがりに見るだけでした。ところが昨年、この大木がすっかり伐採され、その跡に家が建ってしまいました。あぁ、もっとこの木を見ておけばよかった。その枝ぶりを見上げ、ゴツゴツした雄々しい肌をなでてやり、写真にとっておけばよかったと残念で、大事な友人を一人亡くしたような気がしました。

さて、そこからほど近い所に子どもの頃よく遊んだ公園があり、その中の石畳の小道の両側に桜の並木があります。春には、そこは花のトンネルになります。私が小学生の頃、毎年新学期の初めにそこを通って学校に通いました。同じように、今年もまた、わが子もこの花のトンネルを通っていくことでしょう。

静かな夜更《よふ》け、ここの満開の桜を見るのも私のひそかな楽しみの一つです。ある風のない夜、満開の桜を眺めつつベンチの上に寝転がっておりました。すると、あちらでハラハラ、こちらでヒラヒラと、花びらが静かにまっすぐに落ちて行くのです。桜の花は風に吹かれて舞い落ちるものだと思い込んでいた私には、何とも神秘的な光景に思えました。

毎年、この桜の花の下で家族の記念写真をとっています。私の思いも、さまざまな人々の思いもすいあげて、桜はまた花を咲かせ、また散るのでしょう。

道元禅師《どうげんぜんじ》の次の和歌を思いおこします。

春は花夏ほととぎす秋は月　冬雪さえてすずしかりけり

この歌は、「本来《ほんらい》の面目《めんもく》」と題されていて、この語は「各人が本来そなえている真実のすがた」という禅宗の目標とするありようを言うものです。四季の代表的な美しい情景を並べ、冴《さ》え冴《ざ》えとした雪をあえて涼しいとするところに、自然との融和をとおして境地を深める禅の立場をあらわしているのでしょうか。あるいは、悟りに徹したとらわれのない人の姿を自然にたとえているのかもしれません。

わが国で初めてノーベル文学賞を受けた川端康成氏は、受賞記念講演（一九六八年）の中で、日本文化の美しい表現としてこの歌を再三あげています。とくに禅に傾倒したわけでもない氏がことさら禅僧の歌をとりあげたのは、当時世界で日本の禅が注目されてきたからでしょうか。ちょうどその頃、道場の先輩でアメリカ人の方が、日本人の禅の高僧の言葉をこえた飾り気のない人柄に、強く心をうたれたそうです。まさにあの歌のような「本来の面目」を見出されたのでしょう。

私はただ、桜の季節になるとあの和歌を思いおこして愛唱し、これからの一年の自然の移ろいを想い、平凡な日常になぐさめを見出せるような気がするのです。

もう一つ、私が愛唱する禅僧の句があります。

楽しみは花《はな》の下より鼻《はな》の下　　仙厓《せんがい》　義凡《ぎぼん》

江戸時代の仙厓さんの墨跡で、お花見の人々がひたすら大口をあけて食っている愉快な絵に、この句がそえられています。

私にふさわしいのは、こっちの路線かなあ。

一九九八年三月

二十　挨《あい》拶《さつ》

私の友人で、遠方から時折我が家に遊びに来る人がいます。彼が電話で連絡をくれる時に、しばしば「おまえんちに行ってやろうと思ってよう」というふうな、横柄《おうへい》な挨拶《あいさつ》をします。そうすると私も、「別に来てくれなくてもいいけどなあ」と切り返し、しばらくボロクソに言い合い、結局は彼が来ることになるのです。

何とも失礼な友の言いぐさは、不器用で照れ屋の彼独特の挨拶なのでしょう。

しかし、そういう私も、友人に会った時につい大変失礼な挨拶をしてしまうことがよくあります。思うに友人どうしの失礼な挨拶は、親しさを試したり甘えたりしているのかもしれません。

私の修行道場の大先輩で、私に会うたびにたいていご挨拶のように「よう、真宗《しんしゅう》のお坊さん」と声をかけられる方がおられます。

この方は国立大学の大学院を出られた秀才で、一度教師になられてから、願《がん》心《しん》をもって出家されました。道場で十数年の修行をつまれ、今は山のふもとの静かなお寺で独身のまま気高《けだか》い境涯におられます。そのような正当な禅僧のご境地からみれば、私のようにキッチリと剃髪《ていはつ》もせず肉食妻帯《にくじきさいたい》する者は、真宗のお坊さんのようで、修行も浅く内容的にも禅僧ではないということでありましょう。先輩のご挨拶は、やや親しみもありながら、正統な禅宗のお立場からの、私のような愚僧への厳しいご批判とも思われます。

そもそも真宗すなわち浄土真宗とはいかなる宗門なのでしょうか。真宗の開祖親鸞聖人《しんらんしょうにん》には、この世は悟りを得ることの不可能な時代であるという深刻な認識がありました。さらに、自分もふくめ、すべての人の本質は罪悪深重《ざいあくじんじゅう》の〝悪《あく》人《にん》〟であるから、戒律や修行の自力《じりき》は無力であるというつきつめた自己省察がありました。それゆえ、万人にとっての救いとは、阿弥陀仏《あみだぶつ》のはたらきの他力《たりき》によるお念仏によって極楽浄土へ往生《おうじょう》し成仏するしかないという信仰に到ったのです。このため真宗においては、僧侶であっても自力の出家の形をとらず、〝有髪《うはつ》〟のままでの肉食妻帯《にくじきさいたい》を教えのうえでよしとしてきたのです。もっとも以上の解説は甚だ粗雑なものにすぎず、正しくは本物の真宗のお坊様におたずね下さいませ。

私の友人に真宗寺院の息子がいます。学生時代にパーマをかけた長髪のままで、お盆のお勤めをするのだと言っていました。彼は僧籍を取得するため半月ほどの研修を受け、その間ふだんよりよい食事がとれて、やや太ったそうです。禅道場の経験からすると、「楽でええなあ」と卑しい思いをいだいたりします。しかし、そのような真宗のありようの根底には、親鸞聖人の深遠なる信仰があるのです。

先の友人は、その後も研修を重ね、真宗教学を深く学び、今や熱血説教師として伝道《でんどう》に活躍しています。時折会うと、「お前は仏教をわかっていない。もっと勉強しろ！」と激烈な挨拶をくれたりします。私も負けじと激しくやり返し、お互い好き放題言い合える良き友人でもあります。

ここまでさまざまな挨拶を紹介してきましたが、実はこの〝挨拶〟という言葉は古くから禅宗が用いていました。もとは「相手の境地の深浅をはかるために問答をしかける」という意でした。そこから転じて「応答。謝意・告示等の言葉。出会いや別れの際の儀礼的な言葉や動作」をいうようになりました。さらには、「相手の礼を失したような言動を皮肉っていう語」という意もあります。

先の高僧の私へのご挨拶は、もちろん本来の禅宗の鋭い〝挨拶〟であり、それに対して私はただボーッとしてニタニタするばかりなのです。

親鸞聖人は、権力による弾圧をこえ高齢となった晩年にいっそう信仰を深め、万人の救いと尊厳を説く偉大な宗教思想を樹立したと近代以降に高く評価されています。その聖人に、「なんと悲しいことであろうか。この愚かな僧の親鸞は果てもない愛欲の海に沈み、名声と利得の高山に踏み迷い」という告白があります。私はこの信仰の原点ともいえるような深い絶望に、むしろ光を見出すような感銘さえ受けたことがあります。また、先の真宗寺院の友人のお母さんにお会いしてお話をうかがったことがありました。その折、「わたしたちはみな〝悪人〟ですから…」という言葉のうちに、人々へのやさしく温かな慈しみの信仰をしみじみと感じたこともありました。

しかしながら、私にはひどくあいまいな〝悪人〟の自覚はあれど、真宗のような阿弥陀仏へのひたすらな信仰はもてず、高邁《こうまい》にして峻厳《しゅんげん》なる禅僧にもあらず、何だか得体《えたい》の知れぬ〝雑僧〟のようです。私とはいったい何者なのでしょうか。禅宗の開祖達摩《だるま》から六代目の祖師の慧能《えのう》禅師はこう語っています。「仏の教えは俗世《ぞくせ》の中にある。俗世を離れて悟るのではない。俗世を離れて悟りを求めるのは、まるで兎《うさぎ》に角《つの》を求めるようなものだ」。

この言葉に、私は何ほどか励ましをいただくように思えたりするのです。悟りは遠いけれど、私の身の上では、ほぼ俗世の人々との〝挨拶〟の中で、仏の教えを見出していくしかないようですから。私の宗門とは、孤高の修行に生きる聖道門《しょうどうもん》にあらず、浄土への往生を願う浄土門《じょうどもん》にあらず、俗世に仏心《ぶっしん》を見出さんとする俗世門《ぞくせもん》というべきでしょうか。

あらためて俗世の皆様にご挨拶いたします。皆様こそ、わが〝師〟にして、仏法を共に信受する〝同行《どうあん》〟であります。何とぞご鞭撻《べんたつ》のほどを。

一九九八年九月

二十一　作務《さむ》　その二

「そうだ！　サツマイモがいい」

ある本で、畑の作物のうち、サツマイモは、手間もかからずやせた土地でもよくできるということを読んだのです。モノグサなくせに、自分の手で何か野菜を育ててみたいというワガママな私にとって、何ともたのもしいヤサイ君だったわけです。

さっそくイモ苗を買ってきて、わが貧弱な畑に数本植えました。相変わらずの不器用なへっぴり腰で畑を耕していると、ご近所のマッチョなオジサマが来られました。太くたくましい腕で、お孫さんを軽々と抱いておられます。「珍しいことをしているねえ」と開口一番に言われました。少々照れくさく、「サツマイモは手がかからんからねえ」と言うと、「手をかけんと農業はできんでえ」というありがたき御教示をいただきました。

初めは初夏の日照りの中でしおれていたイモ苗も、やがてしっかり立ち上がり、濃い緑の葉を広げ、薄緑のツルをぐんぐん伸ばしていきました。そうして日ごとに茂っていくのが楽しみなある日、ふと畑に行くと、葉っぱの所々が何者かに食い荒らされていたのです。

「クソッ、おれのだいじなサツマイモを！」といまいましく思い、何とか犯人を見つけだそうとやっきになって葉っぱの裏やツルをひっくり返してみたのですが、なかなか見つかりません。

その後数日して暑さがゆるんだ夕方畑へ行くと…いました、犯人が。葉っぱの上にちょこんと夢見るように緑色のバッタが乗っていたのです。さっそく捕まえると、「助けてください、助けてください」と言わんばかりに足をばたつかせていました。しかし、ほおっておけばイモのできにかかわると思い、手早く引導を渡しました。こんなことをしばらく繰り返したのですが、それは、せめて自分のつくる野菜くらい何とか無農薬でやってやろうという私のささやかな思いからなのです。

昨年九月の激しい台風が過ぎ去った朝、おもてへ出てみると、一匹のカマキリの亡骸《なきがら》を見つけました。おなかがずいぶんふくれていて、卵をやどしたメスでしょうか。カマのある両手をきっちりそろえており、荒れ狂う風雨の中で、「あぁ、助けてください。私は生きて子どもを産みたい…」と祈りながら息絶えたように思えました。いつになくこんなふうに思ったのも、畑で虫をよくとっていたためでしょうか。

江戸時代初期の浄心《じょうしん》という商人の見聞記に、当時の人々の生命観を見出します。アリを踏み殺した彼に友人がこういさめています。

「生きとし生ける物、前世《ぜんせ》の兄弟、生々《しょうじょう》の父母なり。…一切の有情《うじょう》を見て、無常をも感ぜず慈悲のこころなからんは、鬼畜木石《きちくぼくせき》なり」。

古人は仏教の信仰心から、虫と言えども無用な殺生は戒めていたようです。そういえば私が子どものころ、セミとりに浮かれていると、「お盆のあいだは虫をとってはいけない」と大人達からよく言われたことがあります。今では聞かなくなりましたが。

農薬が用いられるようになってから、農業は飛躍的に虫害を防止することができるようになりました。その反面、人体に蓄積される農薬の有毒性が問題となっています。今から四十年ほど前に全世界へ大きな影響を与えた『沈黙の春』（レイチェル・カーソン）では、「（人類は）おそろしい武器を考えだしてはそのほこ先を昆虫に向けていたが、それは、ほかならぬ私たち人間の住む地球に向けられていたのだ」と警告しています。そうは言っても、工業製品のように全く虫に食われていない野菜を選ぼうとする多くの消費者がいる限り難しいでしょうね。

さて、私の畑の話に戻りましょう。サツマイモの葉が茂りすぎると肝心のイモがよくならないと聞きました。そこで、ある程度は虫が葉を食ってくれたほうが、イモの出来にはかえっていいし、虫との共生にもなる、と思いなおし虫をとるのをやめにしました。モノグサ者の屁理屈でしょうけれど。

秋も深まり、ツルの下にイモの手ごたえを感じたので、イモ掘りを決行しました。わが子のお友達を招待してイモ掘りを任せました。地中から出てくる虫に悲鳴をあげる子もいましたが、たいてい喜びいさんでどんどん掘り出します。貧弱なイモでガッカリしないか心配しましたが、けっこうな大物が出て歓声もあがります。さっそく畑のそばで焼きイモをして、子ども達はとても満足そうでした。

禅宗では掃除や農作などの労働を「作務《さむ》」と言い、修行として重んじています。道場の老師《ろうし》様は作務の中で境地を深めるようによく言われました。私の作務はごくささやかなものですが、さまざまなことを学び楽しくもありました。私の作務をめぐる、自然・いのち・人々に感謝の祈りを捧げます。

一九九九年三月

二十二　維《い》那《のう》

破れ単衣《ひとえ》に　三味線だけば
よされよされと雪がふる
泣きの十六　短い指に
息を吹きかけ　超えてきた
アイヤー　アイヤー
津軽《つがる》　八戸《はちのへ》　大湊《おおみなと》

風雪ながれ旅　作詞：星野哲郎

年配の方なら、この歌をたいていご存じでしょう。そう、サブちゃんこと北島三郎の演歌「風雪《ふうせつ》ながれ旅」です。一昨年、紅白歌合戦の最後にサブちゃんがこれを熱唱していました。私はふだん演歌に興味はないのですが、その迫力ある歌いっぷりをなかなかいいものだと感心し、いつの日か思いっきり歌えればスカッとするんじゃないかと思ったものです。

さて、それからしばらくして日頃親しくしている檀家のオジイサマからカラオケのお誘いがありました。私じしんが進んで行くことはないです。音痴なもんですから。しかし、お世話になっている方のお誘いでもあり、あのサブちゃんの歌に挑戦してみようという気もおこり、あと二、三の親しい方々と行くことになりました。行く先は、これまた親しくしている檀家の方の飲み屋さんとあいなったのであります。親しい中の方々であれば、私の音痴も少々がまんしていただけるでしょう。

さて、当日しばらくメンバーの面々による美声が続いた後、お酒も少々まわり恥じらいも薄らいだ頃、あの「風雪ながれ旅」を歌ってみました。終わってさっそく百戦錬磨のマスターから「前と終わりのほうはまあまあやけど、中のへんがしんどいなあ」というご批評をいただきました。

自分としてはなかなか気分よろしく、それではと、続いて最近の曲も歌ってみました。これはすこぶる不評でした。「へたやらうまいんやら、サッパリわからん」「どこで手ぇたたいたらええのやらわからん」「お経みたいですなあ」などとさんざんでありました。やはり、ご年配方との席では、じゅうぶんに歌いこんだ演歌がよろしいようで。私が慣れない歌を頼りなげに歌うと、お経のように聞こえるそうです。私の歌に合わせて般若心経を唱えられた方もおられました。私の敬愛する作家の遠藤周作氏は、自分も含め音痴の人ばかりの合唱団を結成して楽しんでおられたそうです。私なら、充分にその参加資格を得られたことでしょう。

しかし、同じお坊さんでも、ほんとうに歌のうまい方は違うようです。読経がとても上手なあるお坊様は、カラオケ大会で優勝されたことがあるそうです。この方は、大きな法要があると、その美声を請われて「維那《いのう》」という役割をよくされています。

「維那」とは、古くは禅宗教団で規律を取り締まり修行僧の指導を担う役割があったそうです。現在では、何人もの僧侶がお勤めするあらたまった法要で、お勤めの流れを導いていく役割を言います。お経の冒頭や回向文《えこうぶん》（お経の功徳を仏や故人にたむける祈り）の独唱を行うのです。つまり、大勢のお坊さんのバックコーラスの中で、独唱を行う法要の花形と言っていいでしょう。

わが宗門では、ふだんの読経はほぼ棒読みで、とくに節回《ふしまわ》しなどを意識することはありません。斎会《さいえ》（亡くなった和尚の法要）や施餓鬼《せがき》（お盆やお彼岸での檀信徒全員の法要）等の大きな法要では、この維那が「声明梵唄《しょうみょうぼんばい》」という発声法を行います。これは現代のドレミファではなく、独特の記号であらわされています。「声明《しょうみょう》」（梵唄《ぼんばい》も同意）とは、経文などに節《ふし》をつけて唱える仏教儀式の古典音楽です。日本独特の節回しのある演歌のルーツはこの声明であるという説もあるようです。

ある時、ＣＤ販売店の〝心を癒す音楽〟のコーナーに、読経と現代音楽を合わせた曲があり、お線香もオマケについていました。そもそも仏教音楽とは、心の平穏《へいおん》な状態の「悟り」や、死後の安楽な世界の「浄土」という仏教の境地を音であらわしたものでしょう。ストレスで煮え詰まったオジサマ達が、お勤め帰りにカラオケで演歌を歌われるのも、演歌のルーツとされている仏教音楽の癒しの効果を現代的な形で求められているのかもしれません。

私が読経すると、「しみじみとして涙が出てきそうです」と言われたご婦人がおられました。それは、私じしんの発声がよろしいわけではなく、お経そのものの功徳によって、その方の人生の苦難が思い起こされ癒されたりするのでしょう。

お経に現代風のメロディーをつけて歌うようになればいいかなあ、とふと思ったりします。しかし、厳粛なる場面には、かえってよろしくないでしょう。維那さんが、「演歌の星」のようになってもねえ。そんなことになれば、私はきっと失業間違いなしです。

一九九九年九月

Ⅱ 如如

愛犬ノンノ［第三十四節　如如］

二十三　壺中《こちゅう》の天地《てんち》

「どこ行くの?」

私や私の家族が家を出て行く時、ご町内の方にお会いすると、しばしばこう聞かれます。いわばご町内の「ごあいさつ」のようなものです。家族で外出の時など、歩いて三分くらいの表通りに出るまで、少し歩いては「どこ行くの?」と呼ばれては立ち話をし、また少し歩いては「どこ行くの?」をきっかけに話しこみ、ようやく半時間もたって表通りにたどり着くということも、けっしてオーバーな表現ではありません。

わが相棒が里帰りしていた時に、私はある原稿を頼まれて、図書館などへ度々外出しておりました。その際、ご町内の方とは誰にもお会いした覚えはありませんでした。ところが、相棒がうちへ帰ってくると、ご近所のオバサマが「あんたのダンナさん、何やら出たり入ったりして、怪《あや》しかったでぇ」とご注進に及ばれたのであります。あらぬ嫌疑をかけられるのも困ったものですが、何よりご町内の監視能力には恐れいりました。それはまるで、同じ「壺の中」に住んでいる人々にいつも見張られているようにも思えます。京都の住民は格子戸《こうしど》の隙間からじっと外を観察している、との批評を聞いたこともありますが。

ある〝一流の知識人〟と評される方が、ふだんは都会のマンションで暮らし、年中行事の節目に農村地帯の実家に帰られています。彼は、いつも意気揚々《いきようよう》と鋭い批判的意見を展開されています。ところが、いざ実家に帰る段になると、打って変わって意気阻喪《いきそそう》し苦々《にがにが》しい表情になるのが大変印象的でありました。実家の周辺の人々との濃厚な人間関係の中にいると、「ノイローゼになりそうだ」とも言われていました。逆にそのような所から再び都会へ戻る時は「さあ、解放区へ」と晴れ晴れした表情を見せていました。そのような情況について、歴史学者安丸良夫《やすまるよしお》氏は次のようにみごとに格調高く表現されています。

「十八歳まで育った故郷のほうが心安らかで幸せだというのではなかった。故郷の人たちはたいがいやさしく親切だったが、しかしそれはまた私の心身を蜘蛛《くも》の糸のように縛っているしがらみであり、他方私は、なによりも自分の精神に自立性を獲得して、人生や社会や人間が生きることの意味などについて、自由に考えてみたかったのである。そのためには、都会へ出て大学へ入ることがそのころの私には絶対条件のように思えた」

自由な言動をしたい若者にとって、濃密な人間関係のある地域社会は、まるで窮屈な「壺の中」にいるようだったのでしょう。都会へ出るということは、そうした環境から解放されるということだったようです。私も独身の頃そのような思いがありました。

しかし、今の私にとって地域社会は煩わしいだけの「壺の中」ではありません。わが子は幼い頃、忙しい時にご近所のおばさん達に愛情をもってよくおもりをしていただきました。家族に急病人が出た時などもご近所の方に大変お世話になっています。幼い頃からわが子とよく遊んでくれ、私たち家族と一緒に出かけることの多かった近所の娘さんは、女子大生になった今でも照れくさそうに義理チョコをくれたりします。その他、あげればきりがないほどご近所の方々にお世話になり、様々な豊かな関わりがあります。たまに大都会の雑踏からこの地域に帰って来ると、ほっとするような気さえします。地域の人々がお互いのプライバシーを尊重しつつ助け合うなら、「壺の中」の世界もより居心地よきことでしょう。

「壺中《こちゅう》の天地《てんち》」という禅語があります。それは、中国のこんな故事によります。薬売りの老人が店先の壺の中に身を隠すのを見た人がいっしょに入ってみると、そこは俗世を離れた楽しき別世界だったと。これにたとえて、ふだんの迷いやとらわれから離れた仏の安楽な境地を言います。ある祖師《そし》は、わが心こそ「壺中の天地」だと言っています。ごく身近な所に、足下《そっか》に理想境を求めるのが禅の特色とも言えるでしょう。

地域社会が「壺中の天地」のようになればよいのですが、残念ながら若い人々は、大都会へどんどん流出していきます。それは、しがらみのある「壺中」の世界から、自由な外界へ出ていくようで、現代の趨勢《すうせい》のようです。

しかし、地域社会という「壺中」からどこへ出て行こうとも、我々人類は、この地球という「壺中」にいることに変わりありません。科学者ジェームス・ラヴロックは、地球が心をもった生命体であるという仮説を提唱しています。現代は、人類の文明がその生命を脅かしているようです。本来地球とは、冷たい暗黒の果てしない宇宙に浮かぶ美しい命であり、麗しい「壺中の天地」なのでは…。

何やらとりとめもなくホラを広げてしまいました。宇宙の果てまで行かないうちにこのへんで。

二〇〇〇年三月

二十四　生と死と還《ま》た双《ふた》つながら美《よ》し

「あぁ、また死んでる…」

例年になく寒さの厳しい今年二月のことでした。小さな水槽をのぞきこんでは、幾度もガッカリしたものです。次々と死んでいったのは、手足が伸びてカエルになりかけていたオタマジャクシたちです。

昨年の夏、ご近所のおさなごクミちゃんが、どこかで家の人たちととってきたオタマジャクシを、私の相棒にくれたのです。細長いビンの底で、米粒くらいのたくさんのオタマジャクシ達が、ちっともじっとしてないで、はねるように泳いでいました。まるで小さな子ども達がじゃれ合うように。

そして、なぜかしらオタマ君のお世話係は私になり、毎日のエサやりが日課になりました。はじめはご飯粒をやっていましたが、これでは栄養不足と思い、カメ・イモリ用のエサを買ってきてやるようにしました。

オタマ君たちは順調に成長していくようでした。梅雨のころ、一匹がすっかりカエルになって水槽の壁に張り付いていました。じっと動かず澄《す》ました顔で、まるで子どもが急に年頃の娘さんになったように。「私はもうチャラチャラしたオタマなんかじゃないわ。りっぱなカエルよ」とでもいうようで。

「カエルをはなしてあげようよ」というわが子にうながされ、その一匹を庭に放しました。何日かたって、庭のどこかで「グワッグワッ」と大きな声でカエルらしき鳴き声がするようになりました。

さあ、次から次へとカエルになっていくぞ。あんまりやかましくなって、ご近所から苦情がきやしないかなぁ。と思いきや、それからさっぱりカエルになっていきません。足・手がはえてシッポが縮んでいき、いよいよカエルになるぞという時に、なぜかしら溺《おぼ》れるように死んでしまうのです。

このころ話題になった本に『机の上で飼える小さな生き物』があります。その中に、オタマジャクシがカエルになる時に、鰓《えら》から肺へ呼吸器をすっかり変えてしまうのが驚きだと書かれていました。「いってみれば営業中の銭湯が、客を入れたまま喫茶店に転業するようなものだ」そうです。そして、「エラから肺への切り替えは命がけで、最初の息をすう時に足場が悪かったりすると、おぼれて死んでしまう」というのです。水槽の中の足場のために平たい石を置いてみましたがダメでした。

そうこうするうちに寒い冬がきてしまいました。手足が伸びかけていたオタマ君達はじっと動かなくなりました。冬眠に入ったのかと思いましたが、また少しずつ死んでいきました。そしてついに二月の厳寒の日、最後に残った数匹が死んでしまったのです。

私の一年近くにわたるオタマジャクシの飼育は何ともむなしいものになりました。今日までの日々のお世話はいったい何だったんだ！　エサをやったり水をかえたり、すべてがムダでバカバカしかったじゃないか！

庭の固く凍えたような土を掘り、死んだオタマ君達をそっと葬りました。いったい何回この作業を繰り返したことでしょう。しかし、むなしさと同時にホッとした気持ちもわいてきたようでした。

その時です。ふと、去年元気に鳴いていたカエルのあの「グワッグワッ」という声が、不思議なくらい鮮やかに思い出されたのです。たくさんのオタマジャクシのむなしい〝死〟をこえて、たった一匹のカエルの〝生〟が、光を放つようにわが心の暗闇に蘇《よみがえ》ったようでした。

「生と死」を「氷と水」にたとえた、私の好きな詩があります。

生死《しょうじ》の譬《たと》えを識《し》らんと欲《ほっ》すれば
しばらく氷と水をもってたとえん
水結《むす》ぼるれば即《すなわ》ち氷と成《な》り
氷消《と》くれば返《かえ》って水と成る
已《すで》に死すれば必ず応《まさ》に生まるべく

出《い》で生まれば還《ま》た復《ま》た死す
氷と水とは相傷《あいそこな》わず
生と死と還《ま》た双《ふた》つながら美《よ》し

この詩の作者寒山《かんざん》は中国唐代の伝説的人物です。ボロボロの衣服を着た一見奇妙な人で、山寺近くの岩穴に住み、禅の深い境地に達していて文殊菩薩《もんじゅぼさつ》の化身と言われました。

愚かな私は、生と死についてどうしても暗い感情がつきまといます。しかし、この詩を繰り返し読んでいると、遥かな美しい雪山を仰ぎ見るようでもあり、生死をめぐりこわばって氷のようになった心が、ややとけてやわらぐようでもあります。

私のずいぶん不器用なオタマジャクシの飼育は、何ともまぬけな結果になってしまいました。しかし、生と死について、何ほどかの想いをいたすことができました。オタマジャクシをくれたクミちゃん、ありがとう。でも、おじさんはもうじゅうぶんだよ〜。

二〇〇〇年九月

二十五　磬子《けいす》

ある秋の日、境内の畑で子ども達と恒例のイモ掘りをしていた時でした。お参りに来られたご婦人が、「先日の本堂でのお勤めで鳴らされていた鐘は何時代のものですか」とおたずねになられました。

ふだんなにげなく鳴らしている鐘なので、どのようなわけかと逆におたずねすると、「親戚のおばあさんの納骨法要の時に、あの鐘の音に送られてスゥーと安らかにあの世へ行かれたんだなあと思いました。あの鐘の音がとてもよかったので、いったいいつ頃の鐘なのかお尋ねしたくて」と言われたのです。

禅宗では本堂で法要に用いる鐘を磬子《けいす》といいます。台座に布団をのせその上に大きな釜のような形の鐘を置き、それを棓《ばい》という布でくるんだ棒で打って音を出しお勤めをします。

従来の作法は、棓を磬子の端に直角に向け、下からすくいあげるように打っています。なぜそうするのか意識せずやっていましたが、この機会に別の打ち方をしてみました。上から梠を振り下ろして打つと、「ガン」と、耳障りで伸びの少ない不快な音が出ました。ふだんの作法のようにすると、「ゴォ～ン」と余韻《よいん》がよく残る心地よい音が出ます。力まず、心身共に柔らかな構えで打つと、よりいっそう響きが良いようです。

ひと打ちした後、だんだん音が小さくなり、やがて消えていくその余韻。ふだんよりずっと集中して耳を澄まして聞いていると、その音の流れにそって気持ちがスーッとしずまり、どこか遠くへ行くように思えました。

音によってかえって〝しずかさ〟を感じるのは、たとえば松尾芭蕉《まつおばしょう》の次のような俳句の境地でしょうか。

閑《しづか》さや岩にしみ入蝉《いるせみ》の声

〝静かさ〟ではなく〝閑かさ〟という言葉に、いっそう心境的なしずかさの含みがあるように思えます。私が本堂で勤行する折、最も〝閑かさ〟を感じる一瞬があります。

法要を始める際、「開磬《かいけい》」という作法があります。磬子をゆっくり三回打ってから、一度桴を磬子の端にそっとあてて音をいったん止めます。それから、あらためて一回磬子を打ち、それを合図に読経を始めるのです。

磬子を打ち始めると、それまでややざわめいていたご参詣の方々も、これから厳粛なお勤めが始まるのだと思われるのか、たいていはすっかり静粛にされます。そのうえに響きわたる磬子の音色《ねいろ》、その余韻《よいん》。その音をいったんピタッと止めると、一瞬ひときわ〝閑かさ〟がしみいるように思えるのです。

先の芭蕉の名句について、磬子の音の経験から言いますと、蝉がずっと間断なく鳴き続けるのではなく、一瞬声がやむ間《ま》があるからこそ、その声が岩にしみ入り〝閑かさ〟を感じるのではないかと思ったりします。

芭蕉は若いころ京都の禅寺にいたという推測があります。禅寺の境内は古来静寂を基調としています。その中で日々の勤行の音が彼の心底《しんてい》にしみついたのでは。

また、芭蕉は江戸におもむいてから、仏頂河南《ぶっちょうかなん》という禅僧に師事したことがありました。この時期に独自の境地を深めたとされています。その後、紀行文『奥の細道』の旅で、仏頂禅師の修行した山居跡をわざわざ栃木の山奥に訪ねています。それから山形の立石寺《りっしゃくじ》で先の俳句をよんでいるのです。芭蕉の有名な句に「古池《ふるいけ》や蛙飛《かわづとび》こむ水の音」があります。この句が仏頂禅師との問答によって生まれたとするのは後世の作り話と言われていますが、批評家はこの句の背景に「禅的な直観の哲学」があると評価しています。

「閑さや」と「古池や」の句は共に閑寂《かんじゃく》と音との鮮やかなコントラスト、そしてその余韻があります。芭蕉の脳裏にあった禅寺での磬子の音色のありようが、それぞれの句に反映したのでは…なんていうのは浅学無知の妄想的珍説というべきでしょう。

そんなことはともかく、わが磬子の音にあらためて何かを見出すことができたのは、冒頭のご婦人の貴重なご質問でありました。この磬子には大正十二年の銘があり、それほど古いものではありません。それを、ずっと古い由緒のあるもののように思われたのは、あの方の故人への想いが、磬子の音をより味わい深きものにしたからなのでしょう。

そもそもお寺の鐘が荘厳なものに聞こえるとしたら、実はそれを聞く人の祈りの深さによるのでしょう。そのような心境を促す鐘の打ち方も何ほどかあるようです。とくに美声でもなく説法もうまくない拙僧は、せめて磬子の鳴らし方を心がけねばと思いいたりました。芭蕉は「物の見えたる光」（だいじなことの見えた光）が心から消えないうちに言葉にしておくべきだ、と語ったそうです。

その〝光〟をもたらしていただいたお参りの方に、深く感謝申し上げます。

二〇〇一年三月

二十六　袈《け》裟《さ》

「ああ、インドのお坊さんがうらやましい」

今年の夏、何度こう思ったことでしょう。七年ぶりの猛暑のうえ、「ネチネチしつこいどすえ」みたいな、京都的粘着的蒸し暑さ。虚弱な私には、はなはだこたえました。毎年夏になると心身共に気怠《けだる》くなり、目も虚《うつ》ろにドロンとよどんできて、「ああ、夏の日をしている」と家人によく言われるのです。

もともと夏は苦手な体質なうえ、お盆の期間は坊さんのユニホームをきっちり着込み、勤行しなければなりません。着る順番で言いますと、襦袢《じゅばん》（肌着）、白衣《はくえ》に腰帯、衣《ころも》（透けて涼しげに見えますが化学繊維で暑い）。さらに葬儀などの法要では、この上に全身を覆う袈裟《けさ》を着なければならないのです。猛暑のさなか、この装束で引導を渡したとたんに自ら別世界へ行きかけたことがありました。

初めの私の愚かな思いがおわかりでしょうか。インドのお坊さんは、ほとんど一枚の衣を身にまとうのみで、右肩をすっかり露《あら》わに出しています。「インドと京都では暑さのレベルが違うんじゃ！」とおしかりを受けるかもしれません。しかし、ますます地球温暖化が進み、夏は日本も熱帯的気候になる今日、わが国の仏教界も、そろそろ原点に帰るスタイルを採用してはいかがでしょうか。お釈迦さまは、あの灼熱《しゃくねつ》の大地で、お悟りになり巡教されたのですから。

実は、インドなどで右肩を出した衣は、日本でいう袈裟の源流であり、袈裟は本来衣そのものでした。禅宗で法要の際によむ観音経《かんのんきょう》の一節に、「偏袒右肩《へんだんうけん》合掌向仏《がっしょうこうぶつ》」（右肩を肌脱《はだぬ》ぎ合掌して仏に向かい）とあります。これはインド古来の礼法で、仏や師への敬意をあらわす衣服の着方を示しているのです。「あなたのお役に立ちましょうという働きやすい姿」を示すのだと言われています。

そもそも「袈裟」とは、インドの古語であるサンスクリット語で「赤褐色」の音を漢字にあてはめたものです。またそれを「壊色《えじき》」と意訳されています。壊色とは、原色を壊した色、つまりくすんだ地味な色のことです。それは様々にありますが、たとえば現在禅宗の袈裟にもよく用いられる木蘭色《もくらんじき》（薄茶系統の鈍い黄褐色）があります。古い戒律の経典には袈裟は壊色にせよとあり、衣服への執着をなくすためだとされています。しかし、中国に袈裟が伝えられて以降、壊色はあまり意識されなくなっていきました。現在日本の袈裟には金襴などを用いた重厚できらびやかなものがありますが、荘厳な仏の境地をあらわす意義があるのかもしれません。ただ、真夏はかんべんしていただきたいですが。

古くインドでは袈裟の中でも「糞掃衣《ふんぞうえ》」が尊ばれました。「糞掃」とは、サンスクリット語の「パーンス」の音写で「汚物《おぶつ》」という意味があります。「糞をふいた汚物のようなもの」という意味と音写を兼ねて「糞掃」と中国で訳したのです。糞掃衣とは、捨てられ汚れた布切れを、洗い直し継ぎ合わせて作られた袈裟です。これには執着をおこしようもなく修行に専念できるゆえに尊ばれたのです。現在の袈裟が小さな布を継ぎ合わせて作る体裁をとっているのは、そのことに由縁があります。経典にある糞掃衣の種類は次のようです。塚間衣《ちょけんえ》（墓場で拾った死人の衣）、巷中衣《こうちゅうえ》（道で拾った衣）、鼠咬衣《そこうえ》（ネズミがかじった衣）など。世界一潔癖症といわれる一般日本人には、いずれもゾッとするものばかりです。やはり日本に袈裟が伝わっても糞掃衣のようなものは作られなかったようです。

永平寺の開山で高僧の道元禅師《どうげんぜんじ》は、糞掃衣が最高に清らかなものだが、日本にはないので信者の布施した浄財を用いればよいとしています。よかったですねえ。さらに、お釈迦様は仏法の真髄と共に袈裟を弟子に伝授され、それから何代にも渡って正しく伝えられた袈裟こそは、仏そのものであるとまで言います。古来禅宗では袈裟を仏法伝承の象徴としてきました。道場でも大事に扱うよう教えられました。

ある夏の日盛《ひざか》り、私はあまりの暑さにおかしくなったのか、「仏教の原点に帰るべきだ」と意を決し、安モンのペラペラのシーツを引っ張り出し、丸裸になって右肩を出して身にまとってみました。正式のユニホームよりずっと涼しく快適でした。しかし、こんなかっこうで勤行にうかがえば、「ふざけるな！ 出直してこい」とお叱りをうけることでしょう。

道元禅師は、「袈裟はふるくより解脱服《げだつふく》と称す」と、迷いから離れる袈裟の功徳を強調しています。私が袈裟を着ても「解脱服」になるか怪《あや》しいと思われるでしょうけれど、それなりに気合いは入ります。

「坊主《ぼうず》憎けりゃ袈裟まで憎い」と言われて尊い袈裟を汚《けが》さぬよう、心がけたいものです。

二〇〇一年九月

二十七 般《はん》若《にゃ》湯《とう》

「もしもし、終点を過ぎましたよ。どこまで行くんですか」

だれかに肩をたたかれ、ハッと目をさますとバスの中、すぐ前には運転手さん。

あれは学生時代の夏の夜。友人達とビアガーデンでジョッキのビールをグイグイとやり、ほろ酔い気分になって帰りのバスに乗りました。はじめは満員で、つり革にぶらさがって揺られるうちにどんどん酔いがまわりだしました。そのうち目の前の席があいて座ったとたん、それから記憶がありません。次に気がついたら運転手さんのご注意です。

今なら厚かましく「ここどこでっか」と聞くところですが、何分世慣れぬ若輩《じゃくはい》の折、恥ずかしさのあまり、「次、降ります」と言い、そそくさと降りてしまいました。今度は降りた所がどこだか全くわかりません。途方にくれてすっかり酔いも醒《さ》めてしまいました。

私はお酒を少々たしなみますが、飲んでしばらくすると猛烈な睡魔に襲われる体質なのです。飲酒《おんじゅ》と怠惰で眠りをむさぼる睡眠《すいめん》で、二重に僧として不届きなことです。

禅の道場では飲酒は厳禁です。私が修行した道場の老師様も厳しく禁止されていました。

そもそも仏教において飲酒はなぜいけないのでしょう。仏教発祥以来、五戒《ごかい》という基本的な戒律があります。不殺生《ふせっしょう》（生き物をむやみに殺すな）・不偸盗《ふちゅうとう》（盗みをするな）・不邪淫《ふじゃいん》（みだらなことをするな）・不妄語《ふもうご》（ウソをつくな）・不飲酒《ふおんじゅ》（酒を飲むな）です。

四つ目までは現代でも守られるべき徳目と言えるでしょう。しかし、五つ目の飲酒については、運転中や勤務中など特定の条件を除いて、その行いじたい悪いことだとは思われないようです。仏教の教義でも、その四つ目までは行いじたいが罪である「性罪《しょうざい》」とし、飲酒は行いそのものは罪ではないが、結果として罪をつくりやすい「遮罪《しゃざい》」だと区別しています。

そうすると、酒を飲んでも罪をつくらねばよいのだ、という理屈が思い浮かんでまいります。昔もそんなふうに思われたのか、室町時代に禅僧の飲酒が厳禁されても効果はなかったそうです。名僧一休禅師は濁《にご》り酒がお好きだったそうで。

江戸時代には過度な飲酒で没落する人が増えたようです。河内国大ケ塚村《かわちのくにだいがつか》の地主河内屋河正《かうちやかしょう》は地域住民に大酒《おおざけ》を再々戒め、これを好む人に清僧はいないと断言しています。

やはり古来お坊さんには、おおっぴらに酒を飲むことに引けめがあったようです。そこで禅寺では酒を「般若湯《はんにゃとう》」と隠語《いんご》で呼ぶようになり仏教界一般に広まりました。「般若《はんにゃ》」とは仏教の真理を見極める智慧《ちえ》のことです。

私には文字通りの般若湯とはなりませんが、鈍《にぶ》い頭もやや血のめぐりも良くなり、ふだん口数少ないのがいくぶん舌もなめらかとなり、陰気な気分も薄らいでほどほどに楽しくもなって、人とのなごやかなひと時をすごす効用は少々ございます。

ある寺院を拝観した折、ふくよかな赤ら顔のご住職からご法話をいただきました。いかにもアレがお好きではと想像していたところ、「私は〝お酒〟を飲みませんが、〝般若湯〟は少々いただきます」と言われました。このネタを時折拝借しております。

江戸時代の臨済宗中興の祖白隠《はくいん》禅師の後継者の遂翁《すいおう》禅師は、お酒が大好きで自由奔放《じゆうほんぽう》な高僧でした。はじめは「酔翁《すいおう》」と自称していたくらいです。門弟は常に七、八十人いて説法には数百人集まったそうです。この方が飲むお酒は本当に〝般若湯〟だったのかも。

ある医療方面の方が「酒には堪忍袋《かんにんぶくろ》の緒《お》を切る働きがある」と言われていました。しらふではホトケのような人が酒でトラになるということで、ふだん押さえつけている何かが酒で一気に噴出するのでしょう。私がお酒でひどく眠くなるのは、もっと眠っていたいという願望が根底にあるからでしょうか。私は「酔翁《すいおう》」ならぬ「睡翁《すいおう》」ですね。

コアラという動物は一日二十時間も寝るそうです。生まれ変わったらオーストラリアのユーカリの森に住むコアラになって、すぐそばの葉っぱを食べては寝るという暮らしもいいかなあ。でも、観光客対応のコアラになったりして、好きでもない人々にとっかえひっかえ抱っこされるのもたまらんなあ…

床《とこ》につく前の少々の般若湯で、ずいぶんくだらん妄想《もうぞう》をかいてしまいました。煩悩湯《ぼんのうとう》というべきでしょう。あぁ、それは最後に睡眠湯《すいめんとう》となって効《き》いてきました。お釈迦さま、老師さま、お許しください…ZZZ

二〇〇二年三月

（追記）この文を読まれた親しい方が、私を「コアラ和尚」「コアラさん」と呼ぶようになりました。そんなにかわいくないいんですがねえ。ちょっと恥ずかしいなあ。（笑）

二十八　威儀即仏法《いぎそくぶっぽう》

（檀家さん）「和尚様《おっさん》、こないだ新聞に出たはりましたねえ」

（私）　　「よう見破らはったねえ」

最近何度かこんなやりとりがありました。

本山《ほんざん》の茶会で、私の茶をたてている場面が某新聞にのったのです。私が立膝の姿勢で、お客さんが捧げ持つ茶碗のお茶を、茶筅《ちゃせん》でたてている写真でした。他に颯爽《さっそう》とした青年僧が何人もいたにもかかわらず、なぜ私のようなくたびれたオヤジ坊主の写真がのったのでしょうか。その写真をながめているうちにわかってきました。

私の相手のお客さんは、上品な紺色のスーツを着こみ、がっしりとして姿勢のいい男性です。髪は外人の方か染めたのか、茶色でオシャレな形です。背景には色とりどりの着物を召したご婦人方が並んでいます。シブイ男性が一人と、華やかな着物の女性達。このコントラストが新聞にのせる写真として絵になると思われたのでしょう。

茶をたてる坊さん達は皆頭を丸め黒衣《こくえ》を着て、禅宗特有の規律によって同じ動作をしています。茶をたてている時はうつむきかげんで、いっそう皆同じにみえます。パッチが見えているとか、よほどぶざまなかっこうでさえなければ、坊さんなら誰でもよかったのではないかと思われます。絵になる風景に、たまたま私が入ったということでしょう。

さて、この茶会は「四頭茶会《よつがしらちゃかい》」と言われ、本山《ほんざん》で毎年四月に行われ、私はかれこれ二十年来出仕《しゅっし》しております。この茶会の内容は、千利休《せんのりきゅう》以来の現在の茶道《ちゃどう》とはずいぶん違います。

四頭《よつがしら》というのは四人のお正客《しょうきゃく》のことです。これにそれぞれ八人のお相伴客《しょうばんきゃく》がついて、一回三十六人の客が方丈《ほうじょう》にある会場にはいり、中央の板間を囲むように正座をして待ちます。正面には栄西《ようさい》禅師の肖像がかけられ、その前机に燭台《しょくだい》・香炉・花瓶が置かれています。

まず初めに袈裟《けさ》をかけた一人の僧が会場に入り、礼拝をしてお香をたきます。次に四人の僧が、各々九人の客に、菓子器と抹茶が入った茶碗を配ります。そして、お湯のはいった鉄瓶（浄瓶《じんびん》）をささげ再び会場に入ります。鉄瓶の細長い注ぎ口の先に茶筅《ちゃせん》がさしてあります。僧は各々九人の客がささげ持つ茶碗に湯を注いでは茶筅で茶をたてます。お正客だけは、胡跪《こき》という敬意を表す立膝《たてひざ》の姿勢で。私の写真はこの場面でした。他のお相伴客には、立ったまま中腰《ちゅうごし》になって茶をたてます。

そもそもこの茶会の形式は、法要の一部分である茶礼《されい》でありました。千利休が確立した茶道よりずっと古い禅寺でのティータイムのお作法ということです。その作法《さほう》の源流は、中国で成立した「清規《しんぎ》」という禅寺での生活規律です。それには茶礼を含め仏事・食事や入浴、便所での作法等まで、およそ禅寺でのなりわいのすべてについて細々《こまごま》とした規則が定められています。生活と労働を共にする禅宗教団の成立が背景にあります。清規にみられる精神は「威儀《いぎ》」と言われ、その意は「姿や行いが厳《おごそ》かで礼儀にかなっているようす」です。それは、人を敬うと共に人に敬われるためである、ともされています。そのようにふるまうことがそのまま仏の教えであることを、「威儀即仏法《いぎそくぶっぽう》」と言い、禅宗に一貫する姿勢のようです。

先の茶会で先輩の僧が、客に応対する若い僧達に「もっと胸を張って背筋を伸ばせ」と注意されたことがあります。また道場でも先輩から、「法要の折、信者の前では堂々としていろ。たとえ失敗したとしても堂々としていればいいんだ」と言われたことがありました。気の抜けたような猫背だったり、ひどくオタオタしたりすれば、厳粛な雰囲気をだいなしにして相手にも失礼であるという「威儀即仏法」のご垂誡《すいかい》（師の教え）でしょう。また、よりいっそう細かな所作《しょさ》の指導をいただいたことがありました。例えば立った姿勢から右へ動く時、いきなり右足から踏み出すとバタバタして綺麗《きれい》ではない。まず反対の左足を後ろに引いてから右足をふみ出せと。

このような禅宗の所作の美学をやや滑稽《こっけい》に描いた映画に、本木雅弘《もときまさひろ》さん主演の『ファンシィダンス』があります。要領得ぬ私の拙文よりずっとわかりやすいことでしょう。

「威儀即仏法」と言ったって、中身が肝心で、うわべだけかっこよくたってダメじゃないかとも考えがちです。しかし、偉大な祖師の方々が、姿や所作のありように個々人を超えた仏の尊厳をこめられ綿々と伝承されてきた、という側面もあろうかと思います。

冒頭の私の写真が掲載された新聞の関係者である檀家の山本雅己様と中田昭様から、思いがけずその写真の複製を頂戴しました。私には、そのようなご厚意をいただいたことこそがとても嬉しく思え、ここにあらためて感謝申し上げます。　合掌

二〇〇二年九月

（追記）

この茶礼は、本来は法要の一場面としてひそかに行われていました。それを戦後「四頭茶会《よつがしらちゃかい》」と銘打って公開するようになりました。茶道史の書には茶道の源流としてよく紹介されます。当日は大勢のお客様がみえて、境内各所で現在の茶道式の茶会も催されています。この催しは戦後の困難な時期の境内護持に寄与し、「これで本山《ほんざん》がよみがえった」と評される長老もおられます。日本臨済宗の祖師栄西《ようさい》禅師は鎌倉時代の初め、日本に初めて抹茶をもた

らしました。禅師は『喫茶養生記《きっさようじょうき》』で「茶は養生の仙薬《せんやく》」と言い、健康に良く眠気をとり修行に励むための薬であるとしています。茶はあくまで修行のための手段でありました。いわゆる「茶禅一味《ちゃぜんいちみ》」（茶道と禅宗の一体）を言うようになるのは、ずっと後世の茶人からです。禅宗の清規《しんぎ》は、小笠原流礼法《おがさわらりゅうれいほう》や能狂言・茶道など、しぐさの日本文化に強く影響を与えています。

二十九　古松般若《こしょうはんにゃ》を談《だん》ず

「おとうさん、あやしいよ！」

家族で立ち寄ったある公園に、クスノキの巨木がありました。樹齢は千年をじゅうぶんに超えるそうです。大きな岩のような幹を見ているうちに、ふと抱きつきたくなったのです。人目もはばからず両手を広げ、体をそっとその幹にそわせました。家人には、この公園に来ている人々が私の妙な行動を怪しんでいるように思えたのです。

しかし私はそんなことも気にせず、木との〝対話〟を楽しんでおりました。木の肌はフワフワとして、ゾウのような動物を思わせます。何か大きな命に抱かれているような、フシギにやわらかな気持ちになりました。それ以来、大木を目にすると抱きつくのが趣味になったのです。

ある山寺の参道のそばにある千年を超える杉を背にしてそっともたれかかったことがあります。この時も、大いなるものに身をゆだねたように、背中の凝《こ》りがほぐれていくような想いがありました。

杉は幹が直立して形よく寿命も長く、寺社の参道ぞいによく植えられています。まっすぐに伸びた杉の大木を下からながめていると、ゴチャゴチャと濁った私の心が、杉の幹にそってだんだん清められ、木のてっぺんから大空へ吸われていくような気分になります。杉の大木の姿は、美しい塔のようですね。「村人の誇りなるらん立ちこもる杉の林のつづく姿は」。ある高僧が短冊にしるした歌を思いおこしました。

わが寺には、残念ながら巨木というほどのものはありません。しかし、いくつかの太い幹の木はどんな抱き心地がするんだろう、と思い立ち、夕方閉門してからひそかに次々と抱きついてみました。心地よかったのは、ツルツル、サラサラとした肌ざわりのサルスベリやツバキでした。

そうした木とはまったく違っていたのは松でした。境内の隅の塀際に、幹がひとかかえほどある黒松があります。十年前に九十六歳で亡くなった祖父が小僧の頃、夜間の外出で塀を越えるためによくこの木に登ったと聞いています。樹齢は百年以上になるはずです。

この松に抱きつくと、割れた木の肌からチクチクとした刺激を受けます。「おまえさん、癒してくれだの慰めてくれだの、甘いんだよ。もっとしっかり修行しろよ」とでも言っているようです。

古来、禅宗では宗門の象徴的な木として松を尊びます。禅宗の開祖達摩大師《だるまだいし》から五代目の祖師、弘忍《こうにん》禅師は別名「栽松道者《さいしょうどうじゃ》」と言いました。前世に松を栽培しながら仏道修行していた、とされていたからです。また、臨済宗の祖とされる臨済禅師は修行中、次々に松を植えていました。師の黄檗《おうばく》禅師が「山奥にそんなに松を植えて何になるのか」と問うと、「一つは境内の景観のため、一つは後世の人のために道しるべにしようとしました」と答えました。道元禅師はこの故事について、「松の変わらない節操を取り上げて仏祖の真髄をえぐり出したのだ」と評しています。現在も禅宗の本山の境内には松が多く植えられています。

当寺の鐘楼堂のそばに、横に長く伸びた全長七メートル・高さ四メートルほどのゴヨウマツがあります。祖父が小僧の頃に購入した松竹梅の縁起物《えんぎもの》の鉢植えだったもので、初めは手のひらにのるほど小さかったようです。古来日本でも松はめでたきことのシンボルとされてきました。中国でも禅宗が成立する遥か以前の孔子《こうし》の『論語《ろんご》』に、「冬になると松の葉が散らないことがわかるように、人も困難な時に初めて真価がわかるものだ」という松のたとえがあります。いずれにしても、松は季節を通じてかわらない緑や長命から、人の良きありようをそこに託して古くから尊ばれてきました。そうした人々の松への思いに重ねて宗門の象徴とされたのでしょうか。

禅語の「松に古今《ここん》の色無し」や「松樹《しょうじゅ》千年の翠《みどり》」は、強い意志、変わらぬ節操、けがれない仏心をあらわしているとされています。

さらに、「古松般若《こしょうはんにゃ》を談《だん》ず」という禅語があります。「古い松は仏の智慧《ちえ》を語る」ということです。

私が抱きついたわが寺の古松さんは、私に仏の智慧を示されたということでしょうか。そのようなお方に時折チクチクとご鞭撻《べんたつ》をいただくのも、なまくらな私にはたいへん良きことなのでしょう。

でもふだんは、フワフワしているクスノキやサラサラしているツバキのほうが、なんやらほっこりしてよろしおすなあ…

木にふれてじっくりと向き合うと、木はいつも静かに何かを与えてくれるようです。木にふれる時はそっとていねいにしたいものですね。　二〇〇三年三月

三十　脚下照顧《きゃっかしょうこ》

「あっ、タンポポだ」

妻子と街中を歩いている時でした。とある駐車場の割れ目に、一輪のタンポポが咲いていたのです。

「これはセイヨウタンポポか、日本のタンポポかわかるかな?」いつになく得意になってわが妻子に聞くと、キョトンとして知らないと言います。そこで、がぜんはりきり講釈を始めました。

「花の下のガクがそり返っているでしょ。これはセイヨウタンポポだよ。明治の初め、北海道で食料にするため西洋から取り入れられ、全国に広まったんだ。今では街中だとこっちの方が多いんだ」。ますます得意げな私に妻子はあきれるばかりでした。

なぜ、こんなに草に突然くわしくなったのかというと、わが子の夏休みの理科自由研究の手伝いをしたからです。この夏は六万年ぶりの火星大接近が報道されていました。しかし、それはみんなが注目していると思われるので、最も身近で観察しやすい境内の草を調べることになりました。今までは、取っても取ってもガンガン生えてくる草たちは、すべてうとましい「雑草」だと片づけていました。しかし、よく調べてみるといろいろな種類があり、おもしろい名前があるものですね。

丸い形にギザギザがはいった葉をしていて地下茎ではびこり、なかなか取り除きにくい草があります。これはチドメグサといって、昔葉を傷口にはって血を止めたのでこの名があるそうです。ある山里出身の檀家のおばあさんは、子どものころそのように用いたと話されていました。

この夏、境内の墓地で最も繁栄しているのはヒメジョオンという帰化《きか》植物（ほぼ明治以降海外から来て定着した植物）です。明治の初め頃日本に渡ってきたので、別名維新草《いしんぐさ》とも言うそうです。同時代の維新の元勲岩倉具視《ともみ》さんの御先祖の墓がかつて当寺にありましたから、墓参に来られた具視さんがこの草を見かけたかもしれません。

わが寺の境内では、このような帰化植物にやや押されながらも在来種も健闘しています。よく群生するヨモギやドクダミ。夕暮れ時、木にからまったツル草に妖精のような花があるのにハッとしました。ヒラヒラしたレース状の花びらで純白の妖艶《ようえん》な姿。カラスウリでした。同じツル草で屁糞蔓《へくそかずら》というとんでもない名前をつけられているものがあります。葉っぱをちぎったりすると、とてもクサイにおいがするからです。その一方で、花がかわいいので早乙女蔓《さおとめかずら》という別名もあります。

いくつかの草を標本にしてみました。紙に固定し一月ほど重しをのせておきました。できあがったもので最も美しく見えたのは意外にも屁糞蔓でした。ツルは細くしなやかな曲線を描き、葉はすっきりとしたハート形をあらわしています。見ているだけで、スーッと爽《さわ》やかな気持ちになれるようです。人間とは勝手なものですね。醜い名前で呼んでおきながら、場合によってはかわいくも美しくも思うのですから。そもそも「雑草」という呼び名も人の勝手なはからいなのですが。

ふだんは煩わしく思うだけの足元の草々に、よく見つめればワクワクするような豊かな世界があることに気づいたひと夏の経験でした。

よく見れば薺《なずな》花咲く垣根かな　　松尾芭蕉

薺とは、いわゆるペンペン草で「道端や田畑にごく普通の雑草」です。そんな草が、垣根のそばで白く小さな花をけんめいにつけている。ふだん見過ごしているような足元のそれをふと見出し、見つめた時の、光のようなときめき…。禅の深い境地をやさしく説かれている名僧松原泰道《たいどう》師は、この句がいちばんお好きだそうです。この句には、日常の足元をみつめることについての深い趣《おもむき》があるようです。

「脚下照顧《きゃっかしょうこ》」という禅語を思いおこします。禅寺の玄関にこの語をよく見かけます。この場合は「履物をしっかりそろえなさい」という注意を促しているのです。言葉の意としては「足元をよく見なさい」。禅語としては「本来の自己をよく見つめよ」であります。しかし、これはなかなか難しいですね。泰道師はこの語について、「禅は、自己の中に灯を持つとの教えです。醜悪な自分の心のいどん底にも、こころの点火、こころのめざめを呼びかけるのです」と言われています。

先ほどの句を作った頃の芭蕉は禅僧に帰依し句作に禅の影響があるとされています。芭蕉の念頭に「脚下照顧」の語があり、薺を通して心のうちに光を見出したのでしょうか。

「雑草」について、とんだ「雑然」とした話をしてしまいました。このとりとめのない私の心境を、世によく言うナントカ禅と言うことが許されるのなら、「雑僧《ざつそう》」による「雑禅《ざつぜん》」とでもいうべきでしょうねえ。

二〇〇三年九月

三十一　天地は我と同根《どうこん》　万物《ばんぶつ》は我と一体

昨夏はいろんな野菜作りにチャレンジしました。カボチャ、トマト、ニガウリ、サツマイモ、ラッカセイなど。私は元来虚弱なうえに、中年の域にも入り何かと体力的にキツイものがあります。どうせ成果もあがらぬ農作などやめておこうかといったんは思いました。しかし、作物の日々成長する魅力には勝てず、けだるいながらまたやり始めたのです。

墓地の一角にささやかなわが畑があります。そのあたりは、昔旧五百円札でおなじみだった明治の元勲岩倉具視《げんくんいわくらともみ》公のご先祖の墓地跡です。十年ほど前、ふと思いつき、ツルハシとスコップで開墾しました。「営業」的には墓地にした方がよかったのかもしれず、バカなことを始めたもんだとも思いました。しかし、今やこのささやかな畑は、私にとって無限の〝心の糧〟を生み出してくれるのです。

ここの土壌は粘土質で固くとても農地向きではなかったのですが、何とか掘り下げ、落ち葉をたっぷり入れて腐葉土《ふようど》にしました。わが子も土ふるいを手伝ってくれたり、お友達と競い合うようにバケツに落ち葉を集めてはこの畑に入れてくれました。畑の土を掘るのを皆でしてくれた折、土まんじゅうを作っている子がいました。ふだんはテレビゲームに興じる今時の子どもが、土の感触の心地よさに目ざめたのでしょうか。土中から出てきた墓石のかけらの泥をこすっている子がいました。そこに刻まれた戒名の一部と思われる〝梵《ぼん》〟という字が浮かび上がってきて、何かを暗示するようでした。こうして、この小さな畑は子ども達と共につくられたのです。

先日、親しくさせていただいている映像作家小林正さんが撮影された記録映画『太平《たいへい》』を見ました。東京都世田谷区の住宅街の中の畑で、奇跡のような農法を実践されている大平博四《おおひらひろし》氏の四季の生活、畑をめぐる自然を紹介したものです。

戦後の農薬を多用する農業によって両親の体が蝕《むしば》まれたとする大平氏は、戦前ふつうに行われていた有機農法《ゆうきのうほう》（農薬・化学肥料をひかえ有機肥料による農法）を思い立ちます。試行錯誤の苦労の末に編み出された農法の半分は土作りにあるといいます。木の枝葉を裁断し馬糞《ばふん》やオカラなどと混ぜて発酵熟成させます。この堆肥《たいひ》を畑に入れるとあらゆるバクテリアが発生し、様々な虫が育ち、害虫やその天敵もいて、虫を食べる鳥やカエルなどの生き物も来てうまくバランスがとれます。そうすると作物は少し虫に食われるけれど農薬はいりません。映画ではそのようなめぐりめぐる命の連鎖をじっくりと見せています。

大平氏はこう言います。「バランスのとれた大自然の中では、目に見えないバクテリアも、草木も、人間も、全く同等の存在です」。

まさに氏の農業のいとなみは、大自然に根ざし、あらゆる生き物のつながりと一体となっているようです。その苦難の末にたどり着いた農法の境地は、次の禅語を思わせます。

天地は万物と同根《どうこん》　万物は我と一体

この語は、禅宗第一の書と言われる『碧巌録《へきがんろく》』にあります。その語の源は、中国仏教に決定的な影響を与えた仏教哲学書『肇論《じょうろん》』です。『碧巌録』では、先の語を甚だ不思議だとしています。また、「万物を合わせて自己とする」という『肇論』の語に行き当たり、にわかに大いなる悟りを得た禅僧の故事をあげています。『碧巌録』は、万物との一体という神秘的な境地を、おのれ一個の深い体験として会得《えとく》することをすすめているようです。むろん私などには、その深遠な境地ははかりしれません。私が師事した老師様は「宇宙いっぱいの自分になるのだ」と教えられました。師に向き合うひと時においては、そんな壮大な境地がありり得るようにも思えました。

私の畑から子どもが見出した〝梵《ぼん》〟という文字は、古代インド哲学の宇宙の原理を示す「ブラフマン」の漢訳語です。この原理をめぐりインドの聖典『バガヴァッド・ギーター』はこう言っています。「瞑想《めいそう》に専心し、一切を平等に見る人は、自己を万物に存すると認め、また万物を自己のうちに見る」と。先の禅の境地に重なるようです。その聖典は、インド独立の父にして〝偉大な魂〟、ガンジーのよりどころだったそうです。

そんな境地に遥かに遠い私ですが、わが貧しい畑のそばにたたずむと、さまざまな光景がよみがえり、それは私自身のようにも思えてきます。腐葉土で作る野菜は甘くておいしいと言われた檀家の農家のおばあさま。その旦那さんは手にプッとつばをかけつつ耕してネギ苗を植えてくれました。子ども達との芋掘りや焼イモなどの再々の楽しみ。その時居合わせた、昨年亡くなった近所の親しいおばちゃんと愛犬…。ひどく不器用な私は、不出来《ふでき》な作物のほかに生み出されることに、いっそうの豊かさを思わざるを得ないのです。

二〇〇四年三月

三十二　如夢幻泡影《にょむげんほうよう》　如露亦如電《にょろやくにょでん》

「ウォーキングしよう！」

初夏のまだ夜は涼しい頃、相棒とウォーキング（歩く健康法）を毎晩やってみようと思い立ちました。ここ数年来お盆にはヘロヘロになり、おのれの体力減退を痛感していたからです。

吉田兼好は『徒然草《つれづれぐさ》』で、「友とするに悪き者」について「病なく身強き人」をあげています。体の弱い者の気持ちがわからない人とは親しくなれないということでしょうか。私が「病なく身強き人」につい弱音をはくと、「若いくせに何言うてんねん！」と一喝され、兼好の気持ちがわからないでもありません。一方で、何か頼み事をすると、「よっしゃ、まかせとけ」と言ってくださる頼もしく強いお方は大好きですね。

私はひところ相棒や友人と歩いていると、「相手に合わせて歩きなさいよ」とよく注意されたものです。どうもセカセカと早歩きをする癖があったようです。禅宗の修行道場の生活信条は、「無常迅速《むじょうじんそく》　時人《ときひと》を待たず」（人の命は速くなくなり時は人を待ってはくれない）です。坐禅以外はすべての行いを速《すみ》やかにしなければなりません。托鉢の際の歩く速度もかなり速いのです。きっとこの早歩きのリズムが身にしみついていたのでしょう。この頃は加齢と共に歩調もゆるやかになってきたようです。相棒にせっかち歩きを注意されることもなくなりました。

　さて、いよいよウォーキング開始となりました。夕食後、コースはその日の気分しだいで小一時間ほど。私が住んでいる西陣の地域を大きくはずれることはありません。

　歩いてみて改めて気づくのは、かつて西陣織の工場や店があったと思われる所が、ガレージ・マンション・細かい区画の宅地などに変わりつつあることです。東山魁夷《ひがしやまかいい》の『年暮《としく》る』という絵画は、夜の闇の中に五重塔を含めた京の街の瓦屋根の連《つら》なりが、各々の民家のつつましい灯りを交え、しっとりとした陰影で描かれています。それはもはや懐かしい風景です。

しかし、ところどころに古い町屋の景観を保全している地域や家屋を発見するところがあります。それらがほのかな灯りと共に幻のように見えるのは、ますます希少《きしょう》なものになりつつあるからでしょうか。

また、知り合いの方々のおうちの付近を通り、その方々の話題になることがあります。その折、不思議に強く思い起こされるのは、もうすでに亡くなられている方ですね。

夜によく家の前に佇《たたず》み、タバコをふかしながら物思いにふけっておられたご近所のおじさま。わが寺に誠心誠意ご奉仕され、ふだんは極めて謹厳実直ながら、一緒にカラオケを楽しんだおじいさま。同じく檀家さんで戦前に東北から京都に来て、いつもユーモラスで朗らかだったおじいさま…

ふだんは自転車や車でさっと通り過ぎてしまう風景が、夜の静寂《しじま》に歩くことで、いっそうそのように思えてきます。それは歩くほどに近づいては遠ざかる街の灯りにも似て、幻のように浮かんでは消えていくようです。ふと、次の文句を思い起こしました。

如夢幻泡影《にょむげんほうよう》　如露亦如電《にょろやくにょでん》

音がなめらかで響きがよいので何とはなしに覚えていました。「夢・幻・水泡《うたかた》・水面の影のようであり、露のようであり、また電《いなずま》のようである」という意味で、『金剛般若経《こんごうはんにゃきょう》』の一節です。すべてはとどまることなくはかないものだという教えを、わかりやすく美しいイメージであらわしたものでしょう。あらゆるものに対する執着《しゅうじゃく》をやめよと繰り返し説いて、最後にこの一節を唱えています。「金剛般若」とは、執着を断ち切るダイヤモンドのように堅固な智慧《ちえ》という意です。

このお経は現在ではごくたまにしか読みませんが、禅宗で尊重されてきました。とくにその中の一節「応無所住而生其心《おうむしょじゅうにしょうごしん》」という語が敬われてきました。「何にもとらわれることなく、心をはたらかせなさい」という意味です。慧能《えのう》禅師はこの語を聞いて悟ったと言われています。

しかし私は、夜の散歩で思い浮かべた人々が幻のようでありつつ、どうしても愛着を抱いてしまいます。「如夢幻…」の言葉が、かえって親しく懐かしい響きとして心にしみいるのです。かく言う私も、いっそうたわいのない幻にすぎないのでしょうけれど。

さて、勇《いさ》んで始めたウォーキングは数回試みただけで、つらい熱帯夜などを理由に中断してしまいました。ある日、毎晩かかさず歩いておられるご近所のマッチョなおじさまに会いました。私が「やっぱり三日坊主になってしもうた」と言うと、「ウォーキングは三日でやめてええけど、坊主は三日でやめたらアカンでぇ」と突っ込まれてしまいました。

二〇〇四年九月

三十三　昏鐘一炷《こんしょうのいっしゅ》

「ワァ！　飛んだ、飛んだ」

手足の間の膜を広げ、座布団ほどの大きさに見えるムササビが飛びました。

春もまだ浅い夕暮れ、東山のふもとにあるお寺の境内のムササビの観察会でのことでした。講師の説明を受け始めた頃はまだ明るかったのですが、やがて夕闇も迫ってきました。手のひらを顔から少し離してそのシワが見えなくなった頃、ムササビが現れるのだと教わりました。ムササビが巣にしているという大木の前で、待つこと一時間ほどだったでしょうか。寒さがつのる中、小さい子たちがよく辛抱強く待っているものだと感心しつつ、手のひらのシワはもちろんお互いの顔も見分けにくくなっていった頃でした。

大きなリスのような動物がヒョイと現れたかと思うと、あっという間に飛び立ったのです。次々と木々に飛び移り、時々「キキキ」と鳴きます。懐中電灯に照らされると、深い闇に眼だけがキラキラと輝いていました。正体のわからない昔は、その声が魔物のように思われていたそうです。飛んでいる途中で方向も変えられるらしく、上空でヒラリとカーブを描くさまはみごとでした。

ムササビはもちろん楽しめましたが、「手のシワが見えなくなる頃」という表現がたいへん印象的でした。夜行性動物が活動を始めるその時間帯は、いわゆる「たそがれ」というのでしょう。

私はほぼ毎日、夕方門をしめてから用心も兼ねて境内を回ることにしています。その折、上空にだけやや明るみが残る頃、コウモリがせわしない羽ばたきでヒラヒラと飛んでいるのをよく見かけたりします。そんな日没後のうっすらと陽《ひ》の名残《なご》りのあるひと時は、安らかさと切なさがないまぜになった微妙な心境をもたらすようです。「たそがれ」という言葉には、そうしたイメージを何とはなしに言い当てている響きがありますね。

「たそがれ」の語源は、古語の「誰《た》そ彼《かれ》は」です。つまり、薄暗くて人の顔の見分けがつきにくく、「誰だおまえは」と怪しむようなことのある夕暮れ時をさす語になったと言います。まさにムササビやコウモリの類《たぐい》が現れるのは「たそがれ」の頃ですね。漢字では「黄昏《こうこん》」と表されます。「昏」は夕暮れです。

禅宗の道場では、夕刻の坐禅を「昏鐘一炷《こんしょうのいっしゅ》」と呼んでいます。「昏鐘《こんしょう》」は「黄昏鐘《こうこんしょう》」の略。いわゆる暮れ六つの鐘のことで、日没後約三十分後の時刻です。「一炷《いっしゅ》」とは、線香が一本燃え尽きる時間で、一回の坐禅のめやすです。線香の長さによると思いますが、私が修行した道場では四十分ほどだったでしょうか。開浴《かいよく》（おふろ）と薬石《やくせき》（夕食）の後、坐禅堂に入り鐘を合図に坐禅が始まります。

早朝の坐禅はひたすら眠く、つい居眠りして警策《けいさく》でよく打たれました。日中も坐禅をすることがありますが、この時もたいていただボンヤリとしていました。しかし、たそがれ時の昏鐘一炷は、最も印象深くまた心地よいものでもありました。

臨済宗の坐禅は、通路を隔てて人と向き合って坐ります。初めは向かい側の横に並んで坐る人々の顔もハッキリとわかりますが、やがて夕闇が徐々に深くなるにつれ、人々が黒い影法師《かげぼうし》のようになっていくのです。それぞれが、頂点の丸い山のような姿に。

やっと一日終わったという安堵感《あんどかん》。それと共に何も得ることなく過ぎてしまったというせつなさ。坐禅中のコワイ先輩達が、夕暮れの中で徐々に個性を無くした黒いシルエットになり、やがて私も共に闇に溶け込んでいくように思える不思議な安らぎ。何か言い知れようもなく胸に迫るものがありました。

黄昏の「黄」は「きいろ。黄金色《こがねいろ》」です。学生時代に『黄昏《たそがれ》』という映画を見たことがあります。湖のほとりに暮らす老夫婦の物語です。純粋で妻を愛し頑固で強がっているけれど死の恐怖に怯《おび》える夫。彼を愛情深く朗らかに受けとめる妻。黄昏の残照《ざんしょう》で黄金色に輝く湖が、夫妻と彼らをめぐる人々をやさしく包むような風景があったようです。

以前、映画の字幕翻訳家《じまくほんやくか》の知人が私に「トワイライト」（英語で「黄昏」）というあだ名をつけたことがありました。オシャレなふうに聞こえますが、どうも「うすぼんやりしてる」という意味合いだったようで。

ある親しい方が、仕事を終えた夕方に「トワイライトハイキング」と称して、近郊の低い山に登るのを楽しみにされています。山から見渡すと刻々と景観の色合いや明暗が移ろい、やがて街に灯がともり出すさまは美しく、とても癒されるそうです。その方にとっての〝昏鐘一炷〟の良き境地でしょうか。

私も一度それをしてみたいと思うのですが、「トワイライト」が「トワイライト」を見て、ますますボンヤリしてしまうだけかも。

二〇〇五年三月

三十四　如《によ》如《によ》

「犬飼いたいなあ」

こんな希望が、もう何年も前から家族にありました。

でも、お世話が大変かなあ。毎日散歩させなきゃいけないし。第一、この私がお世話係になる恐れが十分あり、忙しいうえにやっかいだなあ、などという思いの方が勝っていたのです。家人の話によると、私は幼い頃犬を飼うための貯金をしていたそうです。今ではすっかり忘れてしまいました。大人になると面倒臭さが先にたってしまいますね。

この春、家族でペットショップへ行ってみました。さまざまな犬がいる中で一匹の子犬が目に止まりました。目がクリクリと愛らしく、そばへ寄ると窓越しにさかんにじゃれつこうとします。二月十五日生まれの真っ白なマルチーズでした。二月十五日と言えば、お釈迦様が亡くなられた日。僧の私としては、何か因縁めいたものを感じずにはいられませんでした。

この犬に勝手に「マルちゃん」という名前をつけ、それから何度もその店に通いました。「マルちゃんかわいいなあ」「今度お店に行ってマルちゃんいなかったら悲しいなあ」等と、何とも煮え切らない会話が家庭内で繰り返されていたのです。あれはそうして一月ほどたった夜、ふと心配になって一人で閉店まぎわに行ってみました。マルちゃんはいました。ホッとしました。帰ってそのことを報告すると、妻子は大いに喜びました。

それから間もなく、その犬を飼うことがやっと決断されたのです。犬をわが家に連れてきたのは五月八日でした。わが生涯で初めて犬がやってきた日！忘れることはないでしょう。

何せ初めての経験なので、不安でいっぱいでした。夜中に吠え続けてご近所の迷惑にならないか。きめられた所に便をせず家のあちこちにソソウをしないか、等々。しかし、案外たいした問題もなくワクチンを接種して外出の許可がおり、毎朝犬を散歩させる私がいるのでした。やっぱり私の役目かぁ、トホホ。

初夏のもう朝から十分暑い中、毎日犬の散歩はなかなかツライですね。何事にもめんどくさがりの私が、やっとの思いで犬の散歩をして良きことの一つは、行きかう見ず知らずのご婦人方にも和やかな微笑《ほほえ》みをいただけることです。一人だとどうでもいいオヤジが、子犬を連れているだけでずいぶん違うものですね。「まあ、カワイイ」とわざわざ近づいてこられたりします。犬をほめられてるのに、自分までほめられているような錯覚を感ずるのは私だけでしょうか。

さて、犬をわが家に迎えるにあたって名前が問題になりました。先のマルちゃんは仮名だったのです。辞書等をひっくり返してやっと気にいる名前を見出しました。「ノンノ」（略称「ノン」）です。わが子は、私のあまりの熱心さに呆《あき》れつつも認めてくれました。

「ノンノ」は古来の幼児語で、「仏・神や日・月など尊ぶべきものを言う語」です。また、幼児語の京都市の方言として「家に帰ること」だそうです。私は知りませんでしたが市内の古老方に聞くと覚えがあるように言われました。これはなかなか意味深《いみしん》ですね。禅語に「帰家《きか》」（第九節）がありますから。

ノンノの語源は「如如《にょにょ》」とも言われています。「如如」とは、仏教の「ありのままの真実のすがた」。わが犬の誰彼となく愛嬌をふりまき天真爛漫《てんしんらんまん》なさまは、その語のようで、本当は仏の深い境地のことなのでしょう。『金剛般若経《こんごうはんにゃきょう》』で、「ものに執着なければ、あるがまま（如如）にしてゆらぐことがない」と説いています。また中国に昔、如如居士《にょにょこじ》という在俗の禅者がいて庶民の中に生き、「浮世《うきよ》の貴賤に関係なく仏性は平等で、修行で得る真心《しんしん》は貧富によらない」と言っています。

さて、犬の名前を家内で発表してしばらくして、何とわが老親が「シロ、シロ」と呼び始めました。どうも「ノンノ」は覚えにくいようなのです。家人はいいじゃないかと言いますが、せっかくの名付けが台無しだと思い、名前を大きく書いて柵に貼りつけました。

夜、消灯してもまだ物足りないのか近づくと柵ごしにジャンプする時があります。そっと抱き上げ赤子をあやすように背中をさすると落ち着くようです。

もっと母親に甘えていたかったのかな、と思うとせつないですね。

先日、散歩もそこそこに、お盆ですっかり疲れ果てた私は縁側で横になってしまいました。ノンは喜んで上に乗ってきて、耳をペロペロなめ始めました。いつもだったらすぐに払いのけるのですが、その時だけは、ぬくもりが不思議に身にしみて心地よく思えました。「子どもの情操教育のために」などという大義名分とは別に、実はオヤジたちもずいぶん救われているのかもしれませんね。

いつもまっすぐに向き合ってくれる命に。

二〇〇五年九月

三十五　臨《りん》済《ざい》

背のびしてみる海峡を
今日も汽笛《きてき》が遠ざかる
あなたにあげた　夜をかえして

港《みなと》 港函館《みなとはこだて》 通り雨

港町ブルース 作詞：深津武志

ご年配の方ならよくご存じかと思います。森進一《しんいち》の「港町ブルース」ですね。私は彼の声色《こわいろ》がとても好きです。人生の風雪をくぐりぬけてきたような渋くぬくもりのある雰囲気。実際に本人はさまざまな職業を経て苦労をしたと聞いています。また、彼ほどマネのしやすい歌手はいないでしょう。わざとかすれて震えた声で歌えば何とかサマになるようです。私も、苦手なカラオケのお付き合いで度々マネをさせてもらったものです。大げさにかすれ声を出し顔面をひきつり震わせ「コンバンワ〜森進一デス」と歌う前にやれば、それだけで〝芸〟のように思っていただけるようです。もっとも近頃はさっぱりごぶさたですが。元来オンチなんでそう好きでもないんです。ムリして慣れない歌なんか歌うと「お経のようですね」と言われるくらいなので。

さて、初めにあげた歌詞の内容ですが、つかの間の逢瀬の後、港から遠ざかって行った恋しい男を思い焦《こ》がれる女の哀《かな》しく切ない心情といったところでしょうか。これは演歌で歌われる女性像の典型でしょう。惚《ほ》れて別れ、去って行った男への未練。

「演歌なんてオヤジに都合のいい歌でしょ。今時あんな女いるわけないじゃん。チョーうざいし。（若者言葉で「とても不愉快だ」）」という若い女性の意見を聞いたことがあるような。やはり演歌の女性像とは、人生にくたびれたオヤジ達のはかない願望なのでしょう。

しかし、この「港町ブルース」にはそれだけではない何かがあるのです。それは、「港に臨む」という情景がもたらすようです。

汽笛が鳴り、船がゆっくり岸辺から遠ざかり、やがて海原《うなばら》の彼方《かなた》に消えて行く、そのさまを眺めれば、さまざまな感傷にひたるひと時があるでしょう。電車や飛行機では港ほどの情緒はないかもしれません。港のある岸辺には、海や川という陸とは全く異質で断絶した世界が目の前にあるのです。そして、その向こう側に別の岸辺とそこから続く世界を想うのです。すなわち港に臨めば、海川を超えた異界への憧れやいとおしさをいっそうかきたてられるというものでしょう。

仏教には、このような状況にたとえた言葉があります。春秋の「お彼岸《ひがん》」ですね。迷いの世界であるこの世を「此岸《しがん》」とし、これに対して悟りの境地や仏の世界を遠い彼方の岸にたとえてあらわしたものなのです。要するに苦しい現実のこの岸辺に臨み、彼方の岸の理想世界を想うというイメージですね。

実はわが宗門の名称である「臨済《りんざい》」にも、「岸辺に臨む」という意味合いがあります。臨済宗《りんざいしゅう》の開祖臨済禅師は、中国の九世紀の禅僧です。その名は臨済院という寺に住したことにちなんでいます。「済」は、「渡し場」という意があり、文字通りこの寺は川の岸辺の渡し場に臨んでいました。禅師の『臨済録』は語《ご》録《ろく》（禅僧の言行録）の王として尊ばれています。禅師に帰依した人が書いたその序文にはこうあります。「寺は古い渡し場に臨み往来の人々を彼岸に渡してやった」。この文はなかなか意味深《いみしん》に思えます。「済」には、「救う」という意もあるので。さらに「彼岸」には先ほどの意味があります。そうするとあの一節は、「寺は救済に導く渡し場に臨み仏の境地へ人々を渡した」とも解釈でき、それは「臨済」の宗教的な意味あいに思えてきます。臨済禅師じしんはこう言っています。

「諸君、迷いの世界は安らかなことはなく、火事になった家のようなものだ。ここは君達が久しく留まる所ではない。死という殺人鬼は一刻の絶え間もなく貴賤老幼を選ばずその生命を奪いつつあるのだ。君達が仏と同じでありたいならば、決して外に向けて求めてはならぬ。君達の本来の心にそなわった清浄《しょうじょう》の光が、君達自身の仏なのだ。」

「清浄の光」とは仏の智慧《ちえ》のはたらき。チベット仏教では、人の本質は光であり、死後の成仏とは大いなる仏の光に融け入ることなのだと言います。また浄土教では、死後の信者を西方浄土の阿弥陀仏《あみだぶつ》が大いなる光におさめとるとしています。臨済禅師は自らの心の中に光を、〝彼岸〟を求めよと言います。しかし、我々凡人にはとても難しいことですね。

私は、ひと時の坐禅や読経の折に、不安でこわばった心が不思議にやわらぎ、今ここにあること、それだけで快くのびやかで安らかな心地になることもあります。しかし、それが祖師の言う心の〝清浄の光〟だとはとても言えません。私にとって彼岸（悟り）とは。何度も済《わたしば》に臨み、〝背伸びしてみる海峡〟から遠い遠い彼方の岸の、憧れの美しい人のようなんだなぁ…。

臨済さま、どうかお許しを。

二〇〇六年三月

三十六　慈《じ》眼《げん》視《じ》衆《しゅじょう》生

一

私は、生まれつきはなはだ〝おくて〟でありました。歩きだすのも言葉を発するのも、人並みはずれて遅かったようです。小学校入学前の知能指数の検査で、あまりに得点が低く、ふつうに進学することも危ぶまれました。

何年か前、幼稚園の担任だった先生にお会いして、その頃私がある学校の講師をしていると申し上げたところ、「変われば変わるものねえ！」と驚かれていました。しかし、根本的には変わっておりません。家人に呆《あき》れられるほどの、ひどいスカタンを今もしてしまいますから。

私が日頃敬愛している作家の遠藤周作氏も幼少のころ、私のようなところがあったそうです。たとえば小学校一年の頃。テストで「さむい」や「かたい」の反対を書きなさいという問題がありました。答えを「あつい」や「やわらかい」とすべきところを「いむさ」や「いたか」と書いたそうです。

ただ、遠藤氏は長じて大作家、私はそのままのスカタン。えらい違いですね。もっとも、遠藤氏は作家らしく幼少期の失敗をおもしろく演出しているのかもしれません。

私が遠藤氏の作品を好んで読むようになったのは、そのような生い立ちや、人の愚かさ、バカバカしさ、ぐうたらさを楽しんで表現する作品に、まず親しみをもったからです。その代表作『狐狸庵閑話《こりあんかんわ》』は、関西弁の「こりゃあかんわ」をもじったものだそうです。それから導かれるようにして、純文学の『白い人』や『海と毒薬』などを読んでいきました。

名作の評価高い『沈黙』を、近年読み直してみました。改めて読んでみると、日本人の宗教意識に関する問題を、文中にいくつも新たに見出しえたのが驚きでした。

時代背景は、キリスト教禁制の厳しい江戸時代初期。この宗教は幕府によって江戸時代を通じ邪教として徹底して弾圧されました。主人公は、その日本に潜入したポルトガル人の司祭《しさい》（神父）です。彼は結局捕らえられ、しつこく棄《き》教《きょう》を勧められ、拷問《ごうもん》を受けて苦しむ信者の声を聞かされました。彼自身が信仰を捨てれば信者を解放してやろうと言われ、苦悩するのです。そしてついに、踏絵《ふみえ》を踏んで、神に背いてしまいました。踏絵とは、江戸時代、役所が人々に踏ませ、キリスト教徒を見つけ出し、信仰を捨てさせるために用いられたキリスト像・マリア像等の聖画像です。板にはめた銅板製が多いようです。

崇拝対象を踏んだって、心の中で信じていればいいじゃないか、と現代の我々なら思えもします。しかし、当時の信仰厚き人々にとっては、深い心の痛みや重大な人生の選択をもたらす行いでした。踏むことは、今まで尊び仰いできた神を、侮辱し背《そむ》き「転ぶ」こと。つまり、キリスト教を捨て、幕府が公認している仏教徒になることを意味したのです。踏まない者は拷問にかけられ再度踏むように勧められました。『沈黙』で描かれた拷問の「穴吊《あなづ》り」は、汚物を入れた穴の中へ逆さにつるすものです。頭がうっ血して気絶しないよう頭部に小さな穴をあけて少しずつ血を滴《したた》らせ、ひどい苦痛が続く方法として考案されました。棄教せずにすぐ死ねば、みごとな殉教《じゅんきょう》として信者達に讃えられてしまうからです。どうしても転ばない者は処刑されました。

むごい拷問にもかかわらず、信仰を貫いて死んでいった人々がいて、そうした人々は尊い殉教者として教会から賛美されました。一方で、拷問の苦痛や死の恐怖に怯《おび》え、家族のため、生きるために、神様の絵像を踏んで転んだ数多くの無名の人々がいたのです。小説『沈黙』は、そうした愚かで弱いとされてきた人々や、信者の苦難にもかかわらずひたすら沈黙している神の問題を、初めて本格的にとりあげた小説です。主人公の司祭が銅板のキリスト像を踏んだ時、心の中でキリストが次のように言ったとされています。「踏むがいい、私はお前達に踏まれるため、この世に生まれ、お前たちの痛さを分かつため十字架を背負ったのだ」。

この作品は大きな反響を呼び、教会関係からは「神が背教をそそのかすようなことを言うはずがない」と非難されたそうです。遠藤氏は生涯クリスチャンでした。幼い頃に熱心な信者の母親に入信させられ、母親には敬愛の念はあるけれど、そのままのキリスト教にはなじめなかった。戦後、留学したフランスでは、いっそう現地のキリスト教に違和感を抱いた。しかし、信仰を捨てることはできなかった。それでは「丸裸になってしまうから」と。そこで、自分にふさわしい信仰とは何かを問うた成果がこの作品でした。愚かさや弱さを厳しく裁く厳父《げんぷ》のような西欧の神ではなく、我々を許しその傷を感じてくれる慈母《じぼ》のような、日本の自分自身の神を求めたのです。

二

やがて、遠藤氏のキリスト教観も広く受け入れられるようになりました。二〇〇〇年には、『沈黙』の舞台のモデルになった長崎県外海町《そとめちょう》に遠藤周作記念館が建てられました。

外海町は、かつて住民のほとんどがキリスト教に入信したキリシタン（近代以前のキリスト教徒）の里です。記念館創立の年に家族で訪ねました。記念館に着いたのはちょうど日没前。建物は角力灘《すもうなだ》に臨む崖の上にあり、雄大な海原《うなばら》に沈む神々《こうごう》しいまでの夕陽にしばし見とれていました。

その海の彼方には五島列島《ごとうれっとう》という島々があり、江戸時代にキリスト教禁制を始めとした生活の苦難から逃れるため、多くの信者達が海を渡って移り住んだそうです。人々は、あの夕陽の沈む彼方に神の御国《みくに》を想ったのでしょうか。

翌日、記念館の館員の方が、外海にとてもくわしい現地のボランティアガイドの方を紹介してくださいました。

山崎政行さんです。地元で農業や商店を営みながら、ほぼ三十年に渡ってキリシタンの史跡を調べ案内をされてきました。また、全国の信者達が巡礼に来るのを、休日も返上して自宅に迎え入れ、妻のスマ子さんと共に食事などの接待もしてこられました。一九八三年に、江戸時代ひそかに宣教していた次兵衛《じへえ》神父が潜んでいた洞窟を発見し、その一帯を買い取り整備され、その地への巡礼も案内されています。ご自身も敬虔なクリスチャンで、四代前の祖先が信仰を貫いた事実を知り、衝撃と感動を覚え、地域のキリシタンの足跡を後世に残すことが使命だと思われたそうです。（山崎氏の足跡は以下参照。『西日本新聞』二〇〇一年一月、二〇〇六年一月・二月。『長崎新聞』二〇〇六年三月）

その日は朝から夕方まで、突然申し込んだ私達家族のためだけに、教会・資料館・史跡を懇切丁寧に案内してくださいました。

町から山の手の方へ上がった人気《ひとけ》の無い所に、山の斜面から斜めに大きく露出した岩がありました。岩の下に、かがめば数人が身を隠せるほどの隙間《すきま》があり、昼もなお暗くヒンヤリしています。禁制の時代に信者達がひそかにお祈りを捧げた場所だそうです。心ならずも踏絵を踏んで、公には仏教徒としてふるまいながら、キリスト教の信仰をひそかに継承していた「潜伏《せんぷく》キリシタン」と言われる人々がこの地域には数多くいたのです。

真夜中、わずかな火をともし、役人の探索の目におびえ、冬の寒さにも震えながら、祈りを唱える信者達の姿がふと心に浮かぶようでした。それは、深い闇に小さな、しかしくっきりとした光を継いでいくいとなみだったように思えます。

現地の資料館で、表が禅宗の経本で中身がキリスト教のテキストになっているものを見て、胸に痛みがはしるようでした。また、禁教が解かれた明治以降にこの地に赴任したド・ロ神父が建てた美しく堅牢な教会にも案内してもらいました。

坂の多い土地を一歩一歩踏みしめるように登り、何かを誇るようでもなく、かみしめるように話される。そんな山崎さんのふるまいは、単なる観光案内ではなく、自らの信仰も確かめる、まさに聖地の巡礼をされているように思えてくるのでした。

お話の中で、「この平和な時代に、それぞれの宗教を信じることのできる喜びを共にしたい」と、しみじみ語られていました。

数年後再びうかがった際は、ご自宅に招いていただき、奥様のおいしい手料理までごちそうになって、歓談のひと時をいただきました。

戦後の困難な時期、睡眠二、三時間で働き疲れ果て、畑の帰りに道端で寝てしまったことがある、というような苦難の生活を話されました。地域は海に面して背後に山が迫り、平地が少なく貧しい土地で、台風がよく通過して被害も多いそうです。この土地に生きる人々には信仰が大きな支えだったのでしょう。

山崎さんのお宅には巡礼の人々を接待する広間があり、そこにイエス様をおまつりする祭壇がありました。妻に勧められご夫妻にも促され、感謝と敬意の気持ちをこめて、その祭壇に向かい般若心経を読誦《どくじゅ》させていただきました。ところが、私は内心、キリスト教の神様に読経することに違和感をもっていました。私たちご夫妻は思いのほか、たいそう感激し感謝してくださったのです。

なぜ、異教の者の祈りにあんなに感激されたのか。本当のところは私にはわからないし、わかりようもない深い思いからなのでしょう。お二人の、信仰の灯を受け継ぐ苦難の人生、遠い祖先の迫害をくぐりぬけてきた信仰の歴史があったからでしょうか。別れ際に、今後も親しくおつきあいをしましょうと、ご夫妻と握手をかわしました。

実は、キリスト教を弾圧した江戸幕府に、わが宗門の僧達は積極的に加担しました。その宗門の末端の私が、かつて迫害を受けた信者のご子孫と親しく交流できたことに、いっそう感慨を深くしたのです。

三

江戸時代、公に信仰を表明できないキリシタンの人々が、ひそかに崇拝の対象としたものに「マリア観音《かんのん》」があります。仏教の慈母《じぼ》観音や子安《こやす》観音などの子どもを抱いた観音像を、神の御子《みこ》キリストを抱いた聖母マリアに見立てて礼拝してきたものです。それじたいは純粋な仏像ですが、禁制下の信者達は仏教の観音像にキリストの神を見出したのです。遠藤氏は、そのような信仰を「日本化」したキリスト教だと解されました。

観音菩薩は、慈悲の仏とされ、「観音」には「衆生の声を観《み》る」という意味があります。苦しみに寄りそい見守るということでしょうか。キリシタンも仏教徒も、観音像に捧げる祈りは、おさなごをいつくしむ母のような慈愛のまなざしへの思い、という点で似通うものがあるのかもしれません。それはまた、遠藤氏の生涯のテーマに関わることなのでしょう。

わが臨済宗では、年忌法要やお通夜等で『観音経《かんのんきょう》』を読みます。観音菩薩がさまざまな姿になって衆生を救うという、現世利益《げんぜりやく》を説いたお経で、一見、禅の核心から遠いように思えます。しかし、一ヶ所、私が最近気に入っている文句があります。

「慈眼視衆生《じげんじしゅじょう》」。書き下し文で「慈しみの眼をもって衆生をみそなわす」という一節です。意訳すると、「観音さまは慈しみの眼で、生きとし生ける者を見守っておられる」ということでしょう。「みそなわす」は、「ごらん遊《あそ》ばす」という意の古語で、厚い尊敬をあらわします。私にはその語感が心地よく、不思議な魅力のある崇高な響きに思えてなりません。私を、苦難の時代をこえて信仰の灯を受け継いでこられた尊い人生にめぐり合わせてくれたのは、何か私を「みそなわす」大いなるもの、だったのかもしれません。

禅の思想では、「慈悲の心がそのまま観音である」（『六祖壇経《ろくそだんきょう》』）と言います。思えば、私を、今日まで生かしめてくれた人々の慈愛の心の全てを、「みそなわす」という言葉に何ほどか感じるのかもしれません。人は、歴史や文化の違いで、「我々をみそなわす大いなるもの」を、イエスやマリア、神や仏と呼んでいるのでしょうか。

私には、人々をゆるし見守る仏や神がいてほしいと思いますが、それだけでは、生来ナマケモノの私は甘えて堕落してしまいそうです。遠藤氏のいう「母なる神」は、生死の境などの厳しい状況に立たされた人の神なのかもしれません。今の私には、時に厳しくしかる仏もなくてはならないようです。遠藤氏が自分にふさわしい神を求めたように、人それぞれにふさわしい仏や神があっていいはずでしょう。家人は私のことを「ほめられるより叱られて伸びるタイプだ」と言っています。思えば今日に到るまで、出会った先生方や先輩、友人達、さまざまな人々のご鞭撻《べんたつ》によって私が導かれてきたようです。その御恩に十分に報いているとはとても言えませんが。私には、日常では仁王《におう》さんや閻魔《えんま》さんのようなコワーイ生き仏様にお叱りを受けつつ、どこか遠くから私を「みそなわす」観音様がおられるというのがよろしいのかもしれません。

四

今からほぼ二十年前、京都市内のある大学での遠藤周作氏の講演を、妻と聞きに行ったことがあります。同じ年に、あの外海町に〈『沈黙』の碑〉が完成し、その除幕式に遠藤氏夫妻が出席しています。外海町、山崎さんとの不思議なめぐり合わせを想います。

その講演での話題のいくつかは、いまだに心に刻まれ忘れられません。まず冒頭で紹介したような氏の幼年時代の失敗談で笑いをさそっていました。

氏が若い頃読んだ外国文学にこんな場面があったそうです。

主人公の男が街を歩いていると、道端に、ボロを身にまといすっかり病み衰えた哀れな男がいました。その男が、通りすがりの彼に声をかけてきました。「とても寒い。私に服をめぐんでください」と。彼は哀れに思い、上着を脱いで男にかけてやりました。男は「まだ寒い。私を抱いて下さい」と言いました。彼はいやいや男をそっと抱きました。男は「もっと強く、もっともっと」と言います。彼は力いっぱい抱きしめた。

すると、その男がパーッとまばゆい光になった、というのです。

氏は初めてこの場面を読んだ時、「バカバカしい奇跡談としか思えなかった」そうです。

「しかし、この年（六十四歳）になって、やっとその意味がわかってきた。主人公が抱きしめた男は、実は、〝自分じしんの人生〟だったのだ」。そう言われたのです。

私はその話を聞いた時、言いようのない深い感銘を受けました。その話じたいの意味がよくわかったわけではありません。遠藤氏じしんの苦闘の人生をとおした何かが、私の胸を打ったように思えるのです。

氏は生涯胸の病に悩まされました。とくに三十代の後半、三年近く病床にあり死と向き合いました。たて続けに三度の手術を受け、一時心臓が停止したにもかかわらず、奇跡的に回復しました。その数年後『沈黙』を書きあげたのです。

私は、まだまだ自分自身を抱きしめたくなどないし、抱きしめたって〝光〟になるわけがない。大作家ですら六十歳をこえてやっとその境地に達したのですから。

それでも、大いなる何者かが〝みそなわす〟それぞれの人生に、いつかきっと〝光〟があるに違いない。そう思えてしかたがないのです。

二〇〇六年九月

三十七　狗子仏性《くすぶっしょう》

一

愛あなたと二人　花あなたと二人
恋あなたと二人　夢あなたと二人
二人のため　世界はあるの
二人のため　世界はあるの

（『世界は二人のために』作詞：山上路夫　歌：佐良直美《さがらなおみ》）

この歌、かつては結婚披露宴でよく歌われたことでしょうね。一九六七年に大ヒット、レコード大賞新人賞、もう数十年も前のことです。さぞかし晴れやかな華燭《かしょく》の宴で、新郎新婦が人生最高の幸せをかみしめ、涙ながらにこの歌を歌われた方も多いでしょう。

ああ、あれから数十年。新婚当初は夫の帰りがとっても待ち遠しかった。なのに今は、退職した夫が毎日毎日家にゴロゴロいるのがツライ…（このあたりのネタは綾小路《あやのこうじ》きみまろ氏の漫談参照）

「また、歌謡曲なんかでふざけてる」と思われるでしょうね。しかし、この歌は私の好みというわけではありません。実は私の修行の師、老師《ろうし》様の愛唱歌だったのです。

禅宗の道場の主と聞けば、ダルマさんのように眉間《みけん》に深いシワをよせてギラリとにらみつけ、恐くていかつい、というイメージをもたれるかもしれません。しかし、私が師事した老師様は、修行には大変厳しい方でしたが、ふだんは柔和で朗らか、たいそう子ども好きで、風貌からして童心そのものでした。生涯独身を通され、修行僧の指導にひたすら尽くされました。時に厳しく叱られましたが、たいてい私を包むように慈しんでくださった思い出があります。

ある親しい檀家さんが、老師様の講話を聞きに行かれたことがありました。その方が、「老師さんがお話の中で何と歌謡曲を歌われた」と愉快そうに言っておられました。冒頭に紹介したあの歌です。お話の詳細は残念ながらうかがっていませんが、きっと自らのご境界《きょうがい》を歌に託して人々にわかりやすくご教示されたのでしょう。

実は、私じしんがこの件について思い当たるふしがあるのです。

わが宗門の道場では、「独参《どくさん》」と言って老師と一対一で向き合い問答する時間があります。師から与えられた公案《こうあん》（弟子を導くための問題）について、修行僧が自らの見解を答えるのです。と言っても、私はただ老師様のお話をうかがうだけでせいいっぱいでした。

与えられた公案は〝狗子仏性《くすぶっしょう》〟。狗子《くす》とは犬のこと。「趙州無字《じょうしゅうむじ》」または単に「無字」の公案とも言います。

その公案の内容とは次のような話です。

「一人の僧がある時、趙州《じょうしゅう》という和尚にたずねた。『狗子にも仏性はあるでしょうか』と。趙州は『無』と答えた」

仏性とは、「仏となる本性」。古来仏教では、「悉有仏性《しつうぶっしょう》」と言って、本来すべての命にそなわっているとされています。にもかかわらず、犬について「無《む》」と言っているのです。

老師様はこの公案を私に授けられ、寝てもさめても、ただひたすらこの公案に取り組めと言われました。私はわけもわからず、師の前に参じては、むなしく「無《む》ーっ」となっていたにすぎないのでした。

今思い返してみて、禅の世界で最も有名なこの公案で取り上げている動物がなぜ犬なのか、とふと思うのです。この公案の源流である中国唐代の禅僧趙州の宗風は、「きわめて簡明にして日常的」だったそうです。犬を話題にしたのは、最も親しみやすい存在だったからでしょうか。犬は家畜としての歴史が最も古く、オオカミを人が手なずけてから、およそ一万年になると言われています。

二

犬が人にとってどんな生き物か。近年読んだ『洞窟オジサン』に、そのことがとてもシンプルに感銘深く表現されています。この書は、十三歳で家出してから四十三年間、五十七歳になるまで山野を一人で生き抜いた男性の自伝です。

両親から虐待され、学校でもいじめられていた少年の唯一の友達は、家で飼っていた秋田犬の雑種のシロでした。もらってきた時から自分が一番かわいがっていたし、一番なついていたのです。しかし、本来兄の犬だったので、ロープにつながれたシロをおいて家を出ました。線路づたいに歩いた二日目。何と、シロが追いかけてきたのです。「おれはシロを抱き寄せて〝おれとおまえはいつも一緒だ〟と言いながら、ボロボロ泣いていた」。それから、孤独で過酷な山中の洞窟での生活で、シロは唯一の相棒になったのです。ところが数年後、やけに甘えてまとわりつき、弱々しくなったように思えた次の日の朝、シロは冷たくなっていました。「シロを抱きかかえて、おれは歩き始めた。ひたすら山を歩いた。シロと駆け回った山々を、最後にシロに見せてやりたかった。いくつの山を越えただろうか。一面にきれいなピンク色の蘭が咲き乱れている場所を見つけた。おれは、穴を掘り、シロを埋めた。だけど、おれはもう一度シロに会いたくて、土を掘り返した。体が硬くなっているシロを抱きしめ、泣いた。本当にさよならを言って土をかけ、蘭の花を三本、植えた。おれはかけがえのないたったひとりの家族をこうして亡くしてしまった…」

私が敬愛している作家遠藤周作氏にも、犬についての批評があります。氏が少年時代、満州に住んでいた頃、クロという飼い犬がいました。つらいことがあるとこの犬に話しかけ、「ひそかな、ただ一人の話し相手」でした。両親が離婚し母親と日本へ帰ることになり、クロを置いて行かなければならない別離を、こう回想しています。

「別れの日、大連《だいれん》の埠頭《ふとう》に行くため私たちが馬車に乗った時、クロはうしろをふりかえる私をどこまでも追いかけてきた。クロにはなぜ私を見捨てて去って行くのか、よくわかっていないようだった。馬車が路をまがっても執拗《しつよう》にうしろをかけつづけ、やがて諦めて立ちどまった。その時の彼のあわれな、寂しそうな眼を年とっても私はまだ忘れることができぬ。クロも〝ただ一人の友〟だった私に見捨てられるとは思わなかったのだろう。聖書を読み、自分を捨てたペテロを〝ふりむいて眺めた〟イエスを思う時、私はなぜか、あの時のクロの寂しそうな眼を思い出した。それは少年の頃、私の味わった最初の別離だが、老いた今ではそういうことが人生の大事な大事な思い出になる」。

遠藤氏はクリスチャンで、キリスト教は、仏教や禅宗とは本来異質な宗教です。しかし、氏の次のような生命観に私はとても親しみを感ずるのです。「犬や小鳥はたんに犬や小鳥ではない。それは我々を包み、我々を遠くから見守っていてくれるものの小さな投影なのだ」

街角で、人生も黄昏《たそがれ》に入ったような男性がひとり、老いた犬と散歩している光景を見かけたとき、遠藤氏の言葉がいっそうしみいるように思えてくることがありました。孤愁《こしゅう》の人にとって、犬は人生最終最良の相棒にして、何者かの〝投影〟なのかと。

三

犬をめぐって、ずいぶん途方もなく脱線してしまいました。具象《ぐしょう》を離れた思考を持ちにくい私は、人にとって犬がどのようなものか実感としてふまえておきたかったのです。かくも人にとって親しい犬の仏性について、「狗子《くす》仏性《ぶっしょう》」の公案は、あえて「無」と言っているのです。「えっなぜ？　すべての命に仏性があるはずなのに、かわいいワンちゃんに無いなんて」と思わせるところにこの公案のねらいがあったのでしょうか。

この公案の源流は、唐代の『趙州録』です。そこには趙州の「無」の答えについて、「上は諸仏から下はアリに至るまで、すべて仏性があります。犬にはなぜないのですか」と、わかりやすい疑問が示されています。また、このような狗子の話は趙州以外の禅僧も用いていたようです。

その後、中国宋代の大慧《だいえ》禅師が公案を用いる禅を興隆し、常にこの「狗子仏性」によって弟子を導きました。さらに無門《むもん》禅師が著した公案集『無門関《むもんかん》』の第一にこの公案をあげているのです。お二人ともに愛犬家だったのでしょうか。いにしえの高僧は、独身の孤高の生涯のなかで、犬こそが良き伴侶だったのか。などと思うのは愚か者の発想なんでしょうねえ。

ともかくこの公案は、とくに日本で江戸時代によく流布して、近代以降に禅の「無の思想」の象徴として注目されました。現在のわが宗門の道場でも、修行僧への第一問としてよく課されています。無門禅師はこの公案について、「全身全霊をあげて、疑問の固まりとなり、この『無とはなんだろう』ということに集中してみるがよい」と言っています。

しかし私は、そのようにはできませんでした。一度、老師様に「有無《うむ》の相対《そうたい》を離れた『無《む》』」などと、何かの本にのっていたような言葉を、まったく横着にも申しあげたことがありました。即座に「バカもん、理屈をいうな」とひどく叱られました。禅の境地は借り物の知識ではない、という当然のことがわかっていませんでした。

ある時、老師様は私にこう語られました。

「おまえ、恋をしたことがあるか。無いとは言わせんぞ。この公案を恋人のように思え。〝無字子《むじこ》ちゃん〟じゃ。〝無字子ちゃん〟は、ずっとおまえを思うておる。思う身はつらい。だが、思われる身は楽なもんじゃ」

あの公案を、何と恋人にたとえられたのです。そして、瞑目しながら心地よさそうに「ふ〜たりのため〜せ〜かいはあるの〜」とあの歌の一節を歌われ、「いつもいつも無字子ちゃんといっしょ」と言われてお話を終えられたのです。私はただただ呆気《あっけ》にとられるばかりでありました。

今思えば、とても生臭《なまぐさ》い初心の者に、公案の心、師の境界《きょうがい》をわかりやすく示していただいたのだと思います。冒頭のあの歌についての講話は、世間の人々にも、この方便を披露されていたということなのでしょう。

無門禅師は、この無字の公案を日夜とりくんで、「時機が熟すると、自然に意識と対象との隔たりがとれ、完全に合一の状態に入る」「君達の心中に仏法の灯がパッと一時につくといった境地になることであろう」と言っています。

しかし、やはり私には、そんな境地にはとてもなれませんでした。ただ一度だけ、老師様にほめられたことがあります。

道場では、毎年蝋八大接心《ろうはつだいせっしん》という特別な修行期間があります。釈尊が六年の苦行《くぎょう》をやめ、十二月一日から坐禅を始められ、八日の夜明けの明星《みょうじょう》を見て悟りを開かれた、という故事にちなんで行われるものです。その一週間、一度も横にならずに坐禅を行いました。夜は二、三時間の坐睡《ざすい》であまりに眠たく、体を前に倒して眠ろうとすると、横にいたコワイ先輩にひどく叱られてしまいました。ただただ眠くてつらくモウロウとしたガマン大会のようでした。

あれはその期間の中頃だったでしょうか。坐禅中に、何やら腹の底からホカホカと暖気がわきあがり全身を潤すようで、居ながらオフロに入っているようなな、ぬくもりの心地よさを感じることがありました。冬のさなか、暖房はなく、窓は開けっぱなしで寒風は吹きこみ天井は高く、坐っている畳の場所以外、床は冷たいタタキという禅堂のなかで。

そのような何だかフシギでどうでもいいような体験を、参禅の折にふと老師様にありのままを申し上げました。すると師は意外にも、「なかなか境界《きょうがい》が進んでおるぞ」と、私のささやかな体験を大げさなほどほめられたのです。しかし、ほめられたのはそれが最初で最後でした。

四

昨年、老師様が亡くなられました。十数人の弟子達でかわるがわるお棺をかついだのですが、たいそう重く、不肖《ふしょう》の私に何かを暗示されているようでした。最後のお別れでのお顔は、とても安らかにみえました。

あれから、独参の際の老師様の面影が、不思議に再々心によみがえってくるのです。心地よさそうに目をつむり、柔和で慈愛に満ちた笑顔が。それは、濁った汚泥《おでい》のような私の心の底にかすかにある〝安心《あんじん》〟への遠い憧れ、なのかもしれません。

さて、わが家の狗子ノンノは、昨年膝蓋骨脱臼《しつがいこつだっきゅう》という病をえてしまいました。

走ると時折後ろの片足をピョコッと痛そうにはね上げるのです。獣医さんによると、手術が必要なほどひどくはないのでようすを見ることになりました。長い廊下でボール遊びをして急転回させたりしたのがよくなかったのか。足をはねあげる度、胸にせつなさがはしります。

大晦日以来、忙しくカンヅメ状態だったお正月三ケ日が明けた朝。ノンノをだっこして外を見ると、誰もいない寒々とした境内に、ひとしきり雪がふっています。ノンノも興味深そうに外をながめています。「雪はしんしんふりつもる障子《しょうじ》あければ銀世界…」亡くなった祖父が雪の日によく口ずさんでいた昔の歌の一節が、ふと口からこぼれました。

寒さと疲れでこわばった身と心の芯まで、しみいるようでした。わが狗子のぬくもりが。

二〇〇七年三月

三十八　牡丹花下睡猫児《ぼたんかかのすいみょうじ》

〝蝶が舞う牡丹《ぼたん》の花の下で、白地に黒ブチの猫が丸くなっている。こんな構図の絵馬《えま》が、境内の鎮守堂の軒下にかかっている。

時は江戸時代後期のころ、近辺に遊里《ゆうり》があり、三味線や歌の音《ね》が夜な夜な境内にまで聞こえていた。ある夜、いつものように弦歌《げんか》の音が流れてくると…あの絵馬から誘われるように猫が浮かれ出し、艶《あで》やかな女人の姿に変化《へんげ》して、弦《げん》歌《か》の節に合わせて踊り始めた。それを見た人がいて大騒ぎになった。当山五世松堂《しょうどう》和尚（一八一一年示寂）が不快に思い、この浮かれ猫を法力で封じ込めた。その夜、衣冠束帯《いかんそくたい》に威儀《いぎ》を正した武士が和尚の夢枕に現れて嘆願した。「私は稲荷大明神《いなりだいみょうじん》の眷属《けんぞく》です。弦歌に喜びつい踊り狂ってしまいました。今はあなたに封じられ不自由でしかたありません。今後は慎みますのでどうかお許しください」。和尚は哀れに思い法力の封を解いた。〟

右の話は当寺に伝わる「浮かれ猫」伝説です。この界隈《かいわい》に伝わる「出水《でみず》の七《なな》不《ふ》思《し》議《ぎ》」の一つです。大正七年の鎮守堂新築の趣意書に載せられているのが唯一の記録で、この絵馬の作者も由来も不明です。宝暦《ほうれき》八年（一七五八）に伏見宮《ふしみのみや》邸から当寺へ稲荷社が遷座しています。その折にもたらされたものか、あるいは後に奉納されたのかもしれません。

現在は寺の周りに民家がすっかり建て込み、こんな伝説が生まれる所とはとても思えません。しかし、先代住職だった私の祖父（明治二十九年生）は、「小僧の頃、千本《せんぼん》通りまではアンズ畑で、

絵馬「浮かれ猫」　撮影・写真寄贈＝中田昭

夜は真っ暗でお使いに行くのがとても怖かった。本堂の南は竹藪があり山犬がいた」と述懐していました。江戸時代、このあたりは「西寺町」と言い、その頃の地図を見ると、寺々やまばらな民家の他は、畑や藪が広がっていたようです。その続きで明治の頃までは、夜は深い闇が支配する地域だったのでしょう。

一方で祖父は次のようにも言っていました。「小僧の頃夕方になると、千本通りのガス灯に、役人が先に火のついた長い竿《さお》で灯をつけに回っていた。その道は今よりずっと狭い道で、すれ違う女の人の髪の油の香りがふと匂ってくるくらいに賑《にぎ》わっていた」。

近代化をひた走る日本を象徴するような、灯りと賑わいを増す表通り。それと対照的な江戸時代以来の裏通りの深い闇。近代化がこの地域にもたらした強い明暗のコントラストが、この伝説をもたらしたのでしょうか。「怪談は〈人里〉と〈闇〉の境界に生まれる」という学者の説をどこかで読んだような。

江戸中期以降、当寺からやや北方に北野社や愛宕山《あたごさん》への参詣者相手の茶屋ができて、戦前までは芸子《げいこ》さんもいたそうです。天明七年（一七八七）刊行の京都の観光ガイド『拾遺《しゅうい》都《みやこ》名所図会《めいしょずえ》』には、「遊女浮かれ女《め》の家が所々に見えて、提琴《ていきん》（胡弓の一種）や三味線の音が常に聞こえる」とあります。

夜、深い闇に沈むひっそりした寺町街。ほど近い色里から聞こえる艶《つや》っぽい音色。月明りに妖しく浮かぶ絵馬の猫。遊び帰りの酔っぱらいが通りかかり幻を見たのでしょうか。

猫は、仏教がインドから中国に伝わった際、お経がネズミにかじられないために移入されたそうです。その後中国で猫に魔性があるとされ、美女に化けるなどの怪奇が語られるようになり、遊女の生まれ変わりという伝承が生じました。日本にも奈良時代に猫が移入され、各地に化け猫伝説が生まれ、遊女のことを隠語でネコと呼んだそうで。

また、ご近所の歴史研究家で檀家の山本喜康《よしやす》様から、この絵馬の「猫・牡丹・蝶」は、長寿と富貴《ふうき》を祈る中国古来の吉祥図《きっしょうず》というご教示をいただきました。中国音で猫は耄《ぼう》（七十歳）に、蝶は耋《てつ》（八十歳）に音で通じるそうです。牡丹は古来富貴を象徴する花です。

江戸時代にはこの絵馬の構図をモチーフにした作品が、浄瑠璃・狂言・絵画・彫刻・俳句・漢詩など幅広い分野で創作されています。そのイメージは「可愛らしい猫が実は蝶を狙う魔性《ましょう》を秘めている」というもの。その根拠に次の禅語があると言われています。

牡丹花下睡猫児《ぼたんかかのすいみょうじ》　心在舞蝶《こころはまうちょうにあり》

牡丹の花のもとでのんきに眠っているようで、心は花に舞う蝶を鋭く狙っている。その猫のようすを、外面は穏やかでありつつ内心は真理を厳しく求める禅の求道の境地にたとえたものです。松堂和尚は、この禅語に関わるあの絵馬を自戒と教化のため鎮守堂に掲げたのでしょうか。それゆえ浮かれ出した猫が大変不愉快だったのかも。

あるいは、浮かれ猫は和尚が孤愁《こしゅう》の暮らしの中でふと夢想した幻で、夢に現れた猫の化身が妖艶《ようえん》な女人ではなく厳《いか》めしい武士だったのは、禅僧としてのプライドからなのか。

なあんて失礼な妄想をかく私は、当寺始まって以来の〝浮かれ坊主〟なんでしょうねえ。

二〇〇七年九月

三十九 滴《てき》水《すい》

ある夜、満月の明かるみに誘われるようにフラフラと庭へ出ました。木々の葉や屋根の瓦に月光が宿り、しっとりと濡《ぬ》らすようです。弁天堂のそばに来ると軒下の〝浮かれ猫〟がおぼろに浮かんで見えます。

すぐ後ろから、水のさかんに滴《したた》る音が聞こえました。墓地の手前にある井戸からでした。しばらく井戸のそばにしゃがみこみ、その音色に聞き入りました。ここ数日雨が続いたせいか、水の滴りは弾《はず》むように賑《にぎ》やかで、活《い》きのいい泉のようです。

ふと、数年前見た実録映画『アレクセイと泉』（本橋成一監督）を思い出しました。

チェルノブイリ原子力発電所の爆発事故で、放射能にひどく汚染されたベラルーシの小さな村。その中心にこんこんと清水のわく泉があり、今も村人達が洗濯や飲み水に使っています。泉のまわりにはキリスト教の神様がまつられ何代にもわたって祈りの場所として奉ってきました。原発事故の後、この村の畑や森から放射能が検出されます。しかし、泉の水を何度検査しても検出されませんでした。村人はこの泉を〝百年の泉〟と呼び、大地に降り注いだ天水が百年の時を経て湧き出しているといいます。放射能が文明の醜さや愚かさの象徴だとすれば、この泉は穢《けが》れのない自然と希望への祈りの象徴といえるでしょう。

スケールはずいぶん小さくなりますが、わが寺の古井戸に今なお天然の水の滴りがあるのも不思議です。実は一度、この井戸が枯れかかったことがありました。東方のマンション建設工事の折、水脈が断たれたのか水に泥が混じって出にくくなったのです。あわてて水道をひき、それ以来手前にもうけた水道の蛇口ばかり使い、奥の井戸水の蛇口はほぼ使いませんでした。この井戸はもうだめだと思い込んでいました。

ところがある夏にご近所の親切なオジサマが、井戸水で庭の水やりをして下さった折。初めは濁っていた水が、出すほどにどんどん澄んでいったのです。水に触れると冷たく、猛暑でほてった体が癒されるようでした。どうやら井戸は使わなければ澱《よど》んで濁り、使うほど良くなるようです。

当寺の前の道を出水通《でみずどおり》と言います。この道の東方の御所《ごしょ》の手前あたりで、昔地中から水が湧《わ》き出したことがその名の由緒とされています。そこから当寺との間に、以前はいくつもの造《つく》り酒屋《さかや》があったそうです。今は一軒だけ残る造り酒屋さんが、ある俳優のご実家だとか。当寺門前の駐車場の辺りにも以前名水の井戸があり、昔、造り酒屋が水を汲《く》みに来ていたと聞いています。当寺から東方にかけて豊かな良き水脈があったようです。

昨年、井戸のポンプが壊れて新調しました。その折、先の親切なオジサマのアドバイスにより、井戸水の蛇口を手前に付け替え、墓参の方々にせいぜい使っていただくことになりました。すると、やがて井戸の底からさかんに水の滴る音がしてきたのです。まるでしばらく死んでいるように眠っていた生き物が息《い》吹《ぶ》きを始めたかのように。

〝滴る水〟を用いた表現が禅宗にあります。

道場での修行中に、私が洗面所で蛇口から水をザーザーとはでに流しながら手洗いしていると。「バカモン！　水をムダに使うな。〝曹源《そうげん》の一滴水《いってきすい》〟というんだぞ」と、先輩からひどく叱られたことがありました。道場では洗面器にためた水で手を洗い切らねばならないと教えられていたのです。〝曹源の一滴水〟とは、禅宗六代目の祖師慧能《そしえのう》禅師が中国の曹渓《そうけい》で教化をしたことにちなむ言葉です。曹渓の慧能を源にする貴重な一滴の水のような禅の教えという意です。私を叱られた先輩は、そのことになぞらえて一滴の水もムダにしない禅の教えをさとされたのでしょう。

昔、ある修行僧が師の入る風呂をわかしました。師は入浴中にお湯が熱くなったので水をくんで入れるよう命じました。修行僧が手桶で何度か水を運び入れ、師はもう充分だと言われました。彼が余った水を溝に捨てると師はひどく怒られました。「わずかな残り水でも植木にかけて生かしなさい。一滴一滴の水が全ての命を生かしているのだ」と。この教えに感銘した彼は自らの戒めとして名前を「滴水《てきすい》」と変え修行に励みました。後に幕末の雄山岡鉄舟《ゆうやまおかてっしゅう》などを導いた禅の名僧宜牧滴水《ぎぼくてきすい》です。

わが寺の井戸の〝滴水〟さんは、一滴一滴が貴重であることを優しく心地よく奏《かな》でるようです。井戸のそばのお堂の主は弁才天《べんざいてん》、別名は妙音天《みょうおんてん》。水の女神《めがみ》が発祥で、仏教とくに音楽・学芸の守護神です。水流の音が音楽や言葉の源と想像されたとも。わが弁天様はふくよかな女身で宝剣を持つお姿です。歴代の住職の誰かがこの井戸の女神としておまつりし、かつ自らのアイドルにしたのか、などとまた失礼な妄想をいだいたりして…。一度わが女神が奏でる妙《たえ》なる調《しら》べをご清聴下さい。

二〇〇八年三月

四十　三万里程《さんまんりてい》を尺寸《しゃくすん》に縮《ちぢ》む

（私）「庭にスプリンクラーを入れようと思うんだけれど、どうだろう」

（友人）「どのくらいの広さなの？」

（私）「八十坪ほどかな」

（友人）「それくらいなら、ホースで水まいとけよ」

以前友人とこんなやりとりをしたことがありました。彼は、ゴルフ場に芝を張りそれに散水する施設などを施工する会社に勤めていたのです。何万坪というゴルフ場のスケールからすると、たかだか八十坪ほどの庭にスプリンクラーなど必要ないと思ったのでしょう。

この庭は一九六七年に本堂前庭として作られました。海と島の造形で、心《しん》和山《わさん》の山号にちなみ島を心の字の形で表されています。枯山水《かれさんすい》という様式で本来は石と砂のみで構成されるのですが、築山《つきやま》（土で築いた山）に杉苔《すぎごけ》がふんだんに植えられました。

梅雨の頃、苔《こけ》はたっぷり水を含み麗《うるわ》しい緑になります。しかし真夏になると、木立の陰もない庭全体に激烈な日光があたり、その上地面に敷かれた白砂が、陽射《ひざ》しを眩《まぶ》しいほどに反射するのです。加えて昨今の温暖化により、砂漠のような酷暑にみまわれます。そのため、苔はチリチリにまっ茶に干《ひ》からびてしまいます。そもそも苔は木陰のしっとりとした所に生えるものです。この庭を作庭した方は、根っからの造園業ではなく美術界出身なので苔の生態を配慮されなかったのでは、という憶測もあります。

夏の夕方、タワシのようにカサカサになった庭の苔にホースで水をまくと、不思議なほどすぐに鮮やかな緑に変化します。夏場は毎日水をまかねばなりません。そこで冒頭の話があったわけです。モノグサな私は、自動の散水装置を願ったのですが、莫大な費用もかかるので実現はかなわないようです。「あんた、夏になったらボーッと水まいて一生終わるんか」と言われた方がおられましたが、どうやらそうなりそうです。

前節で述べたように、境内は湿潤な傾向があり、この庭の苔も当寺の墓地に生育していたものを移植しました。お世話になっている庭師の方も、一見過酷な環境にもかかわらず苔がよく保全されていると感心されていました。京都の街全体が都市のわりに湿潤で苔庭に適しているとも聞いたような。

近年、デンマークから女性の作庭家が来られ、この庭を「とてもダイナミックだ」と評していました。確かに有名な龍安寺《りょうあんじ》の枯淡な庭などに比べると石や築山のボリュームが豊かで躍動的ではあります。彼女は妻のもてなしをとても喜んでくれたようで、後日彼女が編集した日本庭園の図録を送ってくれました。その中に海に浮かぶ島々の光景があり、日本庭園の背景を示しているようでした。古来日本庭園の中心は島のある池です。古代には庭園を「しま」と呼んでいたくらいです。

また、スイス人の留学生で、日本庭園を研究している青年も訪れました。目を輝かせて楽しそうに庭を眺めていたのが印象的でした。「西洋の庭の典型は植木を幾何学模様に刈り込むなど、いかにも人工的に作った庭。対して日本の庭は自然の縮図のようです」と評していました。

ある悩みを抱えて私と妻に話をするつもりで来られた方がありました。その方は、私たちを待っている間ひとりでこの庭を眺めているうちに、悩みを話す必要がなくなったそうです。別の方々が「殺伐《さつばつ》とした世の中だけど、この庭を見ていると心が和みます」「濁った心が浄化されるようです」「苔の緑に癒されます」などと言われたことがあります。「人は言葉ではなく風景によって励まされることがある」というもの言いをどこかで聞いたような。訪れた方々の心によってこの庭が、和《なご》やかでみずみずしい命をもつように思えるのです。

枯山水は、すでに平安時代に庭の一部をさす語としてありました。それが、簡素で完結した庭園様式として成立したのは室町時代中期頃。禅寺を中心に作庭されました。そのころ、枯山水は一般に「仮山水《かせんずい》」と表現されています。「山水」

とは、山や海川の風景。仮想の自然という意でより豊かなイメージに思えます。

庭を愛し自ら枯山水を作った中世の禅の奇僧に鉄船宗熙《てっせんそうき》がいます。彼は貧しいのでささやかな庭を作り、ごく小さな山やくぼ地に高山や大海を想い、それを「三万里程《さんまんりてい》を尺寸《しゃくすん》に縮む」と表現しています。大自然を足もとにみる禅の境地のようです。わが寺の庭も、深まる夕闇に石と築山のシルエットが白砂の海に浮かぶ時、吹雪《ふぶき》で島々が霞《かす》んで見える折など、雄大な景観のようにも見えます。

ふと、映画『リバー・ランズ・スルー・イット』での、川釣りをしつつ人生を回想する老爺《ろうや》のつぶやきを想いました。「岩の下には言葉が潜《ひそ》んでいる。その言葉は忘れえぬ人々、彼らの言葉だ」。

私には、この庭を前にして出会った人々の言葉や面影、人生が庭に潜んでいて、それこそが〝三万里程〟のように思えるのです。

二〇〇八年九月

四十一　萬戸《ばんこ》の心和《しんわ》　太平《たいへい》を致《いた》す

〝隠居《いんきょ》　釣鐘《つりがね》　先住《せんじゅう》の弟子《でし》〟

わが業界で、ひそかにこんな言葉が語られることがあります。新たに住職としてお寺に入る際、できれば無い方がいいのでは、と言い慣わされてきた三つです。「隠居」は先の住職で、「先住の弟子」はその弟子。いずれも寺では先輩でありますから、新たに入った住職は新米だと見られ、なかなかツライことがある、というわけです。しかし、その方々が良き人なら、逆に頼もしい人になることだってあるでしょう。

釣鐘は何が問題なのでしょう。

昔、「明《あ》け六《む》つの鐘」「暮《く》れ六つの鐘」と言ったように、お寺の鐘の音は公《おおやけ》の時報でもありました。今でも九州の私の友人のお寺では、朝夕毎日ついているそうです。問題は釣鐘があるがために毎日定時に撞《つ》かねばならない、ということのようです。少しはサボってもいいじゃないかと思われるかもしれません。しかし、お寺の周りがすべて檀家さんであり、常に注目されている状況では、なかなかそういうわけにはまいりません。

あるお寺さんが、朝な夕なマジメに鐘をついておられました。すぐご近所に、たいそう親切な檀家のおばあさんがおられました。このお方は、鐘の音が一つ鳴る度に、ちゃぶ台の上に豆を一つずつ置く。そのようにして、毎日毎回しっかりと鐘の音の回数をカウントされておられました。そして、一つでも定例の数と違うと、さっそくお寺へ行かれご注進に及ばれるのです。「鐘の音が一つ足りませんでした」というふうに。このような話を聞いていた釣鐘の無い近くのお寺の和尚さん、皆で寄付致しますから鐘楼《しょうろう》（釣鐘）堂を建立しましょう、という檀家さん達の再々の申し入れに、ついに首をタテにふらなかったとか。

ある漁村を見下ろす高台にあるお寺さんがありました。その和尚さんは、まだ真っ暗な早朝に鐘をつくと、それを合図に家々の明かりが次々に灯っていく。そのさまを見るのがとても心地よいと言われていました。ゆかしく美しい風景ですね。

現代では、鐘の音は必ずしも歓迎されないようです。ある新興住宅地の中に寺が移転してくるという話がもちあがると、住民達がやにわに反対運動を始めた、という記事を見かけたことがあります。夜遅くまで働きヨレヨレになって帰り、やっと深い睡眠に入った未明。近くの寺の鐘や太鼓の音に起こされてはたまらん、ということでしょう。現代都市のライフスタイルにとって、寺の鐘は「騒音」でしかないのでしょうか。長年鐘を朝夕ついていたお寺さんが、「鐘の音がウルサイ！」と怒鳴りこまれ、やむなく中止した、という話も聞いたような。

一方でこんな話もあります。釣鐘のない市内のあるお寺へ、新たに住職に入られた和尚さん。日々修行と教化に精進され、檀信徒一同帰依のもと、鐘楼堂を建立されました。その年のお盆に、参詣の方々が次々に供養の鐘を打ち鳴らされました。しばらくして、付近の住民の方々が面会に見えたのです。和尚さんは、てっきり釣鐘の「騒音」についての苦情かと思われたそうです。ところが、「お盆にお寺の鐘が鳴り、とてもお盆らしい雰囲気になりました。ありがとうございます」という感謝のごあいさつだったのです。

わが寺の鐘楼堂は一九六七年に建立されました。鐘の音色は雅楽《ががく》の黄鐘調《おうしきちょう》だそうです。当初は「キーン」という甲高《かんだか》い音がしていました。それからほぼ四十年、徐々に音にまろやかさが出てきたようです。この鐘の銘文の一節に「傾耳殷々《いんいん》十八聲」（耳を傾ければ殷々《いんいん》と十八の音が聞こえる）とあります。仏教における十八とは、「迷いによる執着の種類。人を構成する要素の数、ひいては全ての世界。禅を学ぶ者の問いの種類」などとされています。当寺では、戦没者の追悼や大文字の送り火などの折に鐘をつく数としています。

「殷々《いんいん》」とは「音が盛んなさま」です。私には、鐘を打った後の消えゆく響きや余韻のような語感に思えます。鐘は響きが消えるのを確かめて十分な間をおいて打ちます。この銘文の作者は禅の奥義を極めた老師様ですから、鐘の響きに深い境地を想われたことでしょう。鐘の余韻に心が鎮《しず》まるようです。

この鐘が最も殷々と鳴るのは大晦日。普通は煩悩の数の百八で終わりですが、当寺は来た人全てについてもらいます。鐘つきは深夜に及び、元旦は早朝から勤行や参詣者の応対です。ふと、冒頭の「隠居…」の言葉が邪念のように浮かんできそうです。しかし、人々が一年の祈りを捧げ焚き火を囲んで和やかに語り合う。その風景はこの鐘がもたらすのです。鐘の銘文の最後に「萬戸心和致太平」

(多くの人々の心の和が平和をもたらす)という祈りのような言葉があります。

ああ、それにしてもお正月はネムイ…

二〇〇九年三月

四十二　菩提樹《ぼだいじゅ》

家からほど近い所にクリーニング店があり、そこにはとても気立ての良いかわいい学生バイトさんがいます。彼女はわが子の幼なじみで、私達の家族にいっそう親切にしてくれるのです。ついこの間ヨチヨチ歩いていたおさなごが、頼もしく成長してしっかりお仕事をしている。うれしいじゃありませんか。

ある時洗濯物を出しに店内に入ると、彼女はいつものようににこやかにあいさつをしてくれました。私はあいさつがわりにこう言いました。

「スイマセン、汚れきった私の心をクリーニングしてもらえませんか」

すると彼女は、「キャハハハハッ」と腰を折るほど爆笑しながらこう言いました。

「それは、奥さんか子どもさんかノンノ（愛犬）ちゃんでお願いします」

そんなにウケるとは思いませんでした。私は、それですっかり心のクリーニングをしてもらった気分になりました。

さて、私にはその女の子とは別に、心の洗濯をして下さる方があちこちにいます。その方達はひどく無口で、たいていちっとも言葉はかけてくれません。それでも、その肌にそっと手をおいたり、その姿をながめているだけで、何だか身も心も安らいでくるのを覚えます。また年をとられているほど愛着があります。時折風が吹いて「サワサワ」とささやくのを聞くのも心地よいものです。

もうおわかりでしょう。それは哺乳類《ほにゅうるい》の人ではなく、植物の木であります。とくに都市の中、奇跡のように巨木があったりするといっそう愛《いと》おしくてなりません。

ある日、植物園の温室の中、ふと足を止めた木がありました。高さは私の三倍はあったでしょうか。その下にたたずみ、その葉の、薄日を透《す》かした明るい黄緑色や、ハート形の先がスーッと流れるように長く伸びている形をながめていると、心が清々《すがすが》しくなごんでいくようでした。

名前はインドボダイジュ。これこそが釈尊がその下で坐禅をして悟りを開いた木で、仏教で菩提樹《ぼだいじゅ》といわれます。釈尊は悟りの後この木の下でこの上ない安らかさと穏やかさの境地を楽しんでいたそうです。インドでは仏教以前から聖なる木として尊ばれ修行者がその下で瞑想しました。ボダイとはインドの古語で悟りの境地。菩提《ぼだい》と漢訳され冥福《めいふく》の意ともされています。日本の寺院によくある菩提樹と称する木は実は中国産の別種で、葉の形が似ていて本物に見立てたといわれています。

禅宗では菩提樹は悟りの象徴とされています。菩提樹をめぐる二つの有名な詩があります。禅宗五代目の祖師弘忍《こうにん》の弟子、神秀《じんしゅう》と慧能《えのう》が師に対して自身の境地を表した詩です。

まずは神秀の詩。「わが身こそは悟りの木（菩提樹）　心は明鏡の台のようなもの　いつも努めてぬぐい清め　汚れをつけてはならない」。本来明るい鏡のような仏性に煩悩の汚れがつかないよう常にそうじをしなさい、という一見わかりやすい詩です。師はこれを「ただ入門しただけで、凡人はこの通り修行すれば堕落はしないが悟ることはない」と厳しく批評しました。

次に慧能の詩。「心こそは悟りの木　身は明鏡の台である　明鏡はもとから清らかで　どこにも汚れはつきはしない」。心はもとから悟りそのものであり、常に明鏡のようなわが心に汚れがつくはずもない、と文字の上では読めそうです。凡人をはるかに超えた達人の境地に思えてなりません。師は、神秀ではなくこの慧能に禅宗六代目の資格を与えました。

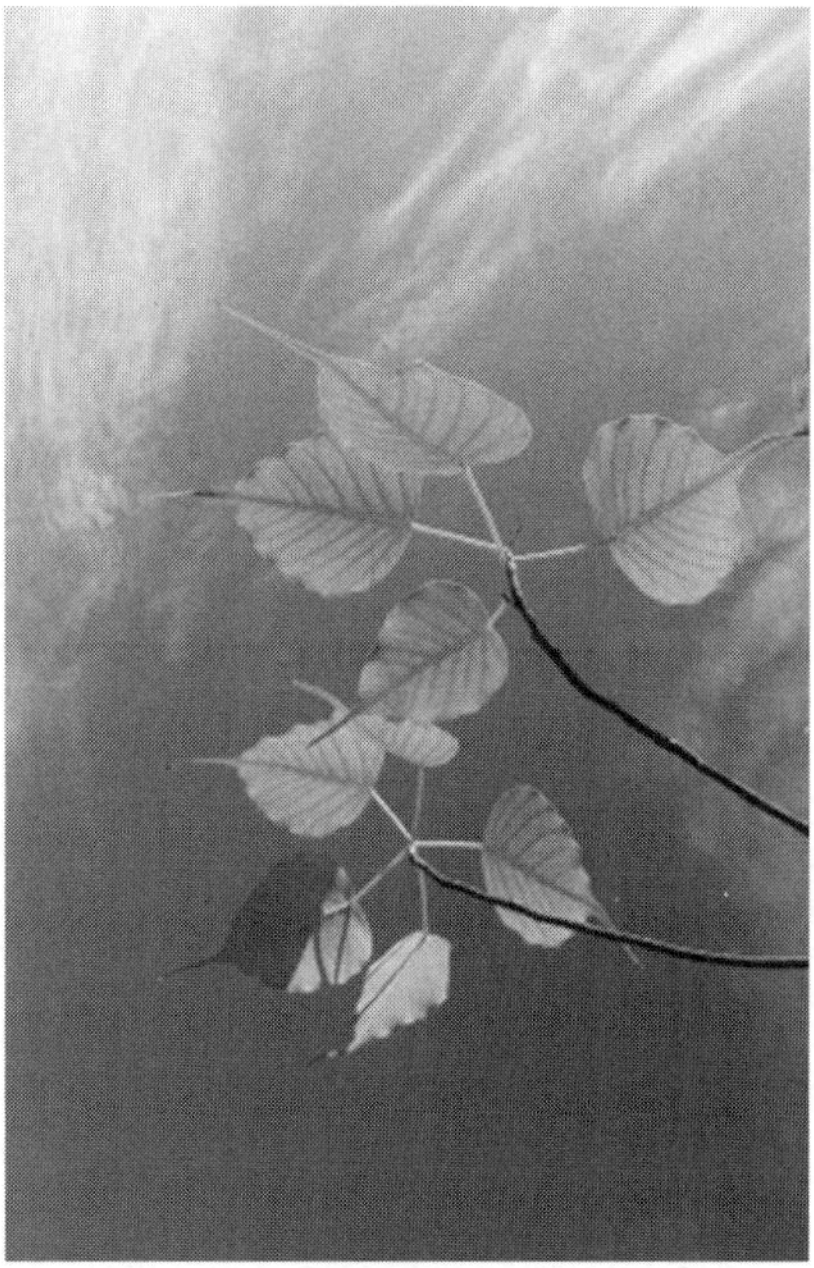
インドボダイジュ

以上の話は、慧能を祖師と仰ぐ後の人の創作であるとされています。慧能のライバルであった神秀の詩はことさら次元の低いものとして作られたのでしょう。ヘソ曲がりの私は神秀の詩の方に親しみをいだいてしまうのです。私は日々煩悩の汚れが心にたまり、再々お掃除をするしか救われようがありません。江戸時代の大衆的な書の中に、「心の垢《あか》を洗濯して日常快く清々《すがすが》しければ仏に近い」(『子孫鑑《しそんかがみ》』)という禅僧の言葉がのせられています。

先日、思いがけず懇意にしている方からインドボダイジュの鉢植えをいただきました。しばらくして樹勢が衰えたのを、その方の友人の探求心旺盛な庭師の青年が丹精こめて世話をし、みごとに復活させてくれました。

今わが菩提樹は、したたるようなみずみずしい枝葉を次々に伸ばし広げています。遠い国から苦難をこえてやってきた恋人のようです。ふと、こうささやきかけてみました。

「ああどうか、汚れた私の心をクリーニングしてください」

しなやかな若い木は、やさしくわずかに葉をゆらしたようでした。

二〇〇九年九月

Ⅲ　万里一空

スペイン国バスク地方の方々
［第四十六節　万里一空］

四十三　塔主《たっす》

私は墓場のそばで生まれ育ちました。そのためか、墓場がコワイとはさほど思えないのです。たとえば夕暮れ、靄《もや》がたちこめ苔むしたような古い墓石の並ぶ、ふつうならゾッとしそうな風景ほど、私にはむしろ心地よいのです。寺院出身のある高名な学者は、墓場の隣で生まれた自分の出生に早くから嫌悪を感じていた、と言われています。私も若い頃はそうでしたが、今はそうでもありません。

ある寺に親切な墓守《はかもり》さんがいました。墓地にお参りの方が来ると、いつも笑顔で「お参りやす」とあいさつをしました。来た人の顔を見るだけで墓の位置がわかったそうです。すぐさま水をくんでその墓に走って行き、墓石を磨くなどの掃除をして、清々《すがすが》しく墓参りができる準備を整えました。お参りの方々は、その寺の住職以上に、その墓守さんに感謝していたとか。

近年ある仏教教団が全国の檀家さんにアンケートをしたところ、寺との関係で何が一番大切かという問いに、親族の埋葬されたお墓が圧倒的に多い、という結果が出ました。先の墓守さんのエピソードはそのことを示しているのでしょうか。

ひどく荒《すさ》んだ心が墓守をするようになって立ち直った、という話があります。それは写真家星野道夫氏の著書『ぼくの出会ったアラスカ』にあります。

北米アラスカ先住民クリンギットインディアンのボブ・サム。仕事は墓守。彼は十代の終わりから二十代にかけてアラスカを転々とし、酒や麻薬におぼれるなど悲惨な時期をすごしました。背景には、先住民の若者が陥ることがある白人社会からの疎外感があったようです。彼は抵抗運動をして、凄《すさ》まじいリンチを受けて町から追放されたこともあります。

彼が故郷に帰ると、祖先の千年以上にわたる古い墓地跡で住宅建設が始まっていました。掘り出された人骨は草むらに捨てられ、たくさんの埋葬品は盗まれていました。ボブは毎日一人で墓地に来ては散らばった骨を土に戻していきました。やがてその行いが町で大論争をひきおこし、ついに住宅建設は中止されました。彼はその後も一人で黙々と草に埋もれた墓地をきれいにしていきました。

彼の心境は星野氏によってこう語られています。「ボブはその十年の歳月の中で、遠い祖先の人々と言葉を交わし、傷ついた心がゆっくりと癒されていったのだという」。彼のいとなみをじっと見つめていた古老達は、古い物語を語り継がせる語り部《べ》にボブを選びました。

そのボブさんの神話を実際に聞いたことがあります。東山の懐《ふところ》に抱かれた法然院《ほうねんいん》の夜の本堂でした。遠い昔、世界が暗闇《くらやみ》だった頃。一羽の鳥が火山に火を取りに行き、飛びながら次々に火を落として生き物達に命を与えて世界が作られたという話だったようです。彼の言葉はわからなかったけれど、遠い祖先が現れて語っているような厳《おごそ》かさがありました。

私の好きな彫刻に『墓守《はかもり》』という作品があります。明治時代の彫刻家朝倉文《あさくらふみ》夫《お》氏が、実在の墓守さんをモデルに作ったそうです。彼は起伏に富む人生を経て、子どもを残して死んだ娘の後生《ごしょう》を弔うために墓守になったそうです。彫像は粗末な服を着て、穏やかな笑みをたたえ、手を後ろに組んで立っている、懐かしいどこかにいそうなおじいさんのようです。人の生き死にをやさしく見守っているように見えます。ある方にその話をすると、その彫像の写真を送ってくださいました。時折それをながめると、不思議になごむような気がするのです。

江戸時代の高僧沢庵《たくあん》禅師は、自分の墓を作るなと遺言しました。しかし禅師の死後、りっぱな巨石の墓が作られました。高僧にとっては、教えや悟りという信仰そのものが大事なのであって、墓はどうでもいいのでしょう。しかし、故人を敬慕する人々にとっては、そのお墓こそよりどころになるようです。

禅宗の本山《ほんざん》の中には複数の塔頭《たっちゅう》という寺があります。塔とは「墓」、頭とは「その付近」。つまり高僧の墓のそばにそのお守りをするために建てられた寺が塔頭の起源です。そこで墓守をする僧を「塔主《たっす》」と言いました。それは現在、法階《ほうかい》（僧の位）を表す名目的な名称の一つになっています。住職の意の住持《じゅうじ》と得度したばかりの侍者《じしゃ》の中間ぐらいです。私の現在の法階は偶然この塔主です。

私のなりわいの本質は、結局墓守なのでしょう。境内に檀家さんのお墓があり、そのお守りがわが寺の基盤ですから。威厳ある本来の塔主のようにはまいりませんが。墓守にはツライことがあります。死の悲しみがあって墓があるのですから。それでも、幽明《ゆうめい》の境のような黄昏時《たそがれどき》にわが寺の墓地にたたずむと、ふと私に安らぎがもたらされることがあります。

昔おさなごを亡くしたことをたいそう悲しんでおられたあのおばあさんは、先ごろ亡くなられ、今ごろ再びわが子を胸に抱かれているんだろうか、などと想ったり…

二〇一〇年三月

四十四　諷《ふ》経《ぎん》

私はたまにデパートへの運転手を家人から頼まれることがあります。お世話になった方への贈り物をする時などです。家人が用事を済ませる間、しばしの楽しみは「デパ地下」をフラフラすることです。さまざまに美味《うま》きものがあふれ、中でもそこには私の恋人達がいます。キヨミ、ハルミ、キヨホウ…それはめったにお見かけすることのない高級クダモノさん達です。「あぁ、あの憧れのマスクメロンさんは、ツンととりすましてりっぱな桐箱にはいったはる」などとため息をつきつつ観察はするけれども、まず買うことはありません。たいてい立ち飲みジュースコーナーでフルーツジュースを飲んで終わるのです。

ある時、そのジュースを飲んで元気を得てふと思い立ち、階段をゆっくり登り始めました。何だか高い所へ行きたくなったのです。人気《ひとけ》のない静かな階段を少しずつ登っていくと、何ほどか瞑想しながら浄化されていくような気分になりました。

屋上に出ると、そこはデパートにおいて最も人口密度の低い所でしょう。以前は小さくても華やかな遊園地があったりしたものでした。今は片隅にゲームコーナーがあるくらいでひっそりとしています。地階で美味《うま》きものにクラッとき て、一階で案内係のキレイなオネエさまなどにクラッとしてしまう。そんな地上付近の私の欲界《よくかい》のありさまから離れ、天上界《てんじょうかい》に至ったような心地がしました。確か東南アジアの仏塔に同様の構造がありました。どこまでも煩悩《ぼんのう》にまみれている私には何の説得力もありませんが。

眼下には道行く人や車がアリのような小ささです。遠くへ目をやると、なだらかな東山の麓《ふもと》に寺々の瓦屋根、大文字山《だいもんじやま》、北東に聳《そび》える比叡山《ひえいざん》、霞《かす》むような北山、北西にどっしり構える愛宕山《あたごさん》。その山並みに囲まれた京の街、御所《ごしょ》や寺社の緑があります。

その風景を眺めるうちに、なぜか般若心経を唱えてみたいという気持ちにかられました。場所柄やや低い声でゆっくりと唱えてみました。地上から数十メートルの場所ですからほどほどに風もあり、自分の声、私自身が、風に乗って広がるような清々《すがすが》しさを覚えました。

同じようなことを船岡山《ふなおかやま》でもしたことがあります。旧市街の北方にあり、平安京を造営した時に、その中軸の基準にしたと推測される小高い山です。その頂上にいたのは暮れなずむ黄昏の頃。灯りがチラチラつきだした京の街並みが南方の眼下に望まれました。誰もいないそこで、般若心経を唱えました。そよ風に吹かれながら、私の声と共に私自身が、深まる闇のなかで明かりを増す街にしみいっていくようです。ふだんはさまざまな多くの葛藤があるように思える街が、愛《いと》おしくさえ感じられました。

私はずっと若い頃、読経があまり好きではありませんでした。とても陰気な雰囲気を「お通夜のようだ」と言います。そのお通夜で行われるのが読経です。読経というと悲しい死の暗いイメージしかもちあわせることができませんでした。

それが、何度も何年も読経するうちに、いつしか別のイメージが私の身の内に生ずるようになりました。それは安らぎに似た感覚でしょうか。とくに子どもの頃一番初めに覚えた般若心経にはそう思えることがあります。初めは陰気な許嫁《いいなずけ》に思えた人が、いつの間にか親しい生涯の伴侶になっているような。

禅宗ではしっかり声を出して読経することを「諷経《ふぎん》」と言います。諷の意は「そらんじる」。字の成り立ちは「言《ことば》」の「風」。私はこの頃諷経をしていて、まさにわが声が風になって広がるような、風が身の内を通り過ぎて行くような心地よさを味わうことがあります。

ひと頃大ヒットした歌に『千の風になって』があります。

「私のお墓の前で　泣かないでください　そこに私はいません　眠ってなんかいません　千の風に　千の風になって　あの大きな空を　吹きわたっています」

（千の風になって　訳詞：新井満）

この歌詞はアメリカの英語詩が原作です。妻の友人で翻訳家の菅沼裕乃《すがぬまひろの》さんは、原作の表現に「吹きわたっている命としての風」を感じると言われていました。「吹きわたっています」は原詩では「blow」。この語には息を吹くという意味もあるようです。私が諷経で息を吹いて、それを風のように思うのは、まんざら妄想でもないのかもしれません。

お墓参りをする方に、この歌はふさわしくないのではと思っていました。ところがある日、お墓の前で、お墓に水をかけながらこの歌を朗々と気持ちよさそうに歌われていたご婦人がおられました。その方にとってこの歌こそ、供養の祈り、諷経だったのでしょう。

私の墓の前で泣く人はいないかもしれないけれど、いつか千の風になって大空をふきわたってみたいなあ。

二〇一〇年九月

四十五　弥《み》綸《りん》

「ミイラになってないか？」

昨年の九月初め、福岡県の友人からメールが送られてきました。ふと、エジプト展で展示されていたミイラを思い浮かべました。数千年前のもので、体を丸め激暑の砂漠で乾ききってカツオブシのようなありさまでした。私が砂漠に捨て置かれたら、あっという間にこんなふうになるんだろうなあと思ったものです。「鳥ガラ」というあだ名を友人からもらうほど肉の薄い体でありますから。

昨夏は観測史上最高の全国的な猛暑で、特にあの日の京都の予測最高気温は三十八度を超えて全国一でした。そんな折、友人は半ば冗談で半ばは心配して連絡をくれたようです。そんな熱暑のさなか、友人の小林さんに山中での滝行《たきぎょう》に誘われました。

京の北西に聳《そび》える愛宕山《あたごさん》の麓《ふもと》。嵯峨の奥、車が一方通行の狭いトンネルを抜けると清滝《きよたき》に到ります。そこは別世界のような緑深く水清く奇岩多い渓谷です。古来、螢飛びかう文人の納涼の地でありました。今もゲンジボタルの生育地です。梅雨の夜、深い渓谷の闇に、近く遠くその光の明滅するさまは、まるで星降るように幻想的です。

日頃から親しくさせていただいている小林さんご夫妻は、この地の古民家を再生してギャラリーテラを開かれました。そこから三十分ほど歩いた愛宕山中腹に空也滝《くうやたき》があるのです。昨夏この滝に打たれた小林さんは、大変爽快になりとても元気が出たそうです。

近代以前の愛宕山にはいくつもの寺院があり、山中は修行場でありました。そのふもとの清滝は、参詣の人々が清涼な川で罪や汚れを洗い清める垢離場《こりば》でもあったのです。空也滝は、平安時代に京の街角で庶民に念仏をすすめた空也が、ひと頃山中修行した事跡にちなんでいるといいます。

滝行の一行は、家人とその友人達十人ほど。私以外は皆女性ばかりでした。ゆるやかな坂の道をしばらく歩いて、途中からやや険《けわ》しい細い山道をたどるとヒンヤリした冷気が漂い始めました。間もなく霊妙な岩壁に空也滝が現れました。滝は意外に豊かな水量を、布を広げるように落としています。

皆、ほぼTシャツと半ズボンというそのままのかっこうで嬉々《きき》として次々滝に打たれました。私も恐る恐る試してみたのですが、冷たさに一瞬息もできないほどで、すぐさまやめてしまいました。「お坊さんが一番短いじゃないか」と言われてしまうていたらく。スイマセンねえ、身も心もうすっぺらな男なもんですから。

しばらくして体の冷えがとれ、再度挑戦すると、冷水になじんできたのか合掌して滝打ちのカタチが何とかとれました。私には、滝に打たれた後がずっと心地よいものでした。全身ずぶぬれになり、暫くすると水滴が次々に蒸発して、それと共にわが身が軽くなり空中へ広がっていくような、不思議な清々《すがすが》しさを味わえました。

最後に皆に配った般若心経の経本で滝に向かい共に読経しました。そこに通りかかった学生の一行は「何だか怪しげな宗教団体？」とでも思ったのか、ややひいてながめているふうでありました。読経しながら上を見上げると、滝の本流から細かな飛沫《ひまつ》が空へ漂い、私と皆の声がそれに乗って広がっていくように思えました。

空也上人には鎌倉時代の一見奇妙な像があります。開いた口から南無阿弥陀仏《なむあみだぶつ》の一文字ずつに対応した六体の仏が空中へ出ているのです。以前はこの像について、何だかフシギな遠い奇跡、というふうにしか思えませんでした。それが近頃、あれは仏の名を唱えることの瞑想《めいそう》のような心地よさをあらわしたものかもしれない、と思えてきたのです。上人は愛宕山中で坐禅修行をしたとも伝えられています。上人が参籠《さんろう》した月輪寺《つきのわでら》の名前の由来になった鏡に「仏の智慧の大いなるまどかな鏡はあまねく広がり続ける」という意の漢文が刻まれています。「広がり続ける」という意の原文の漢語は「弥綸《みりん》」です。

私の修行中、老師様がこの言葉を示され、「宇宙いっぱいのおまえになるのだ」と、とうてい私には不可能なことを語られたことがあります。禅堂で坐禅中に、ふと私自身が堂内いっぱいに広がるような満ち足りた心境になることもありましたが。

空也滝からの帰り道、娘の友人が今取り組んでいる絵画作品についてひとしきり熱く語りました。そのテーマは矛盾し葛藤する人の心。模造紙にクレヨンで描き何百枚と張り継いで、大学の広い体育館いっぱいにまで広げるそうで、まさに〝弥綸〟を描くようです。

体もすっかり乾いてほどよく空腹になった頃、小林さんのギャラリーに戻りました。そこで小林さんご労作の竈《かまど》でたいたご飯と味噌汁をいただきました。むっくりとした優しい味わい。身と心の宇宙にしみわたる、それこそ〝弥綸〟のようなごちそうでありました。

二〇一一年三月

四十六　万里一空《ばんりいっくう》

初秋のすがすがしい午後、スペインの颯爽《さっそう》とした剣士が数名わが寺を訪れました。

居合道《いあいどう》師範の檀家様の山上恭司《やまがみたかし》さんのご紹介でした。彼らはかの地で居合道を習っている方々です。この度来日して山上さんのご指導を受ける中で、当寺で坐禅を体験することになったのです。居合道とは、実践的な日本の剣術を伝承する武道で、一人で真剣を持って剣術を表現します。その時に想定する敵とは〝自分自身〟である、という山上さんの言葉に感銘を受けました。敵を倒す術から自らを深める道へ発展したのでしょうか。

剣の達人といえば宮本武蔵《むさし》を思います。子どもの頃テレビで見た吉川英治《よしかわえいじ》原作のドラマに毎回ワクワクしたものです。武蔵役は高橋幸治《こうじ》さんで質実剛健、無骨《ぶこつ》で生真面目《きまじめ》な野武士風。ライバルの佐々木小次郎役は、ヤツしたダテ男風の山崎努さん。ドラマとしての演出でしょうけれど、キャラクターが対照的な二人でした。

私はスペインと聞いて、フラメンコ、闘牛、情熱的で華やかなラテン系、というイメージをもちました。どちらかというと、あの謹厳実直な求道者の武蔵より、華やかでハデな小次郎の方かと。さぞかしにぎやかなノリで来られるのではないか、と思い込んでいました。

ところが、来られたスペインの方々は、黒い袴《はかま》の道着《どうぎ》をきっちり着こなし、もの静かで折り目正しい日本の古武士のようでした。印象としては完全に武蔵の方です。

後日わかったことですが、スペインは多民族で私が応対した方々は北方のフランスに隣接するバスク地方の人達でした。バスク人の気質は、とても真面目で規律正しいそうです。来訪された方々の中で、長身に彫りの深い顔立ちでドレッドヘアのボルハさんは、誠意と静謐《せいひつ》さのある好男子で、お手伝いいただいた女性陣の一番人気でした。

このバスク出身のイグナティウスは、十六世紀にカトリック教会の改革をめざしたイエズス会を創立しました。彼は内省的で確固とした意志をもつバスク気質で、『霊操《れいそう》』という修行の手引書を著しました。この書に基づくイエズス会の修道生活は、厳しい規律や沈黙が守られ禅道場に似ているそうです。バスクから来られた方々に感じた雰囲気の遠い背景に『霊操』があるのでしょうか。

その皆さんと坐禅をする前に、仏前で焼香をしてもらいました。作法は私が示しましたが、彼らの姿勢と所作には荘厳なほどの美しさがあります。どこか懐かしいものがあり、内心の美が現れているようです。次に彼らとひと時の坐禅をしました。足長の西欧人には苦手かと思いきや、違和感なく身じろぎもせず真剣に取り組んでいます。しばらくすると、私が彼らにもっていた何がしかの構えが徐々にほぐれ和らぎ、ふとわが身と心が彼らと溶け合い広がるような心地よさを感じました。迷いを氷の固まりに、仏を溶けた水に譬《たと》える祖師の言葉を思いおこします。

宮本武蔵は晩年禅僧に帰依し、山中洞窟で坐禅修行して生涯の武道の見解『五輪書《ごりんしょ》』を著しました。水のような境地を良しとし、心を静かにゆるがせて固まることがないよう努めるべきだと言います。同時代の沢庵《たくあん》禅師も「本心《ほんしん》は一ヶ所に留まらず水のように延び広がる心、妄心《もうしん》は思いつめて一ヶ所に固まる心」だと言います。武蔵が到達した境地は「万里一空《ばんりいっくう》」と言われています。彼自身は明らかにしていませんが、字義通り解釈すれば、果てしない世界をただ一つの「空《くう》」という仏教の見方をすればよい、ということでしょう。「空《くう》」とは、すべての現象は因縁《いんねん》によって夢幻の如く生滅《しょうめつ》するという教えです。水の境地をいっそう大きく展開したのでしょう。

来日の方々との坐禅の後、皆で抹茶を飲み、毛筆で各々の名前を書き、枯山水の庭の砂に波の線を引いてもらいました。後日、皆さんから「あのお寺のファミリーの応対がとてもよかった」という感想をいただきました。「ファミリー」とは、丁寧に英語通訳をしていただいた檀家さんのお嬢さんの山上公実《ひろみ》さん、抹茶をおいしくたててもてなしていただいた友人の長谷川順子《よりこ》さん、そして私の妻です。

来日の方々の中に日本人の奥さんがいる男性がいました。彼は折々に丁重にお辞儀をしながら「アリガト　ネ」と言いました。その「ネ」という響きが、彼の神妙なしぐさと対照的にとてもチャーミングでした。彼は、日本を遠く離れて暮らす奥さんにとても優しいのでしょう。そして奥さんはいつも彼に優しく「ありがとうね」と言っていて、その語感がしみついているのではないでしょうか。

武蔵の「万里一空」の境地ははかりしれませんが、万里の波濤《はとう》を超えて来日した方々との美しい夢のようなひと時に、心が延び広がる思いがしました。当日のすべての方に深く感謝を申しあげます。〝アリガト　ネ〟

二〇一一年九月

四十七　過貪等《とかとんとう》を離《はな》るるを宗《しゅう》とす

「あなたはお坊さんとして悔しいでしょう」

お医者さんは私にそう言われました。

ことの起こりはある朝目を覚ますと、ケガをした覚えもないのに、右足の親指の付け根がひどく痛み赤く腫《は》れていたのです。一歩一歩の歩行にも、車の運転でペダルを踏み込むのさえ、いちいち激痛がしてたまりません。

これは状況からしてもしや痛風《つうふう》ではないかと、その専門の診療科に駆け込んだのです。医師は患部を見るや、「ほーっ、りっぱなもんや」と言われつつ懇切丁寧に痛風についてご説明されました。そしてやはり、りっぱな（？）痛風であるという診断を下されました。

痛風は俗にぜいたく病と言われ、肉や酒など、高価で美味《うま》きものを貪るというイメージがあります。ところが、私はコップ一杯のビールでも顔が真っ赤に酔いすぐ眠くなり、食物もお惣菜系が好み。体型もやせ形。ビールと肉をガンガン飲食して大きく豊かな腹の男性という痛風発症の典型からほど遠いタイプです。

冒頭の医師のお言葉は、私の食生活と僧という立場をふまえ、優しき思いやりをいただいたというわけです。私の痛風の要因は食物より体質によるものだそうで。

ある知人の寺の息子が市内に下宿していて再々わが家で食事をとることがあ

りました。彼はその内容の傾向について、「あんたとこのオカズは肉が少ない」と批評していました。寺の子が肉が少ないというのですから、いっそうわが家の食生活は動物性たんぱく質が僅少《きんしょう》だったのでしょう。祖父は小僧育ちのせいか「ワシは四つ足は食わん」と言って、わが家の食肉は専ら魚と鶏でした。昔は一般に肉食といえば四足獣をさしていた傾向もあったようです。私は学生の折、学生食堂で「あっさり定食」なるものを好んで食しておりました。内容は冷奴《ひややっこ》・味噌汁・納豆です。近頃「肉食系男子」「草食系男子」なる分類があるようで、私は文字通り後者でしょう。

そもそも戦前まではわが国では痛風という病気はほとんど見られませんでした。戦後牛豚の肉食を多くするようになって急速に増加しました。古来肉食を普通にする西欧では、科学者ニュートンなど有名人も痛風に悩んでいたそうです。西欧では「牛や豚は人間に食べられるために神様が作られた」という通念があったようです。日本ではなぜ肉食が普及しなかったのでしょうか。

江戸時代は元禄の頃、大阪の有力農民河内屋可正《かうちやかしょう》が魚鳥の肉食を戒め「仏教の書に殺生の罪は甚だ重く地獄の因果を招くと説く」と言っています。このような仏教的教説は古代以来再々説かれてきました。肉食禁忌《きんき》が最高潮に達したのは江戸時代で、人々の身長が著しく低くなったとか。また、日本の政権は米を納税の中心とする政策を進め、肉食を排除・差別化してきた歴史があるという説もあります。

仏教では、いかなる生き物も殺傷しないという不殺生の戒律が肉食の禁止と関連して説かれています。ただ、殺人の否定を強調したので、動物の不殺生は厳格には適用されなかったようです。お布施の肉は僧も食べてよいなど、肉食については多様な解釈があります。

日本は明治以降の欧米化で肉食も特異なことではなくなり、戦後はいっそう普通になりました。その中でわが宗門の道場では、今でも食事は菜食です。私は修行中栄養失調になるんではないかと恐れていましたが、よく体を動かしていたせいかむしろ大変健康でありました。

私の痛風発作がおこる直前の食生活を思い出すと、妻が口内炎でものがよく食べられず、残り物を半ばもったいなく半ば欲にまかせガンガン食べていました。それからほどなくあの激痛が起こったのです。

高僧夢窓《むそう》禅師は「飽食して安眠し気ままな者は、衣かけ・飯袋《めしぶくろ》のようなくだらんヤツで僧とは言えない」と厳しく戒めておられます。道場で食事の前に読む「五観文《ごかんもん》」という五か条の誓いの中にも「過貪等《とかとんとう》を離《はな》るるを宗《しゅう》とす」（多く貪らないように心がけよ）とあります。私の突然の激痛は、愚かな貪りの罪への仏祖《ぶっそ》の罰なのでしょう。

また、五観文の第四条には「この食事は良き薬として体の衰えを癒すためである」とあります。昔でも、養生の薬という名目なら肉食が僧に許されていたそうです。私も疲労困憊《ひろうこんぱい》の折など、お肉をいただきたい煩悩がわいてくることがあります。

昨今、「しっかり金を払って食うのなら、〝いただきます〟という必要はない」と思う人が増えているそうです。それは仏教の考え方でないのは確かでしょう。五観文の第一条には、「この食事についての人の苦労や材料の来たるところを思うべきだ」とあります。あらためて、〝いただきます〟にこめられた感謝の祈りの深い意味を想います。

南無《なむ》牛《ぎゅう》豚《とん》魚《ぎょ》鶏《けい》菩薩《ぼさつ》　合掌

二〇一二年三月

四十八　大悲呪《だいひしゅ》

南無《なむ》喝囉《から》怛那《たんのー》　哆囉《とら》夜耶《やーやー》　南無《なむ》阿唎耶《おりやー》…

宗門外の方には何のお呪《まじな》いかと思われることでしょう。『大悲呪《だいひしゅ》』というお経の初めの部分です。

実はわが宗門では、一般によく知られた般若心経よりこの『大悲呪』を読むことがずっと多いのです。般若心経はご本尊へ捧げる祈りとして、『大悲呪』は故人の冥福への祈りとしてよく読みます。

その文字数は般若心経よりやや多いくらいで、ゆっくり読んでもほぼ十分足らず。宗門の先輩の話によると、昔は禅僧の葬儀はこのお経を一回読むだけで済ませたそうです。また一般の方のお通夜で、ある禅僧がこのお経を一回だけ読んで終えられたことがあり、遺族にはずいぶん不評だったという風聞を耳にしたことがあります。禅宗は「見性成仏《けんしょうじょうぶつ》」（自己の本性をさとって仏となる）をモットーとするので、死後についての儀式は他宗より簡素にする傾向があるようです。ただ、一般の方への読経は状況に応じて行うほうがよろしいようですね。

私が修行道場に入門した直後、『大悲呪』の暗唱を先輩からわれわれ新米修行僧に課されたことがありました。ほぼ覚えていたつもりでしたが、改めてテストをされると、私も他の同僚もところどころ飛ばしたり繰り返したり。「お前達は将来このお経を読んでお布施をいただくんだ。プロとして絶対に間違うな」と厳しくしかられ、完璧に暗唱できるまで日々深夜に及ぶまで何度も試験をされました。午前四時起床で日中は托鉢や境内での重労働で、意識朦朧《もうろう》として唱えておりました。

そもそも日本人が読む仏教の経典は、たいてい古いインドの言語で書かれた原典を中国僧が漢字に翻訳したものです。その中に二種類あり、一つは文章の意味を中国語に訳した般若心経などの漢訳仏典。もう一つは陀羅尼《だらに》という呪文のようなお経で、原典の発音をよく似た発音の漢字にあてはめて音訳したものです。これは音そのものに神秘的な威力があり、また言葉にあらわせない深遠な意味があるとされ、あえて漢訳されなかったのです。般若心経の末尾の「羯《ぎゃー》諦《てー》」以降は陀羅尼です。

『大悲呪』の正式名は『大悲円満無礙神呪《だいひえんまんぶかいじんしゅ》』。「大いなる悲《あわれ》みの円満で自由自在に融通《ゆうづう》して障《さわ》りのない神秘の祈り」という意で、「神呪《じんしゅ》」は陀羅尼と同義。「呪《しゅ》」は〝呪《のろ》い〟ではなく〝祈り〟という意です。大悲呪は、『千手経《せんじゅきょう》』という経典の中にある陀羅尼です。『大悲呪』の功徳について観音様が説かれているのがこの『千手経』なのです。よく用いられる喩《たとえ》として、『大悲呪』が薬なら『千手経』はその効能の解説書というわけです。

『千手経』には実にさまざまで詳細な功徳が説かれています。たとえば腹痛の時、「朝一番にくんだ井戸水にきれいな塩の結晶を入れ、『大悲呪』を二十一回唱えて飲めばすぐ治る」とあります。また夫婦仲について、「水と火のように悪い場合は、オシドリの尾を取ってきて観音像の前で、『大悲呪』を千八百回唱え、それを身につけていれば夫婦でいることを生涯喜び、互いに愛し敬うことになるであろう」とあります。唱える回数がひときわ多いのは、難問であることを示しているのでしょうか。よければ一度お試しあれ。

『千手経』じたいをわが宗門で読むことはありません。その中の『大悲呪』のみが古くから読まれてきたのですが、その理由は不明なようです。『千手経』の「山野で読経し坐禅している時に、物《もの》の怪《け》に悩まされ心が安定しない者は、『大悲呪』を唱えれば物の怪は身動きできなくなる」「地獄等の苦しみの世界にいる者が『大悲呪』を聞けば皆苦しみから救われる」というあたりが、禅の修行や死者の供養に対応するところでしょう。『大悲呪』の日本語訳を要約すると、「すべての怖れから守り、迷いの世界を浄化し、貪り・怒り・妄想による心の害毒を除かんとする、慈悲深く偉大な観世音菩薩の聖なるお祈りを捧げる」となります。

今年の春に修行仲間のひとりが急逝しました。たいそう驚き、初めは間違いではないかと思ったくらいです。彼は俊敏にして明朗活発で侠気《おとこぎ》があり、みなが頼りにもしていた人です。

彼が住職をしていたお寺に仲間達と弔問に行きました。お寺は石段を数十段登った高台にあり、境内に大木がそびえ本堂の背後は深く茂った森です。お母さんは生前の彼について、「腰が痛い痛いと言いながらよく掃除をしてお寺を守ってくれました」と嘆きつつ語られていました。彼の奥さんと、学生と幼児の息子さん達に応対してもらい、仲間達と『大悲呪』を読みました。目の前に、彼らしく端正に衣を着て颯爽《さっそう》とした遺影と、すっかり小さくなった遺骨がありました。
やるせない思いを、ひたすら何ものかにゆだねるほかありませんでした。
読経の声に、大いなる悲《あわれ》みの祈りに。

二〇一二年九月

四十九　消災呪《しょうさいしゅ》

あかいめだまの　さそり　ひろげた鷲《わし》の　つばさ
あをいめだまの　小いぬ　ひかりのへびの　とぐろ
オリオンは高く　うたひ　つゆとしもとを　おとす
（『星めぐりの歌』作詞・作曲　宮沢賢治）

この歌は私の唯一の愛唱歌です。さそり座から始まり、二番の北極星を含むこぐま座まで星座をめぐる素朴な歌で、何度歌ってもあきのこない不思議な魅力があります。

凍《い》てつくような冬の日の私の一番の楽しみはオフロです。湯船にゆっくりとひたり、こわばった心身が和らいでいく至福のひと時。その折によく歌うのがこの歌です。浴室は声がよく反響し、いっそう気分がよくなるようです。ところが家人の反応は「変な声が聞こえる」というもので、自分は心地よくても聞く者にはまったく不快なようです。

ある時妻子と山の麓《ふもと》に行き、大地に仰向けになって満天の星々を見ながらこの歌を共に歌ったことがあります。夜空に身がしみわたり広がるような楽しい心地がしました。

この歌は、宮沢賢治の童話『ふたごの星』にあります。毎日夜空で歌われるこの歌に合わせ銀の笛をふくふたごの星。ひと夜の夢のような、星々の罪と救いやゆるしのお話。賢治二十二歳の作です。

この年の六月彼は友人への手紙で生涯信仰を貫いた『法華経《ほけきょう》』について、「(経文の字の)一一《いちいち》の中には私の三千大千世界《さんぜんだいせんせかい》が過去現在未来に亘《わた》って生きているのです」と熱く語っています。法華経は諸経の王と言われる代表的な仏典で宗派を超えて尊ばれ文化にも多大な影響をもたらしました。とくに賢治がすすめるのは次のような内容です。「仏は柔らかな言葉でさまざまなたとえや手段で我々を喜ばせ導き、美しい音楽で仏を供養し歓喜の心で仏を讃えることも仏道である。仏の命は永遠で、無数の命を救いその智慧《ちえ》の光は無限である」。

賢治は二十二歳で肋膜《ろくまく》を病んでおり、その年の七月に彼の友人は、賢治が「私のいのちもあと十五年はあるまいと。淋しい限りなく淋しいひびきを持った言葉を残して汽車に乗った」と証言しています。彼は本当にその十五年後に亡くなりました。

その二十二歳の八月に処女作の童話『ふたごの星』を弟妹に読み聞かせ、「赤黒く日焼けした顔を輝かし、眼をきらきらさせながら、これからの人生にどんな素晴らしいことが待っているかを予期していたよう」だったと弟さんが回想しています。命の限りをつきつけられた絶望から、永遠の仏による柔らかな救いの歓喜へ。その中でこの童話と歌が作られたと思われてなりません。私はこの歌を歌うと、愚かに凝《こ》り固まった心がひと時なごやかにのびやかになるようです。賢治の信仰の久遠《くおん》の仏の光にしばし照らされるからでしょうか。

わが宗門に、〝星への祈り〟とも称される短いお経があります。前回述べた陀羅尼《だらに》の一つで、全文の音だけをあげておきます。

ナムサマンダー　モトナン　オハラチイ　コトシャー　ソノナン　トージー
トー　エン　ギャーギャー　ギャーキーギャーキー　ウンヌン　シフラー
シフラー　ハラシフラー　ハラシフラーチシュサー　チシュサー　シュシリー
シュシリー　ソハジャー　ソハジャー　セチギャー　シリエイ　ソーモーコー

意味はほぼ次のようです。「一切の諸仏に帰依致します。虚空よ、破壊したまえ。大いに輝きたまえ。とどまりたまえ。星よ、現れたまえ。平和の栄のために。幸あれ」。

経名は通称『消災呪《しょうさいしゅ》』。ご本尊に捧げる勤行では般若心経の後にこれを三回唱えます。『消災呪』は、星々による災いを消し幸いをもたらすとされています。背景には星の動きが運命を決めるという古来の思想があるようです。また、熾《し》盛光仏《じょうこうぶつ》という眩《まばゆ》い光を放つ仏が天体を導き、星々の光はこの仏の光であるとされています。『消災呪』はこうした仏としての星への祈りであるようです。禅宗では、これを一心に読誦《どくじゅ》してお経と一体となれば、全身に光明がみなぎり災いの気を焼いて安らぎの境地を得るとしています。

古来仏教では〝光〟を仏の智慧《ちえ》・慈悲の象徴とし、法華経でも仏の光が世界を遍《あまね》く照らすと説きます。宮沢賢治も星を仏の光として、そこに安穏《あんのん》の境地を見出したのでしょう。

あるひどく冷え込んだ冬の夜。庭に出ると冴《さ》え冴《ざ》えとした天空《てんくう》高くオリオン座が見えました。台形の四ツ星の中に三ツ星の形です。

星々を仰ぎ見ながら『消災呪』をゆっくり唱えてみました。わが身に光明が満ちてくるというわけにはまいりませんが、読経の声と共に星の光が瞬《また》き輝きを増してくるような荘厳《そうごん》さを夜空に感じました。それから「星めぐりの歌」を口ずさんでみました。天空の厳《おごそ》かな光が和らぎ親しみを増してくるようでした。

そばにいた愛犬如如《ノンノ》は、ただキョトンとしているばかりでありました。

二〇一三年三月

五十　ZEN《ぜん》でいましょう

　私が初めてフランス人に会ったのは、子どもの頃、わが寺の本堂でした。悪戯《いたずら》で本堂の柱によじ登っていた時、外人の紳士が突然入ってきて、「オオ、ゲンキイイデスネ」とにこやかに日本語で声をかけてきたのです。そして枯山水の庭を珍しそうにしばし眺めていました。応対した祖父によるとフランス大使館の方だったそうです。

　ある法要の折、檀家さんの親族でフランスで生まれ育ったという女の子に、よく耳にするフランス語のあいさつで「ボンジュール」と声をかけました。するとその子は、「ノン、ノン」とたしなめるようなそぶりをして、鼻から抜けるような発音で「ボジュー」と言いました。「ン」と「ル」は発音しないようです。フランス語の発音は映画などで耳にするだけですが、風にそよぐ葉擦《はず》れの音や谷川のせせらぎの音のように聞こえます。

友人がフランス人の方々を連れてきたことがあります。ご一行の中に大学教授がおられて、専攻は教育学で「生きる意味」を研究されていると言います。彼女にこの寺で故人を遺族が偲《しの》ぶ儀式があると話しました。年忌法要を説明したのです。すると彼女は、「それはすばらしいことだ」と言いました。かの国ではそのようなことは行われないそうです。異文化の方に評価されるのは意外でした。

最近お会いした水墨画の先生は、若い頃留学したフランスのパリの風景が、日本とはずいぶん異質に見えたそうです。たとえば、チューリップの花が乾いた空気の中で、とても鮮やかに「パチッ」と咲いている。日本は、湿気の中で何かモヤモヤとしていることが初めてわかったと。

私の敬愛する作家の遠藤周作氏もフランスに留学し、現実のかの国の精神に違和感を強くいだいたそうです。彼らの神とは人から厳格に隔絶した存在で、自然も人と明確に区別して考えるようでした。日本独特の感性は、明確な区分を嫌い「すべての物の境界を曖昧《あいまい》にぼやかせてしまう湿雨」のようだそうです。

かつてキリスト教が圧倒的だったフランスに、現代では多様な宗教が流入し、禅宗もその一つだそうです。数年前あるテレビ番組で、フランスのパリの若者達が、「ゼンでいましょう」（スワィオン　ゼン　Soyons zen）という言い回しをよくするというシーンがありました。「ゼン（zen）」は「禅」のことで、「おちついた心」という意に用いられるようです。そんなことも何だか不思議な話で、いずれにしてもフランスは、私の日常から遥かに遠い異国に思えていました。

近年、パリから来日した若く美しい女性と親しくなりました。彼女は日本文化を学びに来たのです。彼女の話によると、「ゼンでいましょう」は、本当にごくふつうに会話で用いているそうです。例えば口論をして興奮した時に、ふと我に返りこの言葉を言ったりするそうです。彼女からもらった絵葉書に、湖と高原の爽《さわ》やかな写真があり、そこにフランス語で「私のアルプスでのバカンスがゼンだ」と書かれていました。「ゼン」には、安らぎや憩いという意味合いもあるようです。

本来の禅の究極の境地とは、何年もの刻苦勉励《こっくべんれい》の坐禅修行の果てにやっとたどり着くべきものでしょう。日常の「落ち着き」や「安らぎ」などという安易な心境とはおよそかけ離れたものと思われます。しかしながら、「ゼンでいましょう」から次の慧能《えのう》禅師の言葉を思いおこしました。「何を坐禅というのか。この法門に入るのに何の障害もない。外部のすべての善悪に対して思いが起こらないのを坐といい、心の内に仏の性質を見て揺るがないことを禅という」

禅が日常から全く隔絶している境地ではなく、ふだんの「落ち着き」や「安らぎ」をずっと深化し純化した末にあることを示しているように思えるのです。それは私の大変な見当違いかもしれません。ただ、遠い異国の人とのふれあいから、何かをみずみずしい想いのうちに再発見することはあるようです。

パリから来た先の女性は、日本で出会った禅に打ち込むようになりました。彼女は頭脳明晰《めいせき》にして感性もしなやかで、日本にすっかり心地よくなじんでいるようです。

この春彼女にたいへん良きことがありました。何と親しい禅寺の住職のお嫁さんになったのです。夫は燃えるような願心《がんしん》をもって出家し道場で修行を終え、熱血《ねっけつ》禅ライフを実践している人です。私は結婚の祝宴で、彼女から教わった次のフランスの言葉を含めて祝辞を述べました。「スワィオン　ゼン」（禅でいましょう）。「フェリシィタシィオン」（おめでとう）。山あいのお寺での、萌《も》える新緑と柔らかな陽光に包まれたひと時。フランスから来られた親族も、日本の親族も友人達も、和やかにとけあうようでした。私は祝辞の最後に、めいっぱいの歓喜《かんき》の声をあげました。

ソンテー（乾杯）！

二〇一三年九月

五十一　老牛之歩《ろうぎゅうのあゆみ》

「大平原を馬で疾走《しっそう》すること」「イルカと海で泳ぐこと」「コアラをだっこすること」。これが動物好きの私の願望であります。一つ目は落馬して酷《ひど》いめにあうだろう。二つ目は溺《おぼ》れてしまうだろう、というのが家人の意見です。どうやら三つ目が実現可能かもしれませんが、オーストラリアまで行く必要があり、退職後にやっと果たすことになりそうです。その時ヨレヨレの老人になっていたら、それもかなわないでしょう。やはり、生涯身近な動物さんで楽しむほかないようです。

ある時、京都市の動物園でキリンの反芻《はんすう》をよく見ることができるという話を聞きました。反芻とはウシ科の動物の習性で、一度飲み込んだ食物を再び口中に戻し噛《か》み直して再び飲み込むこと。キリンがものを食べると、飲み込んだ物のある所が膨らんで見えつつ、長い首の食道をスルスルーと降りていく。暫くすると、いったん胃の中に入ったものが今度は逆に首の中をスルスルーと口まで昇っていく。そのさまが、園内が狭く動物と観客の間がとても近い京都の動物園ではよく見えるというのです。実際にその動物園へ見に行きましたが、残念ながらキリンの反芻を見ることはできませんでした。食べていた物が葉っぱではなく人工飼料で嵩《かさ》が少なかったせいでしょうか。

反芻にはもう一つの意味があります。「繰り返し思うこと」です。修行仲間との集まりがあった折。私が修行中のささいな出来事を次々話すと、「よくそんなことを覚えているねえ。よっぽどふだん変化のない暮らしをしてるんだろう」と同輩にからかわれました。時に私は、どうでもよいことを何度もゆっくり反芻して覚えていることがあるようです。

中国に「老牛破車」という言葉があります。老いた牛がノロノロぼろ車を引くように仕事がはかどらないという意味です。そのような牛についての実録映画を近年見ることがありました。韓国映画『牛の鈴音《すずおと》』。農耕用の老牛と七十九歳の農夫とその妻の日常です。

農夫のおじいさんは片足が不自由で、畑に行くのも耕すのも牛が必要です。牛は三十年もの間彼と働き、農夫の九人の子どもが育ちました。彼は牛のために足をひきずりながらエサの草を刈ります。農薬や人工飼料を使えば楽でいいのにと妻が言っても「牛のためによくない」と言って聞きません。農耕機械を入れようと言っても頑固に牛で耕す作業をやめません。牛と農夫の日常は、辛くて退屈な労働の繰り返しに見えます。しかし、彼は牛と共に働くことこそが生きがいのようです。牛の自慢をする以外は無口で黙々と農作業を続けるのです。畑への行き帰り、哀れなほどゆっくりと車を引いて老牛は歩きます。ウトウトする農夫を乗せ、首の鈴を鳴らしながら。

四十年も生きた牛が臨終を迎えた時。おじいさんは鼻輪を切ってやり「天国へ行ってくれ」と声をかけ、おばあさんも「やっと楽になったね」とねぎらいました。この映画の冒頭シーンは、山寺の塔の前に老夫妻がひれ伏し死んだ牛に捧げる供養の祈りです。それは牛と暮らした数十年の時の反芻から生じた行いなのでしょう。素朴な農家の過酷で淡々とした日々。その中であの老牛が草を食《は》み反芻する姿に言い知れぬ感銘を覚えました。時をかみしめるような姿をとおして、「繰り返し行い思うこと」に、ある味わいがあるようにしみじみ思えてきたのです。

もう故人になられたある男性は晩年、子どもの頃に実母が亡くなり継母《ままはは》が次々変わってつらかったことを、お参りされる度に何度も繰り返し話されました。人は老いてくると最近のことはすっかり忘れて昔のことを繰り返し話すと言います。それは脳の衰退のように言われますが、実は生涯心の核にあることなのかもしれないと、この頃思うようになりました。

わが寺の開山《かいさん》に次のような遺偈《ゆいげ》（辞世の漢詩）があります。「老牛の歩み八十八年　末後《まつご》の一笑　はなはだ彩鮮《いろどりあざ》やかなり」。老いた牛のような歩みで八十八年を生きた。最期のひと笑いは彩《いろどり》がいっそう鮮やかなことだ。という意でしょうか。臨終も間近な衰えのある筆跡に見えます。しかしながら、語の意味とあいまって、どこか突き抜けて朗《ほが》らかな雰囲気を醸《かも》し出しています。

自らの人生を老牛の緩《ゆる》い歩みに譬《たと》えたのは謙遜でしょうか。「老」は禅宗では成熟した人の尊称です。また、悟りに到る過程を、牛を飼いならして一体となることに譬え、絵と詩で表現した『十牛図《じゅうぎゅうず》』が古来禅寺で読まれてきました。禅宗は農耕を尊重し牛に親しみがあったからでしょうか。開山の遺偈はこのようなことをふまえ、着実に熟成し歩み来ったわが道のりを反芻し、自負して微笑んだ境地をあらわしているのかもしれません。

私といえば、最近家人から「同じ人に同じことを何度も話している」と度々指摘されております。まさに愚牛の反芻でしょうねえ。

二〇一四年三月

（追記）

右記の開山遺偈について、「老牛の歩み」等と従来の読みを踏襲してきました。しかし、よく字体を見ると間違いではないかと後に思うようになりました。そこで、道場の大先輩の釈雄峰氏に相談しました。氏は親切に応じて下さり、花園大学教授の芳澤勝弘先生のご見解をご教示いただきました。ここに両氏に深甚の謝意を表します。

左記にその内容と写真を掲載します。浅学無知の私の読みにより、とんだ見当違いとなり誠に失礼致しました。従来の読みに愛着がありましたが、それこそ愚かな反芻というべきでしょう。ただ、牛をめぐって何ほどかの勉強にはなりましたが。

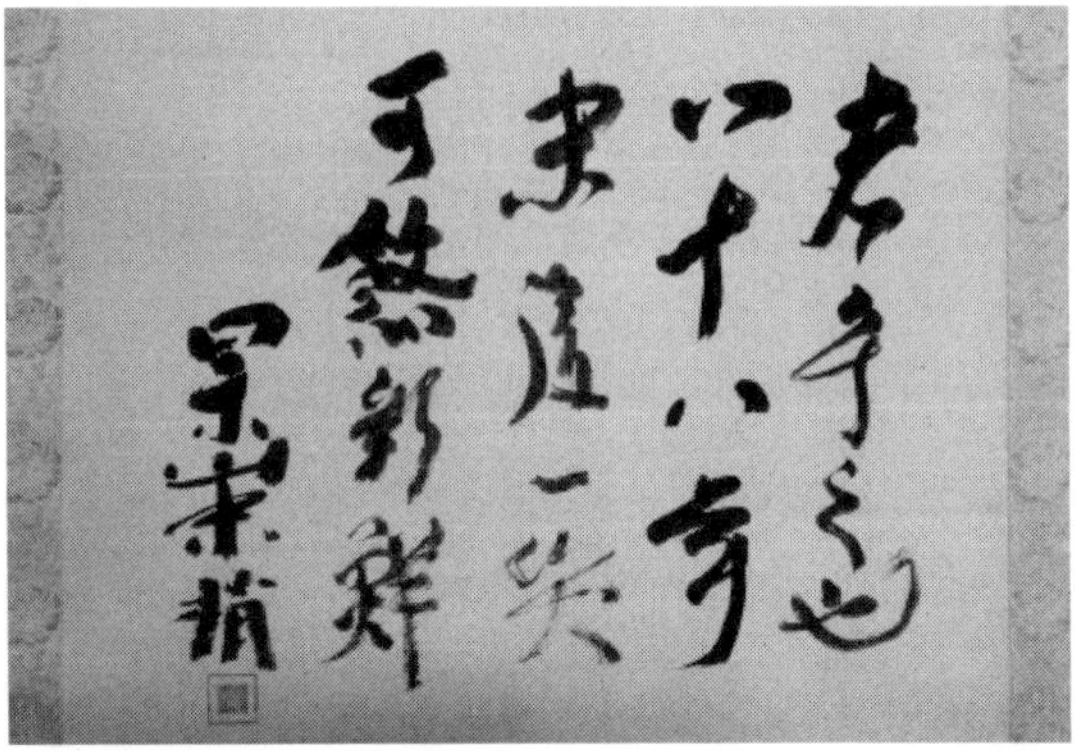

光清寺開山　杲山義洋《こうざんぎよう》禅師遺偈
（元禄十年九月二十七日示寂）

者乎之也《しゃこしゃ》　無用の言説をしてきた
八十八年　八十八年だったか
末後一笑《まつごのいっしょう》　最後はただひと笑い
可煞新鮮《はなはだしんせん》　（この笑いこそは）はなはだ
新鮮だろう
杲山末梢《こうざんまっしょう》　末の梢のような杲山

＊「者乎之也」は、漢文でもったいぶった表現をすること。

誠に蛇足ながら、これを機に私の遺偈を試作してみました。

鈍牛之歩《どんぎゅうのあゆみ》　鈍い愚かな牛の歩みのような
〇〇〇年　〇〇〇年だった
末期反芻《まつごのはんすう》　最期に思い出を反芻すれば
佳醸陶然《かじょうとうぜん》　その味わいはよき酒のようにうっとりするものだろう

愚禿透雲《ぐとくとううん》　愚かな僧の透雲

五十二　円《えん》相《そう》

♪山寺の和尚さんが　毬《まり》はけりたし　毬《まり》はなし
猫をかん袋に　押し込んで
ポンとけりゃ　ニャンとなく
ニャンがニャンとなく　ヨイヨイ♪

この歌、童謡としてご存じの方も多いでしょう。改めてよく聞くと動物虐待ではないか、しかも坊さんが何と殺生な、と思われる方はないでしょうか。このもと歌は江戸時代に流行した手まり歌の「ぽんにゃん節」だそうです。その頃のお坊さんは、現代よりいっそう威厳があったでしょう。それ故、僧としてあるまじき行為が民衆の娯楽であった民謡のネタにされたのでしょうか。よさこい節にも「土佐の高知のはりやま橋で坊さんかんざし買うを見た」という一節があります。これは僧と娘の恋愛に取材したとやら。冒頭の童謡の一節も、ある禅僧の奇妙なふるまいにちなんでいるという説があります。ある僧が、高僧白隠《はくいん》禅師のもとで修行した。その厳しさのあまり病にかかり狂乱に陥った。その狂態をあらわしたものであると。

実は私も、ふとボールをけりたくなり、庭に出てポンポンと一人でけることがあります。まさかあの僧のように病になるほど修行したわけではありません。趣味のサッカー観戦から浮かれてのことです。

忘れもしない一九九三年五月十五日、Jリーグ開幕の日。とても楽しみにしていましたが、その朝九十六歳の祖父が死去。それどころではなくなりました。その翌年のアメリカでのワールドカップから、四年周期のこの大会にはまってしまいました。

今年のブラジル大会唯一の初出場はボスニア・ヘルツェゴビナ。一時日本代表の監督をしたオシムさんの母国です。旧ユーゴスラビアから分離独立した後、国内の民族対立から凄惨《せいさん》な内戦となり、彼は二年以上も妻子と会えない悲哀を体験しました。終戦後も民族対立は根深くてサッカー協会もまとまらず、ワールドカップへの出場資格も得られません。彼は脳梗塞《のうこうそく》の後遺症のある体をおして困難な調停に尽力し統一を実現。その後代表チームは予選を勝ち抜き、国民に民族を超えた歓喜をもたらしました。オシム氏はしみじみと語っています。「サッカーは何というか、人と人を結びつけるものだ。本当はみんな共存を望んでいる」。

彼が旧ユーゴスラビア代表監督をしていた時のチームに、後に日本のJリーグで活躍したストイコビッチ選手がいます。妖精《ピクシー》というあだ名の華麗な技術をもつ人。彼も内戦の経験にはウンザリしていて、「何年かかってもいいから話し合いで解決すべきだ」と発言しています。私が唯一もってい

ストイコビッチ選手サイン入りユニホームと子ども達と遊んだサッカーボール

るプロ選手のサイン入りのシャツは彼のものです。檀家さんからいただいたもので、生涯の宝です。

ワールドカップに膨大な経費がかかる弊害もあるようですが、サッカーを通して人類の融和や交流が図られるのも事実です。まあるい地球の人々がその形のように円満で、ひとつのまあるい球でゲームのできる平和な世界であってほしい。そう想ううちに、禅の境地の象徴的な図形が思い浮かんできました。

それは「円相《えんそう》」と言い一つの円の形。禅の辞書には「真如《しんにょ》・仏性《ぶっしょう》などの絶対の真理を表示する」とあるだけで、とくに確定した詳しい意味はありません。山川草木など感情のない存在も説法をするとした中国唐代の慧忠《えちゅう》禅師が始めたそうです。古来禅僧が言外の境地を円相に託した墨跡があります。円の描き方は起筆の上下左右、線の太さ、墨の濃淡などさまざまです。また賛《さん》(絵にそえる言葉)も多様です。「世の中の○《まる》きが中に生まれては人のこころも○くこそもて」と心の円満のすすめなど、各々の境地があります。

わが宗門では、塔婆や仮位牌の上部に描いたりします。檀家様のご逝去を受け、その生死を想い戒名を決めたあと。深く息を吸い、ゆっくりと吐く息に合わせて位牌に毛筆で円相を描くと、哀しみのうちにも何ほどか安らぎを感じます。

ある日、当寺で子ども達の集会がありました。やんちゃな男の子もいて、ややもてあましていました。ふとサッカーボールを取り出し、私一人対子ども達数人でサッカーに興じました。運動オンチの私でも相手が子どもなので、なかなかボールは取られず皆でキャアキャアと楽しみました。あの良寛《りょうかん》さんは子どもと手まりをするのが好きで「手まり法師《ほうし》」と呼ばれていたそうですが、私は「蹴《け》まり法師」ですね。ひとしきり遊んで子ども達が帰る時、あのやんちゃな男の子がかけよって抱きつき「ありがとう」と言いました。その子は車にいったん乗った後も私を見かけると、またかけよって来て抱きつき、再び「ありがとう」と言ってくれました。

ひと時、私の心のうちに〝○〟が生じたようでした。楽しくもなごやかな円相が。

二〇一四年九月

五十三　夢

〝朝、寺の門を開けると文書がはいった箱が人の背ほどの高さに積まれていた。その隣に同じ高さの大きなタコが立っていて、門の中に入ってきて私を追ってきた。私は境内の低い池垣をピョンピョン飛び越えて逃げた〟

こんなキテレツな夢を私は時折みることがあります。

私は二十代後半にどことなく体調が悪い時期がありました。健康診断を受けると身体的には全く健康と言われ、精神の問題かとされて心理療法を受けたことがあります。そこで年配の大学の先生が私にみた夢について問われました。私が今までみた夢を話すと、その先生は、終始眉をひそめひどく深刻な表情をされて聞いておられました。私はその先生に向き合っていると、何だかいっそう重苦しい気分になってしまいました。家に帰って相棒とたわいないバカ話をしたら、その方がよほど気楽になったのでした。

心理学にはこんな説があります。人の心の底には認識できない広大な「無《む》意識《いしき》」という領域がある。人の言動は、この無意識に影響されていることがあり、夢とは無意識から自分へのメッセージである。夢を読み解くことによって苦悩を克服したり、よき指針を見出すことができる、と。私への夢分析の療法は失敗に終わり、その方面はいまだよくわからない世界です。しかし、私にとっては意味がわかるような、こんな夢をみたことがあります。

〝教師になった私はある校舎に入った。そこには知り合いもなくずいぶん孤独だった。そこで十数年前に亡くなられた高校の恩師に会った。先生は私に微笑んで「教師になれてよかったね」と言ってくださった。〟

それはとても嬉しく励まされる夢でした。その頃ある学校の講師をしていて自分の無力さに思い悩むことがあったのです。

夢を見つめることを通して深い境地に達したと評価されている高僧がいます。京都栂尾《とがのお》の高山寺《こうざんじ》で華厳宗《けごんしゅう》を興隆した明恵上人《みょうえしょうにん》です。上人は四十年にわたり自らの夢を『夢記《ゆめのき》』に書きとめました。そこには、ひたすら坐禅をする中でみた、さまざまな神秘的な夢がしるされています。たとえば猿に坐禅を指導しています。これは、虫から動物や百姓に至るまで皆仏と成りえる性質をそなえているのだから卑しんではならない、と伝記にある明恵の言説に対応するようです。『樹上坐禅像《じゅじょうざぜんぞう》』には、画面いっぱいに生い茂る松の森の中、二股に分かれた木の上で明恵が坐禅をする姿が描かれています。見ている私も木立の中で静かに安らぐ心地になるようでした。このような坐禅三昧の日々の中で夢を見つめたのでしょう。沢庵《たくあん》禅師は、峻厳《しゅんげん》な境地を「人生の日々も弥勒菩薩《みろくぼさつ》も観音菩薩《かんのんぼさつ》さえも夢だ」として臨終に〝夢〟と大書しました。明恵の〝夢〟は、より優しいものだったようです。

明恵は夢で善妙《ぜんみょう》という女性の嘆きを慰めています。善妙は中国の説話で新羅《しらぎ》から唐に留学した僧に恋した人です。僧は後に華厳宗《けごんしゅう》を興隆した高僧義湘《ぎしょう》で、善妙を教えさとし恋情を受け入れませんでした。義湘が帰国のため乗船すると、悲しむ善妙は彼に捧げる道具箱を海に入れ自身も入水しました。箱は義湘のもとに届き、善妙は龍に化身《けしん》して彼の乗る船を背にのせて無事故国へ届けました。この話を題材に、明恵は絵巻物『華厳縁起《けごんえんぎ》』を制作させています。

善妙の夢を見た後、明恵はその名にちなんだ尼寺の善妙寺《ぜんみょうじ》を高山寺にほど近い所へ建立しています。この寺に、戦乱で未亡人になった女性達を尼僧として受け入れました。明達《みょうたつ》という女性は戦で夫とおさなごを失い、悲嘆のあまり自死しようとして止められ、明恵を頼り善妙寺に身を寄せました。後に明恵が亡くなるや、高山寺近くの清滝川《きよたきがわ》に身を投げました。絶望の淵からいったん救われた彼女は再び生きる支えを失ったのか、それとも明恵のもとに転生《てんしょう》したいと願ったのでしょうか。明恵が信じたのは「釈迦という美しい一人の人間だった」と評されていますが、明恵こそ美しい生き身の仏だったのでしょう。

実はわが寺のご本尊は、かつて善妙寺のあった善妙寺村の小庵から江戸初期に移されたものです。その手続きを高山寺の僧がしていて平安時代の聖観世音菩薩《しょうかんぜおんぼさつ》です。鎌倉時代に高山寺に住した明恵や善妙寺の尼僧達がこの観音像に参詣したかもしれません。明恵が愛欲を仏心へ浄化する修法《しゅほう》の尊像としたのは観音像です。明恵は善妙にちなんだ善妙神像を作らせていますが、わが本尊の姿にかさなるようにも想えるのです。

ある深夜、私はふと思い立ち、真っ暗な本堂へ行き、ひとりこの本尊の御前《みまえ》で蝋燭《ろうそく》を灯しました。炎がはためき、本尊の影が揺らいで見えました。深い静《し》寂《じま》の中で、やさしい御仏《みほとけ》が息づいて私に親しく向き合われている。そんな〝夢〟のようなひと時でした。

二〇一五年三月

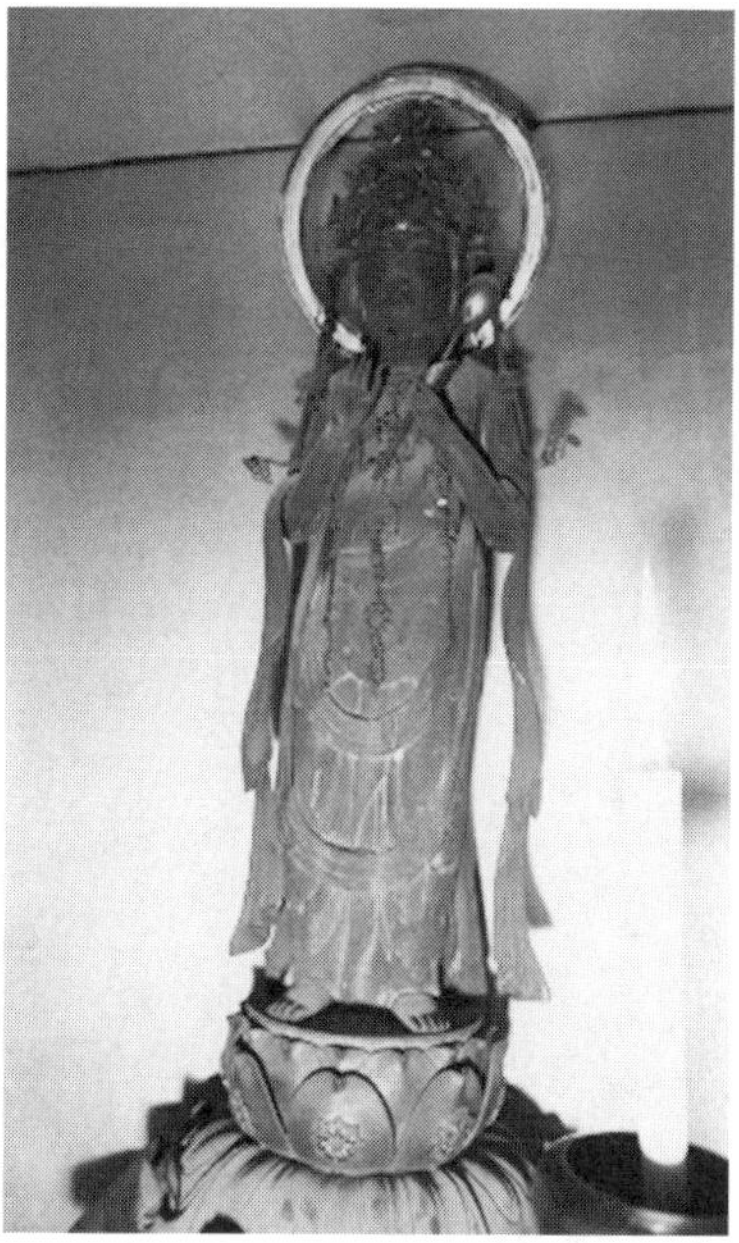

光清寺本尊聖観世音菩薩

（追記）

二〇一八年五月末に、わが本尊のふる里、旧善妙寺村と思われる地域を探訪しました。私のかねてからの念願でした。京都市街西北の山あいにかかる高尾《たかお》小中学校のあたりです。市内から車で三十分もかからない所ですが、四方を山に囲まれた静かな山里の風情があります。善妙寺は文政十三年（一八三〇）に地震で倒壊し再建されませんでした。その寺跡を継いだといわれる浄土宗の為因寺《いいんじ》がありますす。境内に、もと善妙寺にあったとされている宝篋印塔《ほうきょういんとう》があります。釈尊の高弟阿難《あなん》の供養塔です。阿難は釈尊に女性の出家を初めて認めさせた人で、尼寺によく建立されるそうです。お寺の奥様におことわりしてこの塔を拝見していると、偶然住職様がお勤めから帰られお会いしました。訪れた由縁を申し上げると、快く本堂へ入れて下さり丁寧な応対をいただきました。突然の来訪にも関わらず誠に恐縮でした。現在公式に「善妙寺村」という地名はないが、地元ではこの辺りの区域を今でも「善妙寺」と呼ぶ慣わしがある、という貴重なお話をうかがいました。その由縁が明恵上人の鎌倉時代にまでさかのぼる、わが本尊のふる里の名称が、今もこの地に継承されていることに感銘を深くしました。あの阿難供養塔の建立は明恵没後でありますが、善妙寺の尼僧達が明恵の法愛《ほうあい》への想いに重ねて参拝したことでしょう。「法愛」とは、衆生を憐れみ救わんとする仏の慈愛です。私は、わが本尊がかつておられたこの山里がいっそう愛《いと》おしいように思え、しばし一人であたりをゆっくりと歩きました。

五十四　心

夕闇迫る雲の上　いつも一羽で飛んでいる
鷹《たか》はきっと悲しかろう
音も途絶えた風の中　空を掴んだその翼
休めることはできなくて
心を何にたとえよう　鷹のようなこの心
心を何にたとえよう　空を舞うよな悲しさを
（「テルーの唄」『ゲド戦記歌集』より　作詞：宮崎吾郎）

手嶌葵《てしまあおい》の歌うせつなく憂いをおびた歌声が心にしみ入るようです。この歌は、映画の主人公の孤独な心をあらわしているそうです。独《ひと》り虚空をさまよう鷹のような心。それはすべての人の心に通じるものがあるようです。あらためて〝心〟とは何でしょうか。

「〝心〟とは、ハートではなくマインドでもなくスピリットでもない」

米国から来日して四十数年、参禅を重ね大学で禅学を究めてこられた大先輩がこう言われました。日本語の〝心〟、さらに禅の〝心〟とは、優秀な頭脳をもってしても、言うに難しく微妙で深遠なもののようです。

心とは何かについて、幼い頃に読んだこんな話をふと思い出します。

ある日、ハンニャタラというえらいお坊さまが、王様からいただいた宝の山を三人の皇子にみせ「この宝にまさる宝がありますか」とたずねました。一ばん上のおにいさまも二ばんめのおにいさまも「ありません」といいましたが三ばんめの王子ボディタラのこたえはちがっていました。「ほんとうにりっぱな宝です。でも大水や火事にあうと焼けたり流されてしまうでしょう。大事にしまっておいてもどろぼうにぬすまれるかもしれません。それではほんとうの宝ではないと思います。水も火もどろぼうもどうすることもできないのがほんとうの宝だとおもいます」これを聞いてハンニャタラは驚きました。「そんなりっぱな宝はどこにありますか」「はい、ここにあります」とボディタラは左の手でじぶんの胸をさしていいました。「先生にもあります」ハンニャタラはすっかり感心して「この王子さまこそ世界じゅうの人間の『心』の王さまにおなりになるでしょう」とほめたたえました。

これは『だるまさん』という絵本にある話です。ボディタラすなわち「だるまさん」とは、禅宗の開祖達摩《だるま》です。五世紀後半にインドから中国に渡来し、坐禅の境地にもとづく教えを始めたとされています。達摩と弟子の慧可《えか》とのこんな問答があります。

慧可「私は心がおちつきません。どうかおちつかせてください」
達摩「心をもってきなさい、君におちつかせてあげよう」
慧可「探しても見つかりません」
達摩「わしはもう、君の心をおちつかせてしまった」

まるで不思議な頓智問答《とんちもんどう》のようですね。慧可はこの問答によって全てが本来空寂《くうじゃく》であることを悟ったそうです。「空寂」とは「とらわれをこえた静かで清らかなありかた」。先の問答でなぜそう悟れたのか私にはよくわかりません。達摩の深遠な境地が向き合う心に伝わったのでしょうか。当時の中国仏教は経典知識の研究が主流で、「以心伝心《いしんでんしん》　不立文字《ふりゅうもんじ》」（心を心に伝え文字に頼らない）を標榜する達摩は異端視されたそうです。

先の絵本『だるまさん』は、子どもの頃祖父と度々墓参に行ったお寺でいただいたものです。祖父はそのお寺の住職と親しい間柄で、行く度にお茶やおみやげをいただきました。

祖父は苦労人ですが、朗らかで柔和な人でした。「達摩さん九年面壁《めんぺき》なんのその　わたしゃ十年憂《う》きづとめ」。これを祖父が愉快そうに口ずさんでいました。九年間ひたすら壁に向かい坐禅をした達摩さんよりつらいお勤めを私は十年した、という遊女の戯歌《ざれうた》です。

祖父と墓参に行ったお寺は、今や世界的に有名な観光地です。その名前を題名にした小説を思春期の頃読んだことがあります。寺の息子の鬱屈《うっくつ》した心情のみごとな描写に、共感するものがありました。祖父と墓参に行った頃の私は、そんな葛藤もまだ知らない子どもでした。

その墓地へは、両側に高い木々が茂る参道を祖父と歩きました。そして、金色《こんじき》に輝く楼閣《ろうかく》を見に来た拝観客が進む方向に背を向けて行きました。その先にほの暗く静かな竹藪があり、それをぬけると墓地があります。いつも人気《ひとけ》はなくひっそりとしていました。「昔、ここの坊さんはな、竹の皮をはいでそれを売って暮らしたはったんや」と祖父は話してくれました。墓地には、幕末のわが寺の住職でこの寺に隠居して亡くなった方のお墓があります。それは子どもの私の背より低いわびしく簡素なものでした。「前光清當寺監司樵雲座元塔《ぜんこうせいとうじかんすしょううんぞげんのとう》」と刻まれています。そのお墓に祖父と共に香華《こうげ》を供えお参りしました。

そんなひと時が、あの『だるまさん』の話と共に、心の底から和やかで静かなにぶい光のように浮かんできたのです。

二〇一五年九月

五十五　南無大慈大悲観世音菩薩《なむだいずだいひかんしいんぷさ》

きよし　この夜　星はひかり
救いのみ子は　み母の胸に
眠りたもう　夢やすく

聖夜《せいや》の闇に、手に手に持ったロウソクの光が輝き、人々の歌声が重厚な教会堂にこだます、荘厳なクリスマス・イブでした。わが妻子とある古い教会で、信者の皆様にあわせて右の讃美歌を歌ったことがありました。ふと通りかかったその教会でクリスマス行事が行われていたのです。入口付近におられた信者さんらしきご婦人に、入ってもよろしいですかとおたずねすると、快くご案内してくださいました。すこぶる清楚なそのお方は、ひやかし半分の我々のような失礼な輩《やから》にも、大変やさしく丁寧に応対してくださいました。私が僧でなければ、すぐに入信していたかもしれませんねえ。

私はふだんでも街角で教会を見かけると、何とはなしに心魅《ひ》かれるものがあります。失礼ながら、異質なものに魅《み》せられる気持ちとでも言いましょうか。当然ながら私は、天地万物を創造したという唯一絶対のキリスト教の神様を信じているわけではありません。

それでも私は、教会堂に入り荘厳な祭壇のある天井の高いその空間に身を置くと、天空にそびえる大木を見上げるように、心が上へ上へと浄化するような気持ちになるのです。

ある誰もいない教会堂の中で祭壇の前に進み、頭を床につけてひれ伏してみたことがあります。わが仏教で五体投地という仏への最上の礼拝です。すると、ご仏前と同様の大いなる何ものかに身をゆだねているような、えもいわれぬ安らぎを感じました。

その経験をふり返ると、「南無大慈大悲観世音菩薩」という一節が思い浮かびました。それは、わが本尊観世音菩薩に捧げる祈りのなかにあります。禅宗が日本に入ってきた時代の漢字音の読み慣わしで「なむだいずだいひかんしいんぷさ」と流れるように発声します。意味は「大いなる慈《いつくし》みと悲《あわれ》みの観世音菩薩に帰依致します」。私はこの頃、この一節をゆっくり唱えているとある心地よさを感ずることがあります。心身にたまった濁りを、やさしく崇高なるものにしばしお預けする清々《すがすが》しさとでも言いましょうか。禅宗では、観世音菩薩がさまざまな姿で衆生を救うと説く『観音経《かんのんきょう》』を法要で読誦します。

キリスト教の信者が、ひそかに観音像を礼拝していた時代がありました。江戸時代にキリスト教は邪教として禁圧され、棄教しない者は惨《むご》い拷問のうえに処刑されました。表向きは棄教して隠れるように信仰を受け継いだ人々は、子どもの無事を祈る赤子を抱いた子安観音《こやすかんのん》などを、赤子のイエスを抱いた聖母マリアに見立てて礼拝しました。いわゆるマリア観音です。仏教においても、慈しみ深い母親になぞらえて「慈母観音《じぼかんのん》」という呼び名があります。

禁教がほぼ二百五十年も続いていた一八六五年、長崎に外人の神父が赴任した大浦天主堂が創建されました。信者は居留地の外人だけで、日本人の信者がいるとは思われていませんでした。ところが創建から一ヶ月後、日本人の十数名が来て、神父に「ここにおります私達は、皆あなた様と同じ心でございます」

と告げて、「サンタ・マリアの御像はどこ?」とたずねたのです。これこそ、宗教史上の奇跡といわれる「信徒発見」です。二百五十年もの間、神父を待ち望んだ人の第一声に聖母マリアがあったことが大変感慨深く思えます。マリアは、神にとりなして人の罪の許しや救いを請う役割があるそうです。

近年、長崎市外海《そとめ》町の山崎政行さんスマ子さんご夫妻に再会できる幸いがありました。以前ご紹介した敬虔なクリスチャンで聖地巡礼にご奉仕されてこられたご夫妻です。訪問の前日に連絡し、ほんの少しお顔を見るだけと申し上げたにもかかわらず、ご自宅でご家族と共に心暖まるご接待をいただきました。前回と同様に、祭壇に読経を捧げました。そこにはおさなごのイエスを抱くマリアの像がありました。

歓談の中で、政行さんがビデオをみせてくださいました。十数年前の敬老会の映像でした。奥さんお得意の日舞《にちぶ》や、女性達が力士の着ぐるみを着ておもしろおかしく相撲をとったり、おどけて有名人のモノマネをする人がいたり、手品をしたり。笑い声や歓声に包まれた和やかな雰囲気でした。

政行さんが、滋味深い笑顔でその情景を見ながら「ここに映っとるもんは、もうみんな死んどります」と、何気《なにげ》なくほがらかに言われました。その語感には、親しい人々が亡くなった寂しさというより、苦楽を共にした人々が平和のうちに安らかに天に召された、というような穏やかなお気持ちがあるように思えてなりませんでした。

大いなる慈しみの、母なるものにいだかれるような。

二〇一六年三月

五十六　夜船閑話《やせんかんな》

思えば私は、幼きころ大変虚弱で現代医療に命を救われました。江戸時代の過去帳を見ると死者のおよそ半数は子どもで、私のような者は生き残れなかったようです。私は青年期に運動をすることもなく、夏痩せをして体重四十キロ台にまでなるありさま。リキのない草食系虚弱男子の典型ですね。

そんな男が大学卒業後、いきなりハードな修行道場に入門したので、そりゃ大変でした。入門当初はいっそうしぼられ、睡眠三時間ほどで重労働の作務《さむ》や托鉢《たくはつ》があり、自分史上最悪の限界状況の中で坐禅中に白昼夢さえみました。しかしながら、徐々に適応して大変健康になり、風邪をひいても坐禅中に大汗をかいてケロリと治り、生来のシモヤケ症も治ってしまったことが我ながら不思議でした。

昔の修行はいっそう過酷なものだったようです。江戸時代の臨済宗中興の祖白隠《はくいん》禅師のお墓の周りには、修行中に亡くなった多くの弟子の墓があります。禅師はそんな修行僧を憐《あわれ》み、自らの体験をふまえて『夜船閑話《やせんかんな》』という健康法の著書を刊行されました。

禅師は若い頃、「両足が氷雪に浸したように冷え、いつも耳鳴りがして、おどおどして疲れやすく、幻覚が見える」という病状に侵《おか》されました。あまねく名医を訪ねても治りません。ある人に教えられ京都白川の山中に白幽《はくゆう》仙人なる人をたずねました。

仙人は禅師の症状を過酷な坐禅修行による禅病《ぜんびょう》と診断し、「内観《ないかん》の法」と「軟《なん》酥《そ》の法」を授けました。前者は、ストレスで燃え盛り上に昇ろうとする気《き》を丹田《たんでん》（下腹部）と足心《そくしん》（土ふまず）におさめる瞑想呼吸法。後者はバターのような物が頭頂部から溶け出して全身を暖め潤すさまを想う瞑想法。これらは、中国の古書や経典にある医療法によるものです。とくにその呼吸法には、体の凝《こ》りが溶け出していくような心地よさがあるようです。私の修行中に老師が「臍下丹田《せいかたんでん》に気をこめて坐れ」と言われていたのを思い出します。

白隠禅師は、この健康法を修めて三年もするとさまざまな病が癒えて禅の境地も進み、七十歳をこえて病もなかったそうです。

禅師が八十四歳で亡くなった後、江戸後期の京都に杉山篤信《あつのぶ》という名医がいました。彼は初め儒学を学びあわせて医学も修めていました。彼に治療を頼む人が日々多くなり、ある日改めて決意しました。「医学は小道《しょうどう》といえども、専一に研究しなければ全うすることができない。命を担うなりわいを疎《おろそ》かにすべきではない」と。その後医学を深く研究し傑出した名医と呼ばれるようになりました。常に門下生に「医療とは思いやりである。大切なのはただ心を誠にするのみだ」と教え、貧富貴賤を問わず、親身になってひたすら患者の苦悩を救うことに努めたと言います。昔、医学は儒学より下位に置かれていたようです。この篤信の姿勢に、白隠禅師の弟子への憐みを重ねて想います。本来の仏道からすれば小道とされていたであろう健康法にあえて取り組み、後進に教示したのですから。

実はこの篤信のお墓が、わが寺の境内墓地にあるのです。お守りをする方もなく無縁墓《むえんばか》になっていました。ところが近年、この杉山氏のご子孫辻本幸夫氏からご連絡をいただき、お墓のお守りと墓石の修復もしていただくことになりました。辻本氏は開業医で、京都大学の卒業間際に医師になろうと決意し、改めて医学部へ進まれました。医師になられたのちに家系を調べ、この名医との不思議なご縁が判明したそうです。ご本人の医学への情熱とご先祖への厚き尊崇の念に敬服すると共に、篤信その人の余慶《よけい》を想います。

また、この件をきっかけに、篤信のお墓の碑文の翻刻《ほんこく》が『京都名家墳墓録』にあることを見出しました。解読については、これも良きご縁で元京大人文研教授の金文京先生に丁寧なご教示をいただきました。ここに紹介した篤信の記事はすべてこれによります。

篤信の人柄は「ゆったりとして慈しみがあり穏やかで朗らか」だったそうです。この一節から、近年亡くなられた私のかかりつけだった医師成田稔《なりたみのる》先生を思い出します。

先生は齢《よわい》八十を超えて夜遅くまで診察されていました。私が風邪などひいて診察室に入ると、「おやおや、どうしたのかな」と、むっくりとした声と滋味深い笑顔で迎えてくださいました。診察の他にも、故郷若狭の思い出や、時折さしあげる寺報についてのご感想もしみじみと話されました。

先の『夜船閑話《やせんかんな》』という題名は、「夜の乗り合い船での気安い雑談」という謙遜の表現だそうです。その言葉の響きは、夜の静寂《しじま》にゆったりと櫓《ろ》をこぐ船に身をゆだねるような、あの老先生とのひと時のように思えてなりません。

この拙文を、御霊前に、医の慈しみに、謹んで捧げ申し上げます。　合掌

二〇一六年九月

五十七　清涼渇心《せいりょうかっしん》を洗《あら》う

もう二十年ほど前の夏のことです。白神《しらかみ》山地のマザーツリーと呼ばれるブナ

の巨木までは駐車場から徒歩五分、と紹介されていました。家族三人でその道を歩き始め、十分たち、二十分たっても、その木は見えてきません。

道はいよいよ細く起伏が激しくなり、倒木が行く手を阻《はば》んだり、まるで獣道《けものみち》のようになってきます。時は夕方近く、山あいの森は日が暮れるのが早いらしく、鬱蒼《うっそう》とした茂みの中はだんだんほの暗くなってきます。頭上では、たくさんの野猿《やえん》が枝を渡る激しい音をたててキャーキャーとざわめき吠え、見たことがない山鳥《やまどり》（？）の群れが目の前をサッと横切りました。

これはまったく森のワンダーランド！　ひょっとして我々は道に迷い遭難したのではないか。携えた水も乏しく、熱暑の中で行き倒れになるのか…。不安や焦り苛立《いらだ》ちなど、およそ良からぬ思いが募《つの》るばかりでありました。

すると暫くして、向こうから登山装備をした一団が通りかかりました。

これは地獄に仏とばかり、あの巨木への行程を尋ねると、もう少しでたどり着くとのこと。これに勇気をもらい、足取りも軽くなり、やがて目的地に着きました。どうやらガイドで表示されていた短く楽な道より、ずいぶん手前の道へ入ってしまったようでした。

一時間半ほどでやっとたどり着いたその木は、広大な森の命を育む母親のような〝マザーツリー〟と名付けられるだけあって、天を突くような巨木です。高さ約三十メートル、幹回り四百六十五センチ、推定樹齢四百年だそうです。その木にそっと身をそわせてみました。肌は滑らかで堅くヒンヤリしています。先ほどの森の中でわが心中に渦巻いた暗く濁った思い、暑さと疲労による体のほてりが癒され、清々《すがすが》しい気持ちになるようでした。

そんなことを思い出したのは、今年の前住職の年忌法要の粗供養の品にと思い、昨年の初夏にブナの木の菓子器を手にした時です。それは「ブナコ」という製品で、木を剥《は》ぐように削った材料を用いた手仕事によるもの。その器を掌にのせると、再びあの心地よい清涼感がよみがえるようでした。

昨夏の猛暑に暑さの苦手な私は、わが煩悩がいっそう増幅されるようでした。その中で、あのブナの木の涼しい木陰や肌触りと共にある言葉が思い起こされました。

「清涼洗渇心」（清涼《せいりょう》渇心《かっしん》を洗《あら》う）。この語は、わが寺が所蔵する掛け軸の滝を描いた水墨画にしるされています。筆者は大本山建仁寺《だいほんざんけんにんじ》の明治の高僧黙雷《もくらい》禅師です。

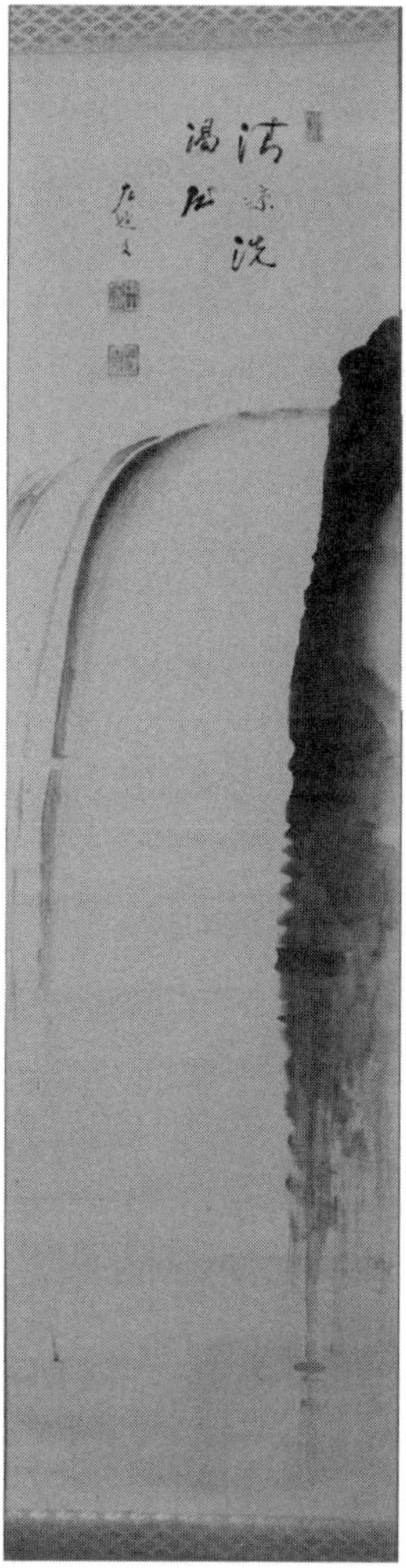

黙雷禅師墨跡「清涼洗渇心」

やりきれない酷暑の午後、ふと思い立ってその軸物を取り出し床の間にかけてみました。滝の水墨画はほぼ二、三筆でサッと水の落ちるさまが描かれています。それを眺めるうちに、気だるい心に爽やかな涼しさがひと時恵まれるように思えました。

仏教発祥のインドは暑熱の厳しい気候です。そのため、仏教では苦しみの根源である強い執着《しゅうじゃく》を、のどの渇きにたとえて「渇愛《かつあい》」と表し、身を焼くような苦悩を「熱悩《ねつのう》」とも言います。逆に、爽やかな涼しさの「清涼《せいりょう》」は迷いなき悟りの境地にたとえられます。まさに釈尊が悟りを開いたのは、川での水浴の後の菩提樹《ぼだいじゅ》の涼しげな木陰《こかげ》でありました。

要するに「清涼渇心を洗う」とは、「崇高な仏の境地が迷いの心を清める」ということでしょう。地球温暖化や都市化によって人の心がますますドライになってきているという説を聞いたことがあります。そのような意味での乾いた心に、自然や仏心が潤いを与えるとも解するのは甚だ見当違いでしょうか。

わが寺にあの墨跡を下さった黙雷禅師に、滝についての和歌をめぐる「夢《む》窓国師《そうこくし》と恋歌」と題する、こんな講話の一節があります。

〝洛西天龍寺の開山《かいさん》夢窓国師は魅力的な美僧で、ある時島原の太夫《たゆう》が恋をして、「清くとも一夜は落ちよ滝の水にごりてあとの澄まぬものかは」という和歌を贈った。この太夫も国師を見染めるほどの者じゃから、いずれ吉野紫以上の名妓《めいぎ》じゃろうが、国師は、「いとどさへ危《あや》うくすめる露の身を落ちよとさそう萩の上風《うわかぜ》」と返歌して、少しも心を動かさなんだが、今日の坊主ならどんな返歌をするじゃろう、アハハハ〟

禅の高僧に、このような粋なお話があるとは誠に意外でありました。あの滝の絵を黙雷禅師が描かれた折、先の太夫さんの和歌が禅師の心中に去来したのでは。と思えばあの滝も何やら彩り豊かに見えてくるようで。

これは偉大な祖師に対する愚かな私の妄想でした。誠に失礼いたしました。むろん、黙雷禅師の境地は、夢窓国師と同様清き滝の水のようにどこまでも清涼でありましょう。私は、その気高い境地を遠くに拝するばかりです。

ほんとうに、わが渇心を洗うていただいたような方がおられます。白神山地からほど近い岩木山麓《いわきさんろく》で、「森のイスキア」という会を営まれている佐藤初女《さとうはつめ》さんです。苦悩深い人にやさしくよりそい、祈りの食事でもてなす活動を長年続けておられました。その方のおそばに家族と共にいたひと時は、あのマザーツリーとの出会いのようでした。静かで穏やかに、大いなる母なるものの慈愛が、かさついた身と心をやさしく包んでくださるようでした。

二〇一七年三月

五十八　舎《しゃ》利《り》礼《らい》文《もん》

陽《シ》コあだネ村

――津軽半島袰月《ホロヅキ》村で

この村サ一度《イッド》だて
陽《シ》コあだたごとあるガジャ
家の土台《ドデ》コアみんな潮虫《スオムシ》ネ噛《カ》れでまてナ
後《ウスロ》ア塞《フサ》がた高《タ》ゲ山ネかて潰《ツブ》されで海サ
のめくるえンたでバナ
見《ミ》ナガ
あの向《ムゲ》の陽《シ》コあだてる松前《マツメ》の山コ
あの綺麗《キレ》だだ光《シカリ》コア一度《イッド》だて
俺等《オランド》の村サあだたごとアるガジャ（後略）

この詩は青森県の津軽弁の方言詩です。戦前このような詩は「卑しく汚い言葉」として排斥されようとされたそうです。私は、作者高木恭造氏じしんの朗読の録音を聞いてすっかり魅せられてしまいました。まずは一度ご朗読いただければ何ほどか味わいがあろうかと思います。左記は標準語訳です。

陽のあたらない村

この村に一度でも
陽があたったことがあるだろうか
家の土台は皆潮虫にかじられてしまって
後ろはふさぐように高い山につぶされて海に
のめりこむようではないか
見ろよ
あの海の向こうの陽があたる松前《まつまえ》の山
あんなにきれいな光がただの一度でも

俺たちの村にあたったことがあるだろうか

標準語に直すととたんに平凡な内容になってしまいますが、津軽弁の詩は大地に根ざした胸打つ魂の絶唱のように思えてならないのです。高木氏は戦前この津軽半島最北端の地に教員として赴任し、その折の現地の人々の思いを取材してこの詩を創作したそうです。

実は私は、十数年前その地を訪れ、この詩を朗読したことがありました。それは私の念願でした。北向きの海岸ぞいにその集落はあり、岸辺の道一つ隔てて海が迫り、集落の南の背後には崖のような急峻な山が聳《そび》え立っていました。詩にあるように、この村には一年を通じて陽はあたりにくいようでした。風雪厳しいこの地の昔の苦難はいかばかりかと思われました。沖合には北海道南端の松前がかすかに見え、そこは陽光がふんだんにあたるようでした。

この詩は一見とても暗く方言も難解です。けれども、私は日常の絶望の暗闇からはるか彼方に希望の光をのぞむ、すべての情念に通じるものを想うのです。その最たるものが、宗教、信仰というものではないでしょうか。

この詩の舞台になった海岸付近はその昔「舎利《しゃり》が浜」といい、かつて舎利石《しゃりいし》という豆粒や米粒くらいの美しい石がよくとれたそうです。江戸時代に巡礼者や僧がその石を拾い、釈尊の遺骨である仏舎利《ぶっしゃり》に見立てて開帳《かいちょう》し、人々がそれを尊信したといいます。

およそ寺院の塔には仏舎利が納められています。塔とは仏舎利を納めた建物の卒塔婆《そとうば》の略でインドの古語ストゥーパの音写《おんしゃ》です。

かつて法隆寺五重塔内の仏舎利の科学的調査が行われようとした時、「仏の尊厳を犯すべきではない」という寺側の意向によりあえて分析されませんでした。紀元前数百年も前にインドで亡くなった釈尊のご遺骨の一部でも、本当にはるばる日本にもたらされ、いくつもある塔に納められているとはとうてい思えません。やはり、舎利石のような代替物を仏舎利としているのが実状でしょう。それは人の思いとして愚かなことでしょうか。久遠《くおん》の時空を超える偉大な教えを始められた方の遺骨があると想定し、その徳をあらわした空にそびえる美しい塔を、古人は苦労して築いたのです。それは、煩悩の闇のなかにある我々が、彼方の清らかな境地を仰ぎ見る思いからするところでしょう。そこに、あの詩の遠くの光に憧れる情念に通じるものを想うのは、私の思い過ごしというべきか、「舎利が浜」との奇しき因縁でしょうか。

禅宗で時折読む短いお経に『舎利礼文《しゃりらいもん》』があります。本来は菩提《ぼだい》（悟りの智《ち》慧《え》）を求めて仏舎利を礼拝する時に唱えるお祈りです。古くは「穴経《あなきょう》」と称して、お棺を穴に埋める時に読んだそうです。現在は出棺の際やお棺に点火する時に読んだりします。「われらの骨身《こっしん》を転じて仏身《ぶっしん》になそうと」する祈りであるとも解釈されています。

親しい人と、いよいよ永久《とわ》の別れをする時。人々は、遠い美しい光のある安らぎの境地を想い、そこへ亡き人を送らんとして、この祈りを捧げまたは聞いたことでしょう。

舎利礼文《しゃりらいもん》

一心頂礼《いっしんちょうらい》　万徳円満《まんとくえんまん》　釈迦如来《しゃーかーにょーらい》　心身舎利《しんじんしゃーりー》
本地法身《ほんじーほっしん》　法界塔婆《ほっかいとうば》　我等礼敬《がーとうらいきょう》　為我現身《いーがーげんしん》

入我我入《にゅうがーがーにゅう》　仏加持故《ぶつがーじーこー》　我証菩提《がーしょうぼーだい》　以仏神力《いーぶつじんりき》
利益衆生《りーやくしゅーじょう》　発菩提心《ほつぼーだいしん》　修菩薩行《しゅうぼーさつぎょう》　同入円寂《どうにゅうえんじゃく》
平等大智《びょうどうだいちー》　今将頂礼《こんしょうちょうらい》

二〇一七年九月

五十九　定中昭鑑《じょうちゅうしょうかん》

冬に市内で雪がちらつくと、その地は積雪数十センチ。わが寺から車で一時間ほどの北山杉《きたやますぎ》の美しい深い山の懐《ふところ》に、私が兼務住職をしている金龍山寶泉寺《きんりゅうざんほうせんじ》があります。

その寺で恒例の一月の法要がある日。かすかにふる雪の中、周山《しゅうざん》街道を北上し紅葉で有名な山間《やまあい》の高雄《たかお》にさしかかると、木々の枝は銀色を帯び、山並みは水墨画のような風情です。以前述べたようにこの辺りはわが御本尊の故郷です。眼下の深い谷間にご本尊はおられたのか。眼はおのずとそれを探るようになります。

神護寺《じんごじ》や高山寺《こうざんじ》への参道を左手に見ながら通り過ぎ、清滝川《きよたきがわ》に沿う山裾の道をひた走ると、やがて中川《なかがわ》という街並みにさしかかります。川沿いに材木を置く倉庫が並び、皮をはぎ磨き上げて白々とした北山杉の丸太が幾本も立てかけてあるさまは、雪景色の中でいっそう神々《こうごう》しいまでに輝くようです。和室の床《とこ》の間《ま》の床柱《とこばしら》に用いるものです。「北山杉のまっすぐに、きれいに立ってるのをながめると、うちは心が、すうっとする」。川端康成氏の小説『古都《こと》』の主人公の娘の言葉です。

この中川を超えて行くと、小野郷《おのごう》という町にさしかかります。ここまでたどってきた国道から山間《やまあい》の小暗い細い道へ入ると、路面にも雪がありいっきに雪が深くなります。その分岐点から寺までは昔でいう一里だそうで約四キロです。杉が清《すが》しく林立する林の中の道をぬけると視界が開けた山里に出ます。そこが大森《おおもり》という地域で、中川や小野郷と共に、古くから朝廷等へ材木を供給した歴史のある北山杉の産地です。周囲を山に囲まれた盆地のせいか、ひときわ雪が深くなるようです。この地の山裾に寶泉寺《ほうせんじ》があります。その本堂での法要の後、檀家の皆さんとの和やかな懇親会で少々のお酒をいただき、帰路はほろ酔いの夢見心地で送ってもらう車中から山里の雪景色を眺めるのですが、市街に着くとたいてい雪のかけらもないのです。

この地域では、「松上《まつあ》げ」という火祭りや、「虫送り」という松明《たいまつ》や鳴り物で害虫を追いやる儀式など、多くの行事が数十年前には行われていました。しかし、人口の流出や生活様式の変化などで、やむなく次々となくなっていきました。

そもそも寶泉寺との関係は、光清寺第三世の秀峯義學《しゅうほうぎがく》禅師を開山として宝暦二年に寶泉寺が創建されて以来、光清寺を本寺としています。その半世紀以上前の元禄の頃既に禅宗宝泉庵が古くからあるという記録があり、その名を踏襲して改めて開創されたのでしょう。

お寺のすぐ近くの山間《やまあい》に惣墓《そうばか》と言われる中世以来の共同墓地があります。所々小石が積み上げられた場所があり、昔の土葬のなごりのようです。その中に人の背よりやや低い高さの五輪塔《ごりんとう》があります。

五輪塔とは、わが国で平安時代から独自に造形された供養塔です。仏教の宇宙観の元素である五大《ごだい》、すなわち、固さと保持の「地《ち》」、湿潤と収集の「水《すい》」、熱さと熟成の「火《か》」、動きと成長の「風《ふう》」、空間の「空《くう》」を象徴したものです。その元素で満たされているという意味で「五輪《ごりん》」というのです。下から四角柱の地輪《ちりん》、球形の水輪《すいりん》、四角錐の火輪《かりん》、半円の風輪《ふうりん》、団形の空輪《くうりん》を重ねた石塔が、現在も墓塔の形として用いられます。

この大森惣墓五輪塔は研究者が時折調査に来る貴重なものです。そこには「西河内一結衆等建立　至徳二年乙丑二月敬白」と刻まれています。「西河内《にしかわち》」は明治以前の現地の地名で、「一結衆《いっけつしゅう》」とは信心を同じくする人々の意。共同墓地全体の供養塔です。南北朝時代の建立で六百年以上を経ています。

そのまわりの地面一面には柔らかに苔が生え、杉林に囲まれた静寂があり、そばには落葉樹の巨木があって、夏は清涼な木陰をつくるようです。石は苔むしてさすがに古色蒼然としていますが、欠けることなくしっかりとした形のままです。五輪塔の形は坐禅中の人の身体にもなぞらえられています。つまり、下から坐を組んだ脚、腹、手を組んだ腕と胸、顔、頭というふうに。その姿を眺めるうちに、菩提樹下で悟りを開かれた釈尊の深い瞑想を想いました。

　わが宗門の祖師に捧げる法要では、導師が香語《こうご》という自己の境地をあらわした漢詩を書いた紙面を仏前に掲げ、その末尾の左上に「定中昭鑑《じょうちゅうしょうかん》」と必ずしるします。意味は「仏が坐禅をして瞑想をしつつ我々を見守りたまう」という

大森惣墓五輪塔

祈りにも似た語です。

まさにあの五輪塔は、やさしい木漏れ日や厳しい風雪の中で、静かな深い瞑想のうちにたくさんの人々を見守ってきたことでしょう。親しい人への冥福の祈りを、労苦多い山でのなりわいを、折々の親睦の楽しみを、寶泉寺と光清寺歴代住職の勤行や往還を。

二〇一八年三月

六十　山静かにして太古《たいこ》に似たり

「ああ」「そうか」「いやあ」

こんな片言《かたこと》を言っても絵になる俳優がかつていました。笠智衆《りゅうちしゅう》さん、私の好きな俳優です。

いちど彼が主演の『東京物語』（一九五三年）を家で妻と見たことがあります。世界的に評価の高い作品ですが、実に淡々とした内容でした。妻とあれこれ批評しながら何とか最後まで見ることができました。私が一人で見ていたら、きっとと途中で寝てしまったかもしれません。

広島県尾道《おのみち》に暮らす老夫妻が、東京の息子と娘の家を泊りがけで訪ねます。初めは歓迎するようで、いずれの家庭も生活に追われて忙しく、やがてじゃまに思われていくようでした。笠さん演じる老父は実に控えめで言葉少ないながら、各家庭にたいへん気づかいしているようでした。戦後の核家族の問題を視野に入れたものでしょうか。老夫妻は雰囲気を察してか、子ども達に楽しかったと感謝しつつ予定より早めに帰途につきます。

それから間もなく老妻が危篤《きとく》になりました。皆が集まり臨終を看取ろうとする場面で、医師の長男が「明日の朝までもてばいいんですが」と言います。老父はそれを聞き、いつもの平穏なようすで、「そうか、おしまいかのう」と言いました。それは映画のシーンとしてあまりに平淡すぎ、失礼ながら滑稽《こっけい》さすら感じました。再度見た時に、横たわる妻を前に一瞬悲しみをたたえた表情を見せる場面を見出しました。笠さんには、涙を見せたくないという生涯一貫した矜恃《きょうじ》があり、監督が涙の演技を要求しても断ったことがあるそうです。彼の演技は、内に秘めた葛藤や悲嘆が自然にそこはかとなくにじみ出るようです。

『東京物語』の最後の場面で近所の女性が慰みの声をかけると、老父はいつものように穏やかにこう言います。「気のきかんやつでしたが、こんなことなら、生きとるうちに、もっとやさしゅうしといてやりゃあと思いますよ。ひとりになると、急に日が長うなりますわい」。一抹の寂しさをたたえながらも、笑みを浮かべたその静かなたたずまいには、何かしら生死をこえる宗教的な諦観《たいかん》さえ思わせるものがあります。笠さんの存在そのものが、味わい深い〝風景〟のようです。

この笠さんを尊敬していた高倉健《たかくらけん》さんにも、キャラクターがまったく違うようで、何か共通するものがあるように思えます。名作『幸福の黄色いハンカチ』で共演した武田鉄矢さんが、「健さんは富士山のようだ。黙って立っていても絵になる」と言っていたようです。

禅僧においてもそうしたことがあるようです。いや、むしろ言葉を介せず伝わることこそ禅の真髄というものでしょう。

私が修行した道場の先輩にアメリカ人の方がおられました。その方が母国で学生の折、南禅寺の柴山全慶《しばやまぜんけい》老師が講演に来られました。師は日本語で話され、先輩は通訳で聞いたけれど、話の内容は何も覚えておられないそうです。その時のことを次のように回想されています。「老師その人から受けた印象は鮮烈だった。人間に与えるものは言葉ではない。飾り気のない人柄に、強く心をうたれた。これが〈禅の人〉なら、私も禅をやってみたい。初めてそう思った」。万里《ばんり》の波濤《はとう》を超えて日本に禅を求めんとさせる、言葉をこえた魅力的な深い境地を見出されたのでしょう。

その柴山老師の墨跡がわが寺の書院に額装で掲げてあります。「山静似太古」（山静かにして太古《たいこ》に似たり）。その枯淡にして雄渾《ゆうこん》な筆致に高雅な気品を感じます。北宋の詩人唐庚《とうこう》の詩の一節で、言葉の意としては「山の静けさは悠久の時のようだ」ということでしょう。禅語としては、その語に託した禅僧の深い境地をあらわしたものにほかなりません。残念ながら柴山老師じしんの解説を見出しえませんでした。ただ、この「静」に近いと思われる「閑《かん》」（しずか）一字の禅語についてこう言われています。「閑忙を超え迷悟を超えて、城市《じょうし》（都会）の雑閙《ざっとう》（雑踏）にあっても閑、到るところ自由に往来して、しかも心に何のさわりも生じない」。これを通して思いますと、どこにあっても揺るがない、山の悠久の静けさのような、落ち着いた境地、ということでしょうか。

私が修行した道場での参禅の折。老師がおられる部屋に入り伏し拝む間、師は沈黙のうちに笑みをたたえ端座して瞑目されていました。小柄な方でしたが、その時こそは、威厳と慈愛に満ちた悠久の大いなる静かな山を仰ぐようでした。

私がひたすら黙っていたら、「何か陰気な人やね」と思われるだけでしょう。ですから何とかぶざまでもポツリポツリとお話しするしかありません。高倉健さんが「不器用ですから…」と言うとシブくてかっこいいですね。私がそんなことを言うと、「ほんまにそうやね」と言われるのがオチでしょうねえ。　二〇一八年九月

六十一　柔《にゅう》軟《なん》心《しん》

一

鍛冶屋で働いていた青年が、お公家《くげ》さんの当主として迎えられた。しかも、皇族の伏見宮家《ふしみのみやけ》へ。

そんなシンデレラストーリーのような話が江戸時代にありました。

時は江戸時代の萬治《まんじ》三年（一六六〇）七月十七日。二十八歳の男子へ朝廷から皇族の親王《しんのう》となる命令が下されました。その男子とは伏見宮第十三世貞致《さだゆき》親王《しんのう》。実はこの光清寺を創建した方です。ある公家の記録によると、この方は十二、三歳の頃に西陣埋忠《にしじんうめただ》という鍛冶屋の弟子になり、十八歳まで「長九郎」と称していました。彼は鍛冶の腕も大変器用だといい、そのような人が親王になったのは「不思議の沙汰《さた》」であると記されています。当時の公家社会の中でも、ずいぶん好奇の目で見られていたようです。

親王《しんのう》とは、もとは「天皇の兄弟・皇子」の呼称です。後には親王宣下《しんのうせんげ》のあった皇族を言いました。親王宣下とは親王と称することを許す天皇の命令です。江戸時代には、伏見宮・桂宮《かつらのみや》・有栖川宮《ありすがわのみや》・閑院宮《かんいんのみや》の四親王家《ししんのうけ》が世襲になっていました。その一角である伏見宮の第十代邦尚《くになり》親王に男子が一人いました。後の貞致親王です。母親は定子という名の「家の女房」、つまり御殿女中でした。その時代の公家の家によくあることのようです。邦尚親王は病弱ゆえ元服《げんぷく》をせず、三十九歳で亡くなっています。定子は邦尚親王よりひと回りほど年上です。

邦尚親王が十七歳で、彼女が三十歳の頃に貞致親王を生んだようです。

貞致親王への親王宣下までの経緯は諸説あるようですが、要約すると次のようです。

貞致親王は丹州小口村《たんしゅうおぐち》（現京都府亀岡市）の母親の実家の安藤家で生まれ養育されました。一時祖父の貞清《さだきよ》親王に洛中へ呼び戻されるも、継嗣問題をめぐる讒言《ざんげん》により再び母子で宮家を出て、母親の妹の嫁ぎ先である埋忠《うめただ》氏に身を寄せ沈淪《ちんりん》していたといいます。「沈淪」とは「おちぶれていた」という意で、後にはれて親王となったことからの、宮家側の評価のようです。埋忠とは、国宝指定の作品もある美術的な刀剣をつくる名工の家です。幕末の坂本龍馬もその刀を所持していました。貞致親王が青春期に、名匠のもとで額に汗して美しい刀剣をつくる技量を磨き、そこに生きがいを見出していたとしても不思議はないでしょう。その頃、すでに庶民出身の妻とその子もあったか、あるいは将来を言いかわしたよき人もあったのでは。ずっと後に、親王はその頃がいちばん幸せだったと回想したかも…。そんな小説的な想像をしてしまうほど、貞致親王の生い立ちは独特な曲折があり謎めいています。

　承応二年（一六五三）から同三年にかけて、父親の十一世邦尚親王、祖父の十世貞清親王、叔父の十二世邦道《くにみち》親王が相次いで亡くなりました。ここにおいて、当時逼塞《ひっそく》していた後の貞致親王をのぞいて伏見宮家に男子がいなくなったのです。そこで朝廷は、前天皇の御水尾院《ごみずのおいん》の皇子がたくさんいたので、そのうちの一人を伏見宮の跡継ぎとし、貞致親王は出家させることに内定していました。

　このことを聞いて一大事とばかり立ち上がったのが、安藤定為《あんどうさだため》という人です。定為は貞清親王の家令《かれい》（事務担当）として仕えていました。貞致親王の母は、定為の伯父の娘でいとこにあたります。定為も小口村出身で同じ安藤一族です。そもそもこの安藤一族の初代は、伏見宮第七世邦輔《くにすけ》親王の長男邦茂王《くにしげおう》でした。安藤家の先祖の娘が邦輔親王に仕えその間にできた人です。しかし、その出生が父邦輔親王の元服前で、後に正室が皇子を生んだので、邦茂王に終生親王宣下はありませんでした。邦茂王は都の戦乱を避けて母の郷里の小口村に退き、安藤一族の娘をめとり、名を惟実《これざね》と改め小口安藤家初代となったのです。

　定為には、一族から何とか親王を出したい、また祖先が果たし得なかったことの再挑戦だ、という熱い思いがあったのかもしれません。能吏《のうり》の誉れ高い京都所司代《しょしだい》の板倉重宗《いたくらしげむね》を通じて幕府に伏見宮の御嫡尊《ちゃくそん》あることを訴え、関係者各位に働きかけ、ついに伏見宮第十三世貞致親王を実現させました。

ひとたびは鍛冶屋の弟子「長九郎」であった人が、皇族の栄華を極めることになったのです。ご本人は数奇な運命の結果に、夢見る心地だったでしょうか。

一方で、微妙な影が、その人生にあるのを見出すようです。親王の妃《きさき》の弟の近衛基熙《このえもとひろ》が、親王を「異風人間」（風変わりな人）と評し、晩年はまったく朝廷行事への出席がなかったと日記にしるしています。基熙は朝廷の中枢たる摂家の当主で書画に秀で和歌や有職故実《ゆうそくこじつ》（古来のしきたり）への造詣も深い人でした。そのような典型的な公家的文化人が貞致親王に、何らかの違和感を抱いていたようなのです。これは逆に親王の気持ちからすると、鍛冶屋の弟子だった生い立ちから、公家社会に甚だなじめないものがあったのか、と想像してしまいます。当時は、天皇の住居の内裏《だいり》を中心に皇族や公家が集住していましたから、親王の特異な経歴に宮廷社会の注目がいっそう集まり、親王にとってずいぶん煩わしいことだったかもしれません。

貞致親王の母親は寛文四年に六十三歳で亡くなり、千本通寺之内東入の浄光寺に葬られました。その五年後の寛文九年（一六六九）に、親王から杲山義洋《こうざんぎよう》禅師へ、母親の位牌を置いて供養し、かつ禅師が隠居する寺として寺地が寄進されました。すなわち、このことこそ光清寺創建の由縁であります。杲山禅師あての寺地譲状は安藤定為がしるしています。引き続き伏見宮に仕え事務を担っていたのでしょう。その文書によると、親王の母親は郷里の小口村で親王を養育していた頃から杲山禅師に帰依していたようです。定為じしんも、後には禅師に師事しているので、以前から親しい間柄だったのかもしれません。こんな想像が浮かんできました。

定為「宮さま、丹波の杲山和尚が隠居する寺を望まれているそうです」。

親王「おおそうか。しばらくお会いしていないが、おいくつになられた、もう六十か、早いものだ。逼塞《ひっそく》の間、母はずいぶんお世話になった。自分の供養を和尚に頼んで身罷《みまか》ったのだが、それをかなえぬままで、ずっと気にはなっているのだ」。

定為「わが領の聚楽之内《じゅらくのうち》に義春坊《ぎしゅんぼう》とやらが逐電《ちくでん》（逃亡）した寺地がございます。

ここに和尚をお迎えして、あわせて母上の御位牌を置かせられ御供養をお頼みなされればいかがでしょうか」。

親王「それは良き考えだ。母も喜ぶであろう。あそこなら、ここからほど近うて静かな所だ。お参りがてらお会いするのも楽しみだ。ひとつ取り計らってくれないか」。

定為「かしこまりました。おやすい御用でございます」。

当時の伏見宮のお屋敷は相国寺《しょうこくじ》の南、現在の同志社女子大学の辺りにあり、当寺まで徒歩三十分ほどの距離です。

二

伏見宮家代々の菩提寺は、大本山相国寺山内の名刹大光明寺《だいこうみょうじ》です。私はかねてから参拝の念願がありましたが、昨年相国寺派大應寺《だいおうじ》住職様のご紹介で果たすことができました。

当日は大光明寺住職様の懇切丁寧なご応対をいただきました。本堂内陣に伏見宮家代々の立派なお位牌が居並ぶさまは、荘厳なまでの雰囲気がありました。ご住職の話によると、およそ公家の子は幼いころから乳母《うば》に育てられ、実母との関係は庶民よりずっと希薄なようです。また、貞致親王のお位牌はあっても、母親のお位牌はなかったそうです。埋葬されるのも親王は相国寺そばの現在宮内庁管轄のれっきとした伏見宮家墓地です。しかし、女性の場合は一定していないようです。貞致親王の母も妃《きさき》も別々のお寺でした。貞致親王の母親のようにわざわざ寺を建て位牌をおくようなことは極めて異例なようです。「いいお母さんだったのでしょうね」と、ご住職のご感想をいただきました。

母親は苦難を共にしながらよく慈しみ育んでくれた、という強い思いが親王の胸中にあったのでしょうか。当寺に置かれた親王の母の位牌には、「慈眼《じげん》院殿《いんでん》心和光清大信女《しんわこうせいだいしんにょ》」とあります。当寺の名称「心和山光清寺」は、この戒《かい》名《みょう》にちなんでいるのです。その「慈眼」（慈しみのまなざし）や「心和」（心なごやか）は、やはりその人柄をあらわしているのでしょう。杲山禅師が長い親交のなかで、この戒名を授与したとも思われます。

三

昭和六十一年（一九八六）の当寺山門落慶式の折、私が師事した老師《ろうし》さまが、祝辞で山号の〝心和〟にちなんだお話をされました。

「このお寺の山号〝心和《しんわ》〟とは、心のやわらぎということですね。それは〝柔《にゅう》軟心《なんしん》〟とも言えるでしょう。道元禅師が中国での修行から帰国して、ある人に何を得てきたかを問われた。禅師はただ、〝われ柔軟心を得たり〟とだけ言われた。しかし、この柔軟心を得ることは、なかなか難しいのです」

〝柔軟心〟は、仏教の辞書に「柔らかな心。真実にすなおに従う心。大慈悲の心をいう」とあります。道元禅師は、禅の極意を象徴する語として言われたのでしょう。〝心和《しんわ》〟とは、とくに仏語にも禅語にもないようですが、老師さまはそこに到達すべき境地を想われたようです。老師さまは修行においては厳格ですが、たいへん子どものお好きな方でした。私にもやさしい慈愛をいただきました。今にして思えば、あの時〝心和〟へ命を吹き込んでいただいたように思えるのです。

当寺境内の杲山禅師の墓の右隣に、貞致親王の父母の戒名を共に刻んだ供養塔があります。建立の年は不明です。隣の禅師の墓と石質がよく似ているので同時期だったのかもしれません。貞致親王は元禄七年（一六九四）に六十三歳で、禅師はその三年後に八十八歳で亡くなっています。供養塔は親王自らの願いだったのか、開山か後の住職のはからいだったのか、今は知るよしもありません。

伏見宮に関する史料を網羅した『伏見宮実録』には、貞致親王による当寺創建に関する同時代の記事を見出せませんでした。親王にとってこの寺は、ごくプライベートなものだったからでしょうか。今本堂内陣には、貞致親王と父母の三つのお位牌が置かれ、その手前正面に老師の墨跡『帰家《きか》』を掲げています。

当寺創建当初、境内は今よりずっと狭く、周辺は藪や畑が広がる閑静な郊外という景観だったようです。私はふと想像します。

親王はみずから建てた気がねのないささやかで静かな寺を時折ひそかに訪れた。なによりそこは、煩わしい宮廷社会からのがれ、ほんとうのわが家に帰るように、ホッとできるところだった。その寺には、長年母と自分の人生を見つめてきた親しい老僧がいた。老僧が柔和な笑顔で、「これはこれは宮さま、ようこそおいで下さいました」と迎える。親王も笑みを浮かべながら、「和尚さん、何度も申し上げますが、ここでは〝長九郎〟でけっこうですよ」などというやりとりがあってしばらく歓談した。それから親王は、本堂の母の霊前にしばしばたたずみ、お参りをした。

その時こそは、やんごとなき人としての構えもすっかり忘れ、ただただ人の子としての、心《こころ》は和《なご》やかに、光《けしき》も清《すが》しい、ひと時だったのでは。

二〇一九年三月

Ⅳ　清風明月禅心を照らす

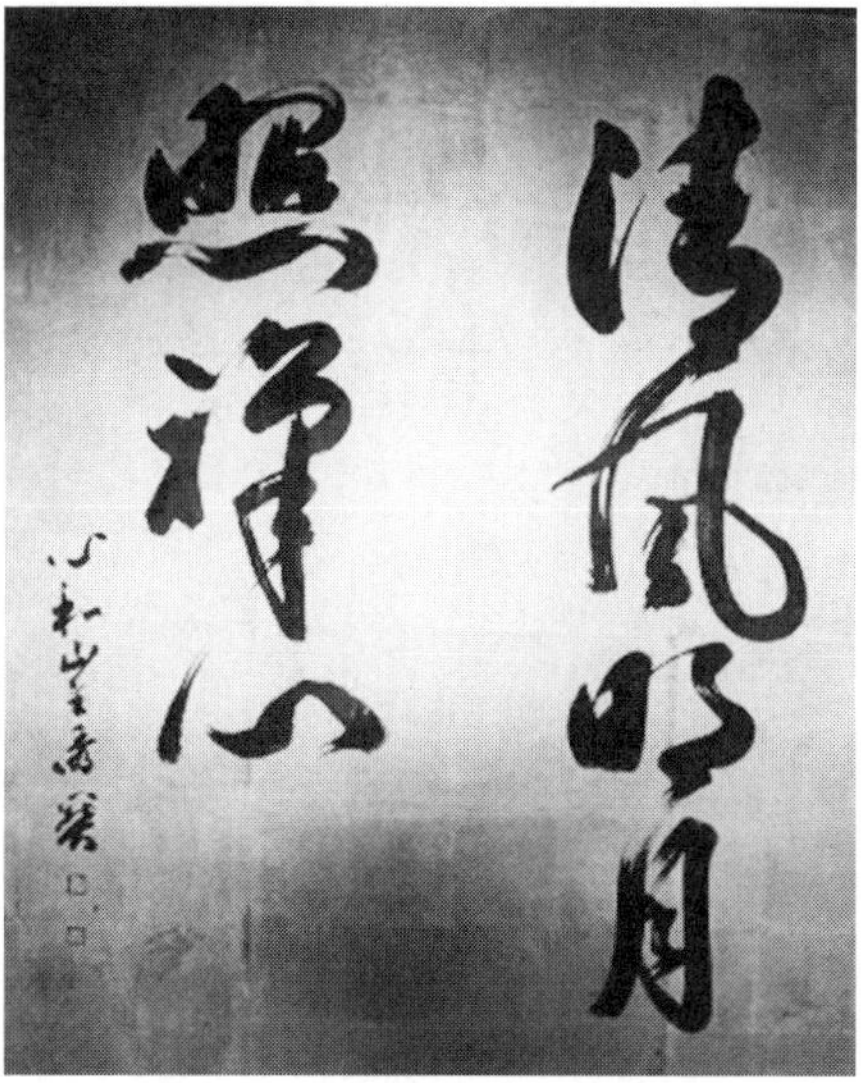

光清寺第十一世透関義繁墨跡
［第六十二節　清風明月禅心を照らす］

六十二　清風明月禅心《せいふうめいげつぜんしん》を照らす

「このワンちゃんに、だれが癒されたはるんですか？」

ある日ご近所の方が、わが愛犬ノンノ（如如・マルチーズ・雄・略称ノンン）についで母にたずねられました。すると、母はすぐにそばにいた私を指さしました。しかし、私じしんはその時、まったくそうだ、とは思えませんでした。

毎日の散歩、食事や排泄の世話、医者通い、シャンプーやカットの送迎など。ほぼすべてが私の担当です。お世話は休みなく毎日です。ただただ目の前に家族の慰めの小さな命があるから、などという義務感が先にたっているようでした。疲れている時など、「じぶんで勝手にごはんを食べて散歩してくれないかなあ」などと思うことも再々です。そのくせ、買い物に出た折など、犬のオモチャ、クッションなどを買い込み、「ノンちゃん好きなんだねえ」と相棒は呆《あき》れていました。また一方で、しつけがじゅうぶんでなかったせいか、ごはんを食べている時にうっかり手を出すとひどく噛《か》まれたりしました。「飼い犬に手を噛まれる」とはまさにこのことです。世話をしてやっているのにこの駄犬《だけん》め、などと思うのは私も愚かな飼い主なのでしょう。

一度だけ番犬らしいことをしたことがあります。老父が寺の留守番をしていた時、外人の男が二人やって来て「オカネクダサイ」と言いました。その時ノンが猛然と吠えかけ男達は閉口して帰ったそうです。

あれはノンが三歳の頃でした。胃腸の調子がひどく悪くなって食べ物を受け付けなくなってしまったのです。日に日にやせ細り、全身の毛も抜け、あばら骨も浮き出し、ミイラのような哀れな姿になってしまいました。四キロ近くの体重が一キロ台になるという激ヤセです。あちこちの医院に行っても治らず、四つ目の医院である薬を与えてもらうと、奇跡のように食べ始めました。その後なお一月ほどは、毎日ノンを連れてその医院に皮下点滴に通いました。日中は仕事があるので、朝の受診が始まる前に医院の前で待ちました。夏の日照りの中でなかなかツライものがありました。それから数ヶ月を経て、ノンは徐々に回復しました。ガサガサだった毛がもとのフワフワした毛にはえかわってきた時は、とても嬉しいものでした。

この一件以来、ますます私がノンを密着して世話することになりました。家族と一緒にいても私に寄ってきて、「お父さんのことが一番好きなんだね。かわいいものだね」と相棒は言いました。「犬は可愛《かわい》がれば可愛いがるほど可愛くなるものだ」と誰かが言ってましたね。すぐそばに居ることも多くなり、ふと、くだらん悩みや嘆きなどの独り言《ひとごと》を彼につぶやくようなことがありました。するとノンは、ぬれた黒い瞳で親しげに私をじっと見つめるのでした。それはただ、動物なりの親愛の反応にすぎないことはわかっていても、何か慰めになるような気がするものです。

親しい仲の人と犬が見つめ合い触れ合うと、双方で安らぎや幸せを感じるオキシトシンというホルモンが分泌されるという研究成果が近年報告されています。母親とおさなごなど、親しい人との間にも強く出るそうです。その現象が異種動物間でとくによく現れるのは人と犬だそうです。犬は家畜の中で最も古く一万年以上にわたり人類が伴侶としてきました。以前言及した「狗子仏性《くすぶっしょう》」(第三十七節)という犬についての禅の代表的な公案(師から弟子への課題)があるのも、このような背景のゆえなのでしょうか。

さてわがノンは昨年の五月に心臓の腫瘍《しゅよう》が見つかりました。余命三ヶ月ほどという診断です。やはり徐々に衰弱していきました。ドッグフードを食べなくなり、妻が次々に調理した食事を与えました。鶏のささみボイル、卵焼き、ふかしジャガイモ、チーズまぜごはん、スイカなど。ほぼ一食ごとに品を変え手にのせてやらないとだめでした。しかも上質なものほど気に入って食べていました。最後にとても贅沢をしました。妻がノンに『ずーっとずっとだいすきだよ』という題の絵本を読み聞かせました。愛犬への思いを描いた作品です。ノンはじっと見つめていて、ただ向き合ってくれるのが嬉しそうでした。それから日に日に衰弱し、やっとの思いで立ち上がり、しっぽをかすかに振りながら私を見つめる姿がけなげで哀れでありました。

八月十六日、お盆の最終日のことでした。参詣者もとだえお手伝いの人も帰り、すっかり境内が静かになったその日の夕刻。どこからか鳥が来て美しい声で鳴きました。ようすを見に行った家人が、ノンの息絶えた姿を発見しました。生まれは二月十五日の涅槃会《ねはんえ》で、死は八月十六日の盆のお精霊送《しょうらいおく》りの日。まるで仏事に帳尻を合わせたようです。
臨終の直後に葬儀社にお勤めの檀家さんが偶然お参りに来られ、職場のドライアイスをいただくことができました。一晩そばで寝て、次の日郊外の火葬場で荼毘《だび》に付しました。読経し引導を渡しました。釜に入る前、「ありがとう」と言って最後にそっと体をなぜました。すっかり冷たくなっていたけれど、柔らかな毛はそのままでした。左はその折の拙い法語《ほうご》（法要で唱える言葉）です。

白暖瞳心　　白暖《はくだん》の瞳心《どうしん》
如如遊化　　如如《にょにょ》として遊化《ゆげ》す
醸成和親　　和親《わしん》を醸成《じょうせい》して
坐胸裡家　　胸裡《きょうり》の家に坐せん

（意訳）白い毛の温もりの、幼子のように無邪気に見つめる心よ。あるがままに戯《たわむ》れて、和やかな親しみを醸《かも》し出してくれた。これからは、わが胸のうちの家にずっといることだろう。

ノンは病の苦しみから、私は十三年に渡るお世話から、もうすっかり解放されたのです。しかしながら、体の底からこみあげてくるような切なさがありました。わが子が、私を慰めるためか、ノンの写真アルバムを作ってくれました。最後のページに「ありがとうノンちゃん　これからもずっといっしょ」という言葉がありました。親しい檀家さんで愛犬家の方が悼《いた》んでくださり供花までいただきました。わが人生最初で最後の愛犬のつもりです。今はただ、かわいがりお世話になった皆さんに感謝するばかりです。

あれはノンが亡くなる半月ほど前の夜。もう散歩もできなくなっていました。ずっと柵の中ではかわいそうかと思い、そっと抱き上げて外へ出ました。かすかに「クゥン」と切なく甘えるような声を出しました。連日猛暑が続くなか台風が過ぎ去った直後で、涼しく心地よい風が吹いていました。鐘楼堂に昇ると、ひときわ明るい満月がでています。「きれいなお月さんだねえ」などとつぶやきながら、しばらく一緒に月を眺めていました。清々《すがすが》しい風と明るい月、いつもそばにいる愛犬のぬくもり…静かでおだやかなこころ…。

ある禅語に思いあたりました。祖父が金屏風にしるしたものです。

清風明月照禅心（清風明月禅心《せいふうめいげつぜんしん》を照らす）

あのほんのひと時によって、この言葉が、今もいっそういとおしく思えるのです。

二〇一九年九月

六十三　生死一如《しょうじいちにょ》

数年前、今年満百歳になられる檀家のおばあさんが、しっかりとした足取りでご参詣になられました。生まれ年をおたずねすると大正五年（一九一六）と言われました。何とその年に、この光清寺の現在の本堂と庫裏《くり》が建立されたのです。この方は、私の居るこの建物と共に人生の年月を重ねられたのか、という感慨がありました。

二代前の住職であった私の祖父は明治二十九年生まれ。幼少の頃京都の中心地にあった実家の商家が没落し、病身の母親は遠方の実家に帰り、生涯会うことなく亡くなっています。祖父は父と弟二人とで、光清寺近くの借家で細々と暮らしていました。子どもだった祖父が質屋におつかいに行った時、居合わせた光清寺の檀家の方が、その困窮を見かねて世話をしてくれ八歳で小僧に入ったのがこの寺だったそうです。親族の伝聞によれば、その檀家さんは、菊池寛《きくちかん》と共に芥川賞・直木賞を創設した小説家・編集者の佐佐木茂索《ささきもさく》氏のご先祖だったとか。当時の住職は独身を通し大変厳しかった、と祖父は回想していました。弟達は商家へ奉公に出され、父親は台湾へ渡ってしまったそうです。

現在の本堂・庫裏建立の大正五年に祖父はほぼ二十歳。七年後の大正十二年に住職に就任しています。一家離散の憂《う》き目の後に、木の香もかおる新築寺院の青年住職となった祖父は、どんな感懐を抱いたのでしょうか。

さて、光清寺創建は寛文九年（一六六九）ですから、大正五年以前の建物があったはずです。実は、親交のあった近くの選仏寺様が旧光清寺本堂を買い取られたのです。選仏寺先代住職様が編集した『選仏寺年表』の大正五年の記事に「光

清寺本堂を買収　元安楽寺跡地に北町青年団集会所として移転建設」とあります。その建物らしきものは、今も地域の祭りを担う瑞饋神輿《ずいきみこし》保存会の集会所として用いられています。ただ、その建物の外観を見ると、どうも本堂らしくは見えません。

数年前、現選仏寺住職様から、大変興味深い報告を受けました。亀岡の東《とう》光寺《こうじ》様の本堂が、昭和十四年に選仏寺から寄付されていることを、先方へ行った折に確認したというのです。つまり、次のような経緯があったのではないかと思われます。光清寺旧本堂・庫裏が合わせて、いったん近くの北町へ集会所として移転された。後に旧本堂が東光寺へ移転し、旧庫裏はそのまま残された、と。

先の東光寺とは、第六十一節で述べた光清寺創建に関わった伏見宮家の家令《かれい》安藤定為《さだため》を含む安藤一族およびご子孫の菩提寺です。幼少の頃の光清寺開基伏見宮貞致親王《ふしみのみやさだゆきしんのう》が、安藤家出身の母親と共に身を寄せた小口《おぐち》の里にあります。東光寺は京都市上京区の興聖寺《こうしょうじ》の末寺で、光清寺開山杲山《こうざん》禅師が師事した泉渓《せんけい》禅師は興聖寺の三世住職です。また、杲山禅師が丹波国《たんばのくに》（現亀岡市など）で貞致親王の母親の帰依を受けていたという記事が、伏見宮から杲山宛の寺地譲状（寛文九年）にあります。ひょっとしたら、東光寺にわが開山の足跡《そくせき》があるのではないか。いつかそのことの調査を合わせて旧本堂・庫裏を拝見したいものだとかねがね思っていました。

昨年の五月、選仏寺住職様に種々段取りしてもらい、念願がかなう運びになりました。まず、北町の集会所の内部を保存会会長の佐伯昌和様に快く見せていただきました。光清寺に残る旧本堂・庫裏の略式の図面と照合すると、ずいぶん間取りは違うようです。しかし全体の規模はほぼ同じように思えるので改造されたのでしょうか。小僧の頃の祖父が、不安を抱きながらこの建物に起居したのかと思うと感慨深いものがありました。

次に車で一時間ほどの京都市から北西方面の亀岡市に向かいました。同行は選仏寺住職様と、同じく親しい普門軒住職様、当寺副住職です。

市街地の北方、田植えの時期のみずみずしくうるわしい田園風景を見ながら、なだらかな姿の千年山《ちとせやま》の山裾にある静かな東光寺へ到着しました。ご住職には事前に関係資料もいただき、懇切丁寧にご対応いただきました。まず、開山様に一同で勤行を捧げた後、本堂をじっくりと拝見しました。ご住職が言われたように光清寺旧本堂の図面と一致します。現本堂よりひと回り小さいようですが、しっかりと護持されおもむき深いものがありました。寄付札に「古建造物本堂一棟　京都選仏寺梶浦逸外」とありました。逸外《いつがい》師は二代前の選仏寺住職で後に岐阜県正眼寺《しょうげんじ》僧堂の師家《しけ》になられ、かつてプロ野球巨人軍監督川上哲治《かわかみてつはる》氏も参禅した高僧です。私の祖父とは小僧時代から親しい仲でした。

　そもそも光清寺旧本堂が、なぜ東光寺に移築されたのでしょうか。今のところ不明ですが、光清寺創建の機縁をもたらした安藤定為《さだため》のご子孫との関係があるように思えるのです。定為の次男為章《ためあきら》が著した『年山紀聞《ねんざんきぶん》』（文化元年刊）が、明治三十四年にご子孫の安藤健次郎氏から光清寺へ寄贈されています。

　光清寺開山杲山禅師《かいさんこうざんぜんじ》が東光寺住職を一時期つとめていたのではないかと予想しましたが、そうではありませんでした。東光寺所蔵の法脈系図を拝見すると興聖寺第三世泉渓の法嗣《はっす》（法統を嗣《つ》ぐ弟子）として「福性杲山義洋《ふくしょうこうざんぎよう》」とあります。「福性」とは、現在相国寺派で明治以前は興聖寺派の福性寺《ふくしょうじ》（保津町）のことで東光寺からほど近い所にあります。福性寺の興聖寺派としての開山は泉渓禅師のようです。杲山禅師は住職をしていませんが、一時期師に縁《ゆかり》のある福性寺に居たのかもしれません。

東光寺ご住職の案内で福性寺の外観を拝見することになりました。車で山沿いの道をしばらく走り、山道を少し上ったところにそのお寺はありました。山門への参道の両側にカエデが植えられ緑の潤いがみごとでした。偶然ご老僧とお会いすることができ、この寺では泉渓禅師を開山と仰ぎ、昔は徒歩で東光寺へ往還することがあったと話されました。

貞致親王と共に東光寺近くの安藤家にいた母親が杲山禅師に帰依したのは、禅師が福性寺にいた頃なのでしょうか。また、わが寺の伝承に、杲山禅師は「丹波国保津《ほづ》の里に隠棲《いんせい》」（大正十二年記録帳）していたとあります。光清寺に入る直前のことだったのでしょうか。先の福性寺は近世の地名で丹波国北保津村（現亀岡市保津町）にあり、この記事と符合します。

東光寺住職のご教示によると、杲山禅師は、亀岡から南西方面の大阪府能勢町にある興聖寺派少林寺で、開山泉渓禅師のあと第二世住職を寛永年間（一六二四～四三）に勤めています。その時期は、杲山禅師が一時期師事したという高僧一絲文守《いっしぶんしゅ》禅師が、少林寺からほど近い亀岡市南西部に居た時期と重なります。本来の師は泉渓禅師で、当時名声があり近くにいた一絲禅師にも参禅したのかもしれません。ともかく光清寺へ「隠居の寺」として入る以前の壮年期には丹波にいて、安藤家との関わりがあったのは確かなようです。

さて、安藤定為は五十二歳で伏見宮家を致仕《ちし》した後、杲山禅師に経巻祖録の講説を聞き坐禅を修め、五十四歳で杲山禅師を戒師《かいし》として剃髪《ていはつ》し朴翁居士《ぼくおうこじ》と称しています。その後故郷に帰り、曽祖父邦茂王《くにしげおう》が隠棲した抱琴園《ほうきんえん》を復興して住まいしました。その遺跡が東光寺そばのご子孫安藤家の宅地内にあり、先代様の奥様に快く拝見させていただきました。そこは、なだらかな山並みと豊かな田園を一望できる高台にありました。

定為は、故郷で経典読誦《どくじゅ》と習禅の日々を暮らしました。六十歳の夜、「突然内心のわだかまりが無くなり、生死がひとつとなる安らぎ（生死一如《しょうじいちにょ》）を得て、自他の隔てが無くなった」という境地に至りました。これは杲山禅師の遺偈《ゆいげ》（第五十一節）にある「最期のひと笑いこそ　はなはだ新鮮だろう」という、生死を超えた境界《きょうがい》に通じるものがあるように思えます。

我々はこの巡礼の最後に、わが開山を機縁《きえん》とする境地、「生死一如」にいざなわれたようです。

二〇二〇年三月

六十四　洗《せん》耳《じ》

♪人生楽ありゃ苦もあるさ
涙のあとには虹も出る
歩いてゆくんだしっかりと
自分の道をふみしめて

（ああ人生に涙あり　作詞：山上路夫）

中高年の方ならご存じでしょう。テレビ番組『水戸黄門《みとこうもん》』の主題歌ですね。実はこの黄門様に、光清寺創建に関わった人が親しくお会いしているのです。

あの番組は一九六九年に始まり、二〇一一年まで四十二年間に及ぶ世界的にもまれなご長寿番組でした。主人公は、徳川御三家の一角水戸藩のもと藩主で家康の孫にあたる徳川光圀《みつくに》。黄門《こうもん》とは、藩主引退の際、朝廷から与えられた位階「中納言《ちゅうなごん》」の別名で、世に「水戸黄門」と呼ばれていました。番組の黄門役は五代にわたり、近年復活した番組の武田鉄矢《たけだてつや》さんで六代目になります。私は何といっても初代の東野英治郎《とうのえいじろう》さんが懐かしく、「黄門さま」というとあの滋味深い人柄を思い浮かべます。

ドラマは黄門が商人のご隠居を装い、武道抜群の助《すけ》さん格《かく》さんを従えて全国を巡歴し、悪徳な代官や商人などを成敗《せいばい》していくという物語です。例えば悪役の代官が、不正なはからいの見返りに、ギラついた商人から菓子折りの底にぎっしり詰められた小判を賄賂《わいろ》としてもらい、「おぬしもワルじゃのう、ガハハハッ」と高笑いするような場面があったような。さらに、親が病身で困窮し、けなげに親の面倒を見つつ懸命に働いている美しい娘を、先ほどのような悪徳商人が、あくどい借金をかたに手込《てご》めにしようとしている。

このような人道上けしからん問題を、教養高く高潔にして慈愛深く正義を熱く求める黄門さまがつきとめ、悪の巣窟にのりこみ、助さん格さんが悪役の配下達をバッタバッタとなぎ倒し、ほぼ番組開始から四十五分ほどたった頃。荘厳な効果音と共に、ほとんどの場合格さんが、おもむろに例の徳川将軍家の葵《あおい》の家紋が入った印籠《いんろう》を懐から出して掲げる。そして威厳たっぷりに「こちらにおわすお方をどなたと心得る。畏《おそ》れ多くも先の天下の副将軍水戸光圀公にあらせられるぞ。頭《ず》が高い、控《ひか》えおろう」と口上を述べる。すると、その場の一同皆、血相《けっそう》変えてひれ伏し、黄門様のお裁きを粛々《しゅくしゅく》と受けるのであります。

もちろんこの物語はすべて創作です。江戸時代後期になって黄門をめぐる伝説的小説が著され、明治になって助さん格さんを従える「水戸黄門諸国漫遊記」の原型ができました。実際の黄門は、ほぼ藩外へ出たことはありません。例の印籠を見せるしぐさも、番組用に作られたものです。副将軍という役職もありません。しかしながら、テレビの黄門さまのキャラクターは、徳川光圀その人の実像を何ほどか反映しているとは思えます。

光圀は若いころ相当なやんちゃ者で家臣も困っていたそうです。十八歳の頃、中国の史書『史記《しき》』を読んで感銘を受け非行を改めて学問に励むようになりました。当代一流の学者と詩文をやりとりするほどの学殖《がくしょく》を得て、『大日本史《だいにほんし》』など書籍の編纂《へんさん》や文化財保護の事業を進めました。儒教を信奉して仁政《じんせい》をめざし、親孝行の貧しい農民を表彰し報償《ほうしょう》を与えています。家臣には寛容な態度で臨み、一方で生涯武人としての熱い思いがあり、六十七歳で家臣を自ら手打ちにしたことがあります。二十七歳で公家《くげ》の娘と結婚するも四年後の夫人の死去に悲嘆し、以後は生涯妻も側室ももちませんでした。隠居後は簡素な山荘に住み、食事も衣類も大変質素であったそうです。藩主をやめ隠栖《いんせい》という形になっても、領内の巡視や文化事業に尽くし、藩政に関与していました。晩年は仏教に傾倒し、七十歳を目前に夫人の命日に出家しました。その翌年、当寺創建の由緒に関わった安藤定為《さだため》と面会しているのです。

定為の息子、為実《ためざね》・為章《ためあきら》兄弟が水戸藩に出仕し、光圀の文化事業の一環である朝廷の儀礼関係の書籍を編纂する任務にあたっていました。この兄弟が元禄十年（一六九七）に丹波小口村（現亀岡市）に隠居していた定為を呼び寄せ、定為は一年ほど水戸に滞在しました。その折、光圀が定為を山荘に招き歓待したのです。光圀は、初めて会うのに旧友と談話するようで、「近年の良友幸いの幸いなり」と、その出会いを大変喜んでいます。

定為は光圀について、世の人々が仰ぎ尊んでいる方に間違いなく、「威《い》ありてのとやかにうやうやしうしてやすらかなる御容貌」であり、文道にうとい一般の武士と違い文武の才が共に豊かである、と批評しています。定為は滞在中に光圀に度々招かれ厚遇を受けました。共に同じ古希《こき》（七十歳）の年頃で、定為も隠居して坐禅と読経の日々を暮らし学識豊かでありましたから、意気投合したのでしょう。それにしても、一藩士の父親への破格の待遇といえます。

とくに注目すべきは、光圀が以前から定為の曾祖父惟翁《いおう》の「千年山八境の記《ちとせやまはっきょうのき》」を写しもっていて、日頃その美しい文を愛《め》で、わからない文字があるのを憂《うれ》えていたことです。その真跡を定為から借り、解読できたことに光圀は深く感謝しています。

惟翁こと安藤惟実《これざね》とは、伏見宮邦輔親王《くにすけしんのう》の成人以前の子で、母が正室ではなかったので宮家の当主にならず、母の実家安藤家を継ぎ小口村に隠栖しました。昨年の五月、安藤家の菩提寺東光寺に参拝した折、近くの惟翁の墳墓を参拝しました。皇族の邦茂王《くにしげおう》の墓として陵墓《りょうぼ》に指定され、静かな森の中にひっそりとありました。

「八境の記」とは、隠栖の地の千年山周辺の景勝地を八つ選んでしるしたものです。そこには、里人や自然に親しむ清々《すがすが》しい喜びがあらわされています。その文の結びに、「谷の埋もれ木がむなしく朽ちるのも自らは心安らかでかえって嬉しい幸いがあるなあ」とあります。都の宮家の当主にならず山麓に隠栖する境遇を埋もれ木にたとえながら、自然のうちにあることの幸いを言うようです。

光圀は、やがて隠居したら山深い所に閑居《かんきょ》して仏道を修めて暮らしたい、とかつて語ったことがありました。しかし、実際には隠居しながら世俗との交わりを断つことのできない苦悩があったようです。先の「八境の記」の真跡を定為に返送する際の書簡に、次の歌をしるしています。「はるかにもあふきこそ見れ千年山《ちとせやま》山としたかき君かみさほを」（遥かに仰ぎ見るよ千年山　その山のように気高いあなたの心の美しさをも）。定為や惟翁の境地への敬愛の念からでしょう。

「八境」のうち、惟翁の境地を象徴しているのではと思われるものに、「汚れた耳を洗う清らかな泉」（洗耳泉《せんじせん》）があります。それは次のような故事に由来しています。

昔、中国の君主の堯《ぎょう》が許由《きょゆう》に天下を譲ろうというと、許由は汚れたことを聞いたと川で耳を洗った。それを見た牛を引いた巣父《そうほ》は、そのような汚れた水は牛にも飲ませないと言って引き返した。

これは世俗の栄華や名利に一切かかわらないという気高い境地をあらわしているようです。現代の我々には、極端な潔癖症の方のお話のようにも思えます。しかし、惟翁にとって千年山の「洗耳泉」は、大自然が生み出す清らかな水に命あることの幸いを想い、心の葛藤や苦悩を浄化するよりどころとしたのでしょう。定為も、惟翁がいた抱琴園《ほうきんえん》に隠栖して、「こころ静かに世のにごりのがれし喜び」があると言っています。

「洗耳」の故事は、高雅《こうが》な隠士《いんし》のありようとして古来絵画の題材にもなりました。これにちなんだ禅語が、「許由は岸に臨んで耳を洗い巣父は牛に水を飲まさず」（許由臨岸洗耳巣父不飲牛水）。ある老師はこの語を、脱俗以上に仏法の見解にもとらわれない境地とされているようです。そのようないっそう深い境界《きょうがい》ははかりしれません。

ただ、名君光圀の敬うところが「洗耳」に象徴される惟翁や定為の境地だったのは確かなようです。それは心あるすべての人にとって憧れの境地といえます。

そうであるからこそ、黄門さまは、立場をこえて定為を快く歓待したのでしょう。脱成長社会に入ったとされるフランスでの近年の調査についてこう言われています。「青年たちが幸福を感じる内容は、友人や家族、恋人ら身近な人たちとの〝交歓《こうかん》〟、そして海や風などの自然との〝交感《こうかん》〟です」。

惟翁に、そして定為と光圀に、まさにそうした〝交歓〟や〝交感〟があったのではないでしょうか。それはまた、人類普遍の幸いに思えます。

二〇二〇年九月

六十五　空《くう》華《げ》

私はド近眼です。メガネをはずせば車の運転はおろか、街中を歩くのも危ういほどです。裸眼でいると、物や人が輪郭《りんかく》をなくしたおぼろになっていて、世界がフワ〜ッと融け合っているように見えるのです。いつしか、こういう風景が見えるのもいいものだと思えるようになりました。物や人の存在が明瞭で互いに対抗する世界に疲れた時、メガネをはずせばすぐに和らぎ合う世界が見え、ホッとした気分になる。まるで私の好きな印象派のモネの絵のようだと、ひそかに戯《たわむ》れたり…。

そんな私の眼が、還暦を超えてほどなく白内障になりました。眼球内のレンズの役割をする水晶体《すいしょうたい》が灰白色に濁り視力が減退する病気です。高齢者の病気と思い込んでいて、数年前に友人がその手術をしたと聞き、あいつは老化がずいぶん早いなあと思ったものです。一昨年の秋頃、やや目に違和感があり、診察を受けた先生に「両目がちょっと白内障ですね」と言われてショックでした。しかし、その時はあまり自覚症状もなく、手術は遠い先だと思い込んでいました。

ところが昨年の春から、左眼の症状が急速に進み、すりガラスのようにかすんで向き合った人の顔もよくわからないほどになってしまったのです。結局年内に手術をすることになりました。濁った水晶体を取り出して人工の眼内レンズに入れ替える十五分ほどで終わる日帰りの手術です。医師には高度な技術のいる大変なお仕事でしょうけれど、患者にとっては痛みもなく、楽な手術なようです。

それにしても、メガネでまだ何とか右目が見えるので両目ではふつうに暮らしながら、すっかりモヤがかかっているような左目によって、何だかスッキリしない気分がいつもあるようでした。

そんな中で、ふと思いつきました。あの世界的なフランスの画家モネは視力が悪く、そのことが画風に影響した、という記事をいつか見たような気がすると。資料で確かめると、モネは晩年、睡蓮《すいれん》の絵の大作にとりくんでいた時に白内障を患っていて、それが絵に反映しているそうです。私の心中に妙な感興《かんきょう》がわきおこりました。「そうか、私のこの白内障の目は、モネと同じ世界を見ているんだ」と。天才画家と凡人の目が同じであるはずもないのですが、その時はそう思い込んでしまったのです。それでは、モネが好んで描いた睡蓮はどんなふうに見えるのか、ひとつ見てみようと思い立ちました。龍安寺《りょうあんじ》の鏡容池《きょうようち》に睡蓮があるそうです。もう三十年程も前に行った坐禅会の帰りに通りがかった折の、月光がその水面《みなも》にきらめくように映る美しい光景が思い出されました。

訪れたのは十月初旬の午後四時前ころ、拝観客はまばらでした。天候は曇りがちで池の水面に睡蓮の葉が広がり、清楚《せいそ》な黄色い花がちらほら咲いていました。メガネを外してしばし水面をながめました。白内障の進んでいない右目だと、モネの睡蓮の絵の雰囲気に似ているようです。葉の輪郭があいまいで、所々にぼんやりとした光のような花が見えます。左目だと緑っぽい絵の具を水に溶かしたようで、何を見ているのかもわかりません。時折陽《ひ》がさすと、かすかな光のように花のありかがやっと見えるようでした。左目は、陽がある無しでいっそう見え方の印象が違うようです。モネは、刻々に移ろう自然の光と色彩について、自分の感覚そのものを表現しました。その代表作が睡蓮の連作です。彼は晩年白内障に悩み、そのころ描いた絵は、いっそう形がおぼろげで幻のようです。

私は池のそばの両側に木立のある道を裸眼《らがん》でゆっくり歩きました。やわらかな緑にふんわりと心地よく包まれるようです。ふと右目を閉じ左目で木々を見上げると、何とも不思議な光景が現れました。まるで小さな打ち上げ花火のようなものがたくさん重なっているのです。一つ一つは中央が空洞で、中心から外へいくつもの細い光が放射状になった花弁の花のようです。束はその光が白く西日のさしている方はオレンジ色でした。右目をあけて両目で見ると、その不思議な花はすっかり消えて、ただ木漏《こも》れ日《び》があるだけでした。

仏典で、眼病者が空中にありもしないのに見えるように思う華を「空華《くうげ》」と言います。本来存在しないものを、あるかのように執着して思い込む迷いのたとえです。私が見たあの光の花は、まさにこの空華なのでしょう。

道元禅師は、大著『正法眼蔵《しょうぼうげんぞう》』の中に「空華」の章をもうけて論じています。そこでは空華の「空」を、従来のように単に「空中」の意だとしていません。すべては因縁によって仮に存在しており不変の実体はない、という仏教の基本原理の「空《くう》」として再解釈しているようです。この意の空華としてすべてを見ることが悟りなのだと。すると、あの睡蓮や池も木々も私自身も、世界全体が空華なのでしょう。凡人が到り得ない深遠な境地ですね。ただ、私の解釈はずいぶん怪しいですが。

私の白内障の手術は無事終わりました。経験者の皆さんが言うようにクリアで快適に見えるようになりました。視力もあがり裸眼でも読書ができます。担当していただいた先生が「上着を一枚ぬいだような軽快さがある」と言われた通りです。医院の親切な先生方をはじめ現代医学に深く感謝します。一方で、ド近眼や白内障で見ていた世界が今は懐かしく思えます。

モネの睡蓮の絵は、水面に反映する微妙な光や影を描いて幻想的です。ある意味で〝空華〟の美を描いたようにも思えます。

誠に不遜ながら、「モネのマネ（真似）」をしたことからこの拙文が生まれました。この言葉は、ある美術家の方から聞いたシャレです。〝マネ〟はモネと同時代の画家です。

二〇二一年三月

六十六　一《いち》行《ぎょう》三《ざん》昧《まい》

〝人間《にんげん》五十年、下天《げてん》のうちをくらぶれば夢幻《ゆめまぼろし》の如《ごと》くなり、ひとたび生《しょう》を得て、滅せぬもののあるべきか〟

歴史ドラマ好きの方ならご存じでしょう。

戦国の覇者、織田信長《おだのぶなが》が桶狭間《おけはざま》の戦いにのぞむ前に舞いながら歌ったという曲のひと節ですね。戦の相手は東海道随一の強大勢力で、二万をこえる大軍を率いる今川義元《いまがわよしもと》。対する信長の兵は三千ほど。圧倒的に不利なのは間違いありません。この舞をした信長の心中はどうだったのでしょうか。わが命もこれまでかと無常を思いつつ、さあ行くぞ、と気持ちを鼓舞したのか。その後、信長は今川義元のいる本隊に奇襲をかけ義元を討ち取り今川軍を敗走させました。その後の躍進のきっかけとなった戦でした。

私は中学生の頃に大河ドラマ『国盗《くにと》り物語』を毎週ワクワクしながら見ました。勇猛果敢な信長を演じたのは高橋英樹《たかはしひでき》でしたね。後に信長を討つ明智光秀《あけちみつひで》役は、信長の苛烈な所行《しょぎょう》に葛藤を抱えて苦悩するインテリ風の近藤正臣《こんどうまさおみ》。両者を異質な対照とする演出があったようです。そのなかで、冒頭の信長の舞とその文句が鮮やかに脳裏に焼き付き、いつかそのひと節を習得したいものだとひそかに思っていました。また、よく調べもせずこの舞を古典芸能の能《のう》の演目の一つと思い込んでいたのです。

ある時、檀家さんで能楽師《のうがくし》の谷田宗二朗《たにだそうじろう》さんに、この曲についてお聞きしたことがありました。ひょっとして、その場でこのひと節を教えていただけるかも、などという軽薄で甚だ失礼な下心《したごころ》があったようです。

するとさ宗二朗さんは、いつもの穏やかな雰囲気で微笑みながらこう言われました。「あれは当時の流行歌のようなもので能ではないです。テレビなどでは、芝居向けに脚色したものを役者が演じているのです」と。つまり、信長が舞ったのは、幸若舞《こうわかまい》という別の分野の芸能の『敦盛《あつもり》』という演目だったのです。ただ、能にも影響を与えているらしく、まったく異質なものではなさそうです。冒頭の一節は、信長が日頃から愛唱していたと言われています。その中の「下天《げてん》」とは、仏典で説かれている天界の最下の世界で、その一昼夜は人間界の五十年にあたり、両者をくらべることで人の命の儚《はかな》さをあらわしています。

私はこのひと節を、ふとまったくの我流で口ずさむことがあります。そうすると、あの私の愚かな質問にも丁寧に答えて下さった宗二朗さんの面影が浮かんでくるのです。私が親しくお会いしていた頃は、既に京都能楽界の長老格でしたが、常に謙虚でやさしい方でした。平安神宮での薪能《たきぎのう》の券を律儀に毎年ご持参いただき何度か拝見させていただきました。

能とは「日本芸能で台詞《せりふ》や歌舞からなる劇」と言われますが、私はその方面についてまったくの不案内です。今も折々に師匠の宗二朗さんの墓前に参詣されるお弟子さんの原大様と有松遼一様に、次のようなご教示をいただくことがありました。

「能のシテは主役的、ワキは脇役的な役柄。室町時代の頃までは、一人の人が演目によって入れ替わり両方の役を演じていた。江戸時代以降、シテ方とワキ方と言いそれぞれ演ずる人が固定した。宗二朗さんはワキ方で、ひと頃ワキ方が避けられる傾向があり、その中で懸命に演じられた。それがワキ方の衰微をとどめ今日につながっている。ワキがしっかりしていないと舞台がしまらず、縁の下の力持ちという意義がある。亡霊や妖精などの超現実的存在をシテが演じる時、生身の人間はワキが演じることが多い。その場合、ワキ方には人生の年輪を醸《かも》し出すような役回りがあり、若者には難しい。師匠の宗二朗さんはふだんとても謙虚でやさしい方であったが、芯はしっかりと貫き通ったものがあった。多くの人を指導されたけれども、それを自負するようなことは一切言われなかった。亡くなられた折、教えを受けた多くの人々が会葬にかけつけ、背中で人生を示した人であったと再認識した」。

宗二朗さんは壮年期のころ、たいへん困窮したことがあるそうです。その苦難を支えられた奥さんを晩年に亡くされました。その後に食道癌《しょくどうがん》を患われました。私と妻が入院先へお見舞いに行くと、首のあたりに手術後の痛々しい傷跡がありながら、休憩室でいつものように丁寧に淡々とお話され、わざわざ出口までお見送りいただきました。

それからしばらくして、例年通りいただいた券で薪能を見にうかがいました。宗二朗さんが出演された『雪』という演目がありました。のちに原大様にいただいた謡曲本によると、次のようなあらすじです。旅の途中の老僧が吹雪《ふぶき》にあう中、美しい女身の雪の妖精が現れ、おのれの迷いを嘆きます。それを老僧が教えさとすと、やがて雪の妖精はおぼろにかすみつつ消えゆくのです。妖精はシテ方が、老僧を宗二朗さんが演じていました。私には言葉は古語で難しく、よくわかりませんでした。しかし、ただただ老僧役の宗二朗さんの立ち姿に、言い知れぬ感銘を受けたのです。そのあとしばらくして亡くなられました。

能を大成した室町時代の世阿弥《ぜあみ》は、禅の影響を受けていると言われています。彼は、能の師となるべき者は「一行三昧《いちぎょうざんまい》」でなければならないといいます。もとは仏教で一つの修行に専念するという語で、常に能ひとすじに生きよという意に用いているのです。その典拠とされる慧能《えのう》禅師の『六祖壇経《ろくそだんきょう》』に、「一行三昧」とは「常に直心《じきしん》を行《ぎょう》ずることだ」とあります。「直心」とは、偽りのない純粋でまっすぐな心です。

宗二朗さんの人生は、まさにこの語にそうものであったように思えるのです。能に、人に、人生に、常に直心の一行三昧で向き合われた。最後に見た宗二朗さんの舞台のあの『雪』の老僧は、まさに人生の風雪を越えて「一行三昧」を貫き純粋な魂となった、幽玄《ゆうげん》にして枯淡《こたん》な美しい姿に思えてなりませんでした。辛苦《しんく》の日々を、伴侶の死を、迫りくるみずからの死をもこえて。

二〇二一年九月

六十七　方丈《ほうじょう》

♪埴生《はにゅう》の宿《やど》も　わが宿　玉《たま》の装《よそ》い　羨《うらや》まじ
のどかなりや　春の空　花はあるじ　鳥は友
おお　我が宿よ　たのしとも　たのもしや

この難しい古語のような歌は、もとは「楽しき我が家」という訳題のイギリス民謡です。明治時代に唱歌として翻訳された「埴生の宿」という曲です。埴生の宿とは「土で塗った質素なわが家」。「玉の装い」は豪邸の宝石の飾りで、それをうらやむことなくわが家がよいという趣旨です。私は次の感銘深い映画のシーンでこの歌を知りました。

〝戦場で日本軍の部隊が現地の人々に饗応《きょうおう》を受けるなか、イギリス軍に包囲されていることに気がついた。戦闘準備が整うまで敵を欺《あざむ》くため「埴生の宿」を皆で合唱した。いざ突撃かという時に、イギリス兵達が英語でこの曲を歌いだした。

やがて、両方の兵士が合唱し始めた。それぞれの故国、わが家を想うように。そして、停戦になったことを知らされた日本兵は、戦うことなく降伏し収容された。〟

この映画は太平洋戦争下の現ミャンマーを舞台にした『ビルマの竪琴《たてごと》』。竪琴を奏でる水島上等兵を演じた中井貴一《なかいきいち》に、面影が重なる一枚の写真があります。本堂に掲げられたビルマで戦病死された方の写真です。面長で切れ長の目の表情がとても似ているように思えるのです。軍服を着て軍刀を握り、出征前の記念撮影だったのか。決意を秘めたように凛《りん》としていながら、目はどこか遠くをあてどなく見ている哀《かな》しさがあるように思えてなりません。

この方は、子どもの頃に私の祖父が孤児院から引き取って育てあげた人です。名前を高田益雄《ますお》といい、家人はマッさんと呼んでいたそうです。旧制中学を経て龍谷大学を優秀な成績で卒業されました。昭和十六年の学生時代の彼の日記が一冊残っていて、小さな几帳面《きちょうめん》な文字でびっしりと書かれています。小僧として掃除や勤行に追われつつ学業にいそしむ日々。とても向学心の強い人で、哲学・宗教・文学の書籍や講義の感想、友人達との熱い議論などが見いだせます。頻繁に訪れる友人達との親しい交流があり、夜遅くまでトランプや囲碁に興じたりして、勉強がはかどらないと嘆いてもいます。友人と喫茶店で語りあったり、恋人との思い出があったり。統制厳しい戦前にもかかわらず、私の学生時代の頃の若者と同様の豊かな青春がしるされています。その一方で近づく徴兵についての葛藤があります。民族のために戦うという意気込みと、生きぬきたいという願いと。そんななかで私の祖父への感謝の思いを再々述べています。

故高田益男さん

「方丈《ほうじょう》様の御恩、慈愛をしみじみと身にしみて感じている」と。

維摩居士《ゆいまこじ》というすぐれた在俗の信者の居室が一丈《いちじょう》（三メートル）四方で、訪れた数千の菩薩《ぼさつ》達をその中に招き入れた故事から、禅宗寺院の住職の居室、ひいては住職を「方丈《ほうじょう》」と称するようになりました。禅宗に影響を与えた維摩の説法『維摩経《ゆいまきょう》』には、けし粒《つぶ》の中に広大な山を見出すという思想があります。

マッさんの居室だった所は、庫裏《くり》の片隅の昼もうす暗い質素な部屋でした。しかし、そこに起居した彼の魂には、無限の可能性が秘められていたことを、彼の日記を通して思うのです。〝埴生の宿〟ながら、まさに維摩の〝方丈〟のようだと。

彼はこの日記をしるした二年後の年末に陸軍中尉《ちゅうい》として門司《もじ》港を出帆《しゅっぱん》し、明年四月ビルマに到着しました。以後、同国北方の作戦に参加。八月十五日、車両の誘導中に事故にあい右足を負傷しました。野戦病院に収容され療養するもマラリアを併発し、同年十月十五日に二十六歳で亡くなりました。戦地の状況は食料や医療物資が乏しく、栄養失調やマラリア・赤痢《せきり》が蔓延《まんえん》し、高温多湿で腐敗しやすく傷口にウジがわくなど凄惨《せいさん》な状況だったようです。遺骨は帰りませんでした。彼は消えゆく意識の中で、わが家を、祖父を、どんなに思い慕ったことでしょう。

祖父がふと彼の思い出を語った時に、涙をうかべていたようでした。

映画『ビルマの竪琴』で、収容後の水島が一人出かけた任務の途中で負傷します。通りかかったビルマ僧に救われ、僧の姿をかりて仲間が待つ収容所をめざします。その途中で、放置された日本兵の悲惨な無数の屍《しかばね》を目にしてひどく悲嘆します。その屍を次々葬るうちに彼は決意します。自分は日本に帰るわけにはいかない。僧となり戦没者の弔いを続けるのだと。

この映画の原作者竹山道雄氏には、戦没者追悼への深い想いと、日本が陥った「浅薄な文明」信奉への批判があったようです。原作の水島の戦友達への手紙にこうあります。

「われわれが重んじたのは、ただその人が何ができるかという能力ばかりで、その人がどういう人であるか、また、世界に対して人生に対して、どこまでふかい態度をとって生きるか、ということではありませんでした」。そして、「人間的完成、柔和、忍苦、深さ、聖《きよ》さ…。そうして、ここに救いをえて、ここから人にも救いをわかつ」という『維摩経』にもあるような仏の教えをいいます。

檀家様で悲惨なビルマ戦線を生きのびた方がおられました。終戦になりインドの病院に収容されていた時、「ガンジーさんが慰問《いもん》に来て握手をしてもらった」と嬉《うれ》しそうに話されていました。ガンジーは、インド建国の父にして「マハトマ」（偉大な魂）と称されています。非暴力主義による運動によりイギリスからの独立に貢献し、「すべての生き物を自分のように愛すること」を説いています。

あのマハトマと日本の若者との握手は、狭い病床でのささやかなほんのひと時だったのでしょう。けれど、それこそ、国境や民族をこえた人類融和への、やさしく深く聖《きよ》らかな希望の光だったように思えるのです。

二〇二二年三月

六十八　窮《きゅう》して変《へん》じ 変《へん》じて通《つう》ず

「主役が倒れました！　主役のシンデレラが倒れてしまいました！」

司会の方が叫びました。私が修行した道場の一年一回恒例の無礼講《ぶれいこう》での出来事であります。十二月の冬夜《とうや》（冬至《とうじ》前夜）。この時こそはふだんのピリピリした規律はすっかり取り払われ、酒や煙草も許され、修行僧たちが思いのままに創意工夫をこらした演芸を繰り広げ、酔っぱらって騒ぎたおすのです。つまり、ふだんの厳格な修行秩序からいっきに解放されるすさまじい狂態の一夜なのであります。

私を含めた新参者達の演目は「シンデレラ」のパロディー。まま母にいじめられている美しい娘が、魔女の魔法によって城で開かれた舞踏会に出ることができ、王子様にみそめられるという話ですね。私はなぜか魔女の役でした。シンデレラ役は、身長百八十五センチの立派な体格の人でした。われわれは夜の坐禅のあとに眠気をこらえて何度も稽古《けいこ》し、先輩方の拍手喝采《はくしゅかっさい》を期待して冬夜にのぞみました。主役の彼はばっちり女装し、満を持して待機しておりました。彼はふだんからその巨体によって、いくらでも飲み食いできるだろうと先輩方に思われていました。その時も先輩方から飲め飲めとさかんに酒をすすめられ、彼はガンガン飲んでしまいました。そして、いざわれわれの舞台が始まる段になったころ。何と主役の彼がすっかり酔いつぶれて倒れてしまったのです。そこで冒頭のようなアナウンスが行われたわけです。主役が倒れてしまっては芝居ができません。我々仲間は、しばし呆然《ぼうぜん》とするばかりでした。

その時、仲間の一人が音頭《おんど》をとり、皆で仮装した珍妙なかっこうのままで、舞台の上で愉快に踊りながらあるコッケイな歌を合唱しました。本来の演技はできませんでしたが、それなりに喝采をあびて何とかその場をしのぐことができました。

彼の機転のある行為は、「窮して変じ変じて通ず」（『易経《えききょう》』）という禅語の境地に通じるものがあるでしょう。言葉としては「いきづまることがあって変わることができれば、道はひらける」という意です。突然の芝居の主役不在といういきづまりのなか、歌と踊りのパフォーマンスに切り変えたことによって、道が開けたのであります。そのみごとな先導をなした彼は、ふだんからとても穏和で怒ったところを見たことがない生き仏のような人です。今や某仏教教団の行政のトップを担っていて、きっとあの境地で宗門の困難な問題も乗り越えていくことでしょう。シンデレラ役の彼も大変誠実なやさしい人で、檀信徒一同帰依のもと、自坊の本堂を壮麗《そうれい》な総ヒノキ造りで新築する大事業をなしとげています。

人生の危機を、まさに「変じて通ずる」ことで乗り越えたというお話をうかがったことがあります。

ある伝統工芸をなりわいとされている家に生まれた温厚篤実《おんこうとくじつ》な方が、中学生の頃に父親を亡くされました。一家の重責が長男の自分ひとりにのしかかってきたように思え、大変鬱屈《うっくつ》した気持ちになり、何も手に着かなくなったそうです。これではいかんと思い、あるお寺へ修行に入りました。しかし、その修行はとても厳しく、いっそう気持ちがつらくなりました。そこを出て別のお寺の和尚さんに相談したところ、「この寺で何でもいいから好きなことをしなさい」と言われました。そこで友人たちを呼んで宴会をするなど、思いっきりのびのびと遊びました。すると、目から鱗《うろこ》が落ちるように気持ちがすっかり楽になり、仕事に邁進《まいしん》することができるようになられたのです。問題を見つめすぎて、心が氷のように固まり、身動きが取れなくなってしまった。その心が溶けて、水のように流れるようになったのでしょう。

また、ある檀家さんが若い頃しばらく地方への奉公《ほうこう》を終えて実家へ帰ると、その家業が莫大な負債を抱えていたことがわかり、大変困惑されました。そのころ、名僧梶浦逸外《かじうらいつがい》禅師に再々教えをいただくことがありました。師は、困った時にはむしろ「しめた！」と思って頑張ることだ、というご教示をされたそうです。それこそ、先の「変じて通ず」というご境界《きょうがい》によるものでありました。その方は倹約と仕事に専念し、何と一年で負債を解消することができたそうです。ふだんはもの静かで大変謙虚なお人柄でした。お話をうかがったとき、師の「しめた！」という言葉を、両手を打って一瞬灯《あか》りがともったような笑みをふくんで言われておられました。

人生の苦難を、あるすぐれた境地との出会いによって乗り越えた。そのことをしみじみと話された、すでに故人となられたこのお二人とのひと時は私の胸底《むなそこ》にしみいり、今もなお励ましをいただいているのです。

二〇二二年九月

六十九　水を掬《きく》すれば月手《つきて》に在《あ》り

「会いにきたよ～」。お墓の前で、そこに葬られた方がまるで生きてそこにいるかのように、親しげに話しかけられた方がおられました。我々日本人はお墓参りがとても好きですね。

キリスト教の信仰のある家庭で育ったアメリカ人の先輩はこう言われていました。「祖父母のお墓がどこにあるかまったく知らない。キリスト教では、死者はこの世と隔絶した神様のもとに行くと思われているようだ」と。

ある日本人の青年が航海訓練の途中で過失を犯した外国船との事故にあい、船と共に深海に沈んだ事件がありました。青年の親は彼の遺体を捜索して必ず引きあげてほしいと外国側に懇願しました。日本人なら誰しもその気持ちは痛いほどわかりますね。しかし先方は、事故の責任はとるが、死んだことが確実な人の遺体を捜索することに、とても違和感をいだいたそうです。

我々は人の死を、そのように明確な断絶とはとらえないようです。親しい人の死についての悲しみは、すべての人類にあるはずです。ただ、人の生と死について、連続したものがあるという感覚が日本人には強くあるようです。日常的にもお墓やお位牌に向かって、親しく呼びかけたりします。何かそこはかとなく、故人が身近な所にいるという感性があるからではないでしょうか。あらためて思うに、死者との対話にどんな意味があるのでしょうか。

そんなことを考えさせられる作品に、ＳＦ映画の名作『惑星ソラリス』があります。

ある科学者が、惑星ソラリスの上空にある宇宙ステーションに到着します。そこでは奇妙な現象が生じていました。ソラリスの表面にゼリー状の海があり、それは高度な知能をもつ生命体でした。その海は人の頭脳から記憶の一部を選び物質化してステーションに送ってくるのです。彼のもとには死んだ妻が送られてきました。彼はとても動揺し、ロケットに彼女をおしこみ宇宙へ発射してしまいました。ところが再び彼女が送られてきたのです。別の科学者が彼女に「君は人間ではない。死んだ彼女のコピーにすぎない」と言います。彼女はこう言いました。「私は彼を愛しています。私は人間です」。夫はやがてあらためて彼女を愛するようになり、こう言うのです。「いかに複製であろうと彼女は心の支えだ」と。

この映画の監督タルコフスキーは、人間の追憶と救いにテーマを求めたようです。彼は「芸術は人間の中に希望と信仰を植えつける使命を有している」と言っています。また彼は、瞑想と東洋思想にも親しんだそうです。

先の映画から、仏教の「唯識《ゆいしき》」という深遠な哲学を思いおこしました。「すべての存在はみずからの心が描き出したものであり、かつその心も幻のようなものだ。その心の深層に過去の経験が蓄積されているアラヤ識《しき》という領域がある。それがすべてを生み出す根本的な要因だが、それじしんも生滅を繰り返し無常である」と。この哲学は瞑想による理論だそうですが、大変難解で私にはよく理解できません。しかし、そのおおよその発想があの映画の構想に近いものがあるように思えたのです。すべてが心によってつくられるのなら、生前の人も追憶によって再生される人も、〝心〟において同じだということでしょう。

数十年にわたりご両親と戦没者のお兄様を供養された方が、故人を偲《しの》ぶのは〝やさしさ〟だと言われていました。そのことを通して、自らにもやさしいひと時がもたらされたのでしょう。おさなごを亡くして深い悲嘆にくれたお母さんが何年もの供養ののち、「今はあの子が見守ってくれているような気がします」とも言われていました。やはり、我々にとって〝死〟は〝生〟とのやさしいつながりなのでしょう。

私が日ごろ愛唱する禅語に「水を掬《きく》すれば月手《つきて》に在《あ》り　花を弄《ろう》すれば香衣《かえ》に満《み》つ」があります。言葉の意としては、「水をすくえば手のひらに月が映り花に触れればその香りが衣服に満ちてくる」。月と香りは仏心の象徴であり、それを身近に見いだせということが従来の解釈のようです。私にはそれが、よき人を追憶する心にも思えるのです。親しかった故人の影響は、自分の心に映りしみこんでいるのだと。唯識《ゆいしき》で重んじる「薫習《くんじゅう》」とは、「香りが衣服にしみつくように、経験したことが心身に残存して影響していくこと」です。

青春期に妙に心にしみついた歌があります。

「想い出はみんな　君に溶け込んで　そうなんだ君は　もうひとりの俺
昨日《きのう》を切り取られ　孤児《みなしご》のように　どこに足を置く　長い夜が来る

さようなら　いつまでも　忘れない君を　黄昏《たそがれ》がいま　街を染めていく」
（「からっぽの唄」　岡林信康《おかばやしのぶやす》）

若い頃この歌は、ただ別れの哀《かな》しみとしか思えませんでした。しかし今は、もう会えない人も心のうちにあり続けて共にあるようだとも、思えてくるのです。そんな私は、やはりすっかり黄昏《たそがれ》ているんでしょうねえ。　二〇二二年

七十　桔梗《ききょう》 刈萱《かるかや》 女郎花《おみなえし》

五百円札《さつ》をご存じでしょうか。明治の元勲岩倉具視《いわくらともみ》の肖像が入れられた紙幣です。もはやある年代以上の方でないとまったく知らないでしょう。

わが子が幼いころ、私の父から五百円札をもらったことがありました。わが子は近所の本屋に行き、そのお札で本を買おうとしました。すると、若い店員

さんはこの紙幣を大変怪しみ店長を呼び出し、これはいったい何だろうという議論になりました。わが子は恥ずかしくなって、それをひっこめてしまったそうです。今も額面通り使えるそうですが。

今思うに、父は孫へ単におこづかいのつもりで渡したのではなかったのでしょう。実はあのお札に印刷された岩倉具視こそは、わが寺の檀家さんだったのです。老父は、今や流通していないこの紙幣を孫へ記念品のつもりで渡したのだと思われます。

五百円札が流通しなくなってから、岩倉具視の知名度は一段と下がったようです。もともと幕末維新の有名人の中でも、坂本龍馬などの華やかさにくらべると、ずっと地味《じみ》なイメージがありますね。近年の大河ドラマでは、何とお笑い芸人さんが岩倉具視を演じていて少々違和感をもちました。頭脳明晰かつ冷静沈着にして懐の深い人。私的には、そんな印象のシブイ俳優に演じてほしかったですねえ。

岩倉具視は下級公家《くげ》の堀河《ほりかわ》家の生まれで、同じ下級公家の岩倉家の養子になり、生活は苦しかったそうです。しかし、彼の知性と弁舌は公家社会の中でひときわ異彩を放つほど優秀でした。公家社会は強固な身分序列があり、下級の家の者が朝廷の政治について関わることなど従来は不可能でした。ところが、朝廷の権力者や天皇の信任を得て、幕府との交渉を任されるまでになりました。鎖国を続けていた日本に欧米諸国が開国を迫り、混迷する政治状況の中で、彼の抜群の能力が発揮されたのでしょう。後に大久保利通《おおくぼとしみち》ら薩摩藩士などと共に討幕運動を推進し、明治政府の中心人物になりました。

具視は明治十六年（一八八三）に死去し、東京の曹洞宗海晏寺《そうとうしゅうかいあんじ》に葬られました。その葬儀は国家が主催して行われる国葬《こくそう》の第一号でした。そのようすは、「おそらく同時点で日本史上最大の圧倒的に巨大な葬列」で、「一万人を超える会葬者とそれを取り巻く群衆で葬列の道筋はあふれかえっていた」そうです。当寺には具視の肖像や、彼を囲んだ伊藤博文など欧米への使節一行の写真が残っていて、当時の複製だと思われます。また、具視の立派な位牌が本堂内陣に安置されています。縁故寺院におかれたものの一つでしょう。そこにはこう刻まれています。「前右大臣従一位大勲位大政大臣正一位岩倉公神儀」。「神儀」とは、葬儀が神葬祭で行われたからです。「大勲位《だいくんい》」は、国家が勲功《くんこう》ある者を賞するために設けた栄典の等級の最高位です。また、「大政大臣正一位《だじょうだいじんしょういちい》」は朝廷の官位の最高位です。まさに国家の中枢だった人を象徴していると言えるでしょう。

当寺には、岩倉家の五代目から具視の祖父にあたる九代目までの墓がありました。それらがご子孫の要望で数十年前に西賀茂《にしがも》の霊源寺《れいげんじ》に移されました。そこには岩倉家の始祖である具堯《ともたか》の墓があるのです。具視は幕末に暗殺の危機があった折、縁故のあるこの寺に隠れたことがありました。霊源寺の開山一絲《いっし》禅師は具堯の第三子です。光清寺の開山杲山《こうざん》禅師はひと頃一絲に師事していました。また光清寺の第二世が勅命を受けて霊源寺の住職になっており、一時期当寺は霊源寺の末寺でした。岩倉家が途中から光清寺を菩提寺にしたのはそうした因縁からなのでしょう。

一絲は若い頃から英才の名声高く、出家後に京都西方の郊外に庵を結ぶと信者が増え、後水尾上皇《ごみずのおじょうこう》が深く帰依するようになりました。長身に色白の美貌で、御所に招かれて行くと、女官達が袖を引き合うほどのアイドルだったとか。声望が高まるほどに一絲を訪ねる者が多くなり、これにこりた彼は丹波《たんば》の山里に退き小庵を結びました。信者の公家が訪ねたところ、あまりに質素な暮らしぶりに驚き後水尾上皇に報告すると、上皇は彼のために堂宇を整えました。さらに上皇は一絲に請うて京都西賀茂に霊源寺を建立し開山としました。しかし、彼はここに定住することなく丹波と往来したようです。杲山禅師との機縁は丹波においてだったようです。その後一絲は請われて近江の荒廃した永源寺《えいげんじ》の住職になり、復興に努めました。一絲が最も敬慕した永源寺の開山寂室《じゃくしつ》禅師には、徹底した隠遁《いんとん》思想があります。永源寺は山あいの清流に臨んだ風光明媚《ふうこうめいび》な地で一絲の好む環境でした。入寺三年後の三十九歳で亡くなっています。

一絲の師は名僧沢庵《たくあん》禅師でした。沢庵は幕府の寺院政策を批判して流罪になり、逆にその硬骨《こうこつ》ぶりが名声を高め徳川幕府三代将軍家光に帰依されています。この沢庵の墨跡が当寺に伝わっています。

如何《いかなるか》　是紫野《これむらさきの》
仏法《ぶっぽう》
答　曰《こたえていわく》
桔梗《ききょう》　刈萱《かるかや》

女郎花《おみなえし》

いわゆる茶掛けのような軸物で一見オシャレな文言です。「紫野」とは、臨済宗大徳寺のある昔の地名で大徳寺の別名です。沢庵の師は大徳寺派で、自らも大徳寺の住職になっています。その開山は孤高峻烈《ここうしゅんれつ》な禅風の宗峰《しゅうほう》禅師。「紫野仏法」とは、大徳寺開創以来伝えられた正統の仏法という意でしょう。それを問われ、野草の名前を答えとしたのです。野辺《のべ》の足下《そっか》にこそ玄妙《げんみょう》な真理はあるということか、その真意は私などにははかり知れません。聖書の一節「栄華の極みのソロモンですら、その装《よそお》いは野の草花の一つにもおよばない」をふと思いおこします。

沢庵は本来、山林閑居を好みました。しかし、将軍家光にあつく帰依され近くに居るよう命じられ、不本意ながら江戸に留まり、自分は「くくり猿」のように拘束されていると自嘲しています。一絲も江戸に来るようすすめられましたが拒否しました。彼は沢庵が節《せつ》を曲げて権勢に屈したと見たようでした。

先の墨跡の来歴や年代は不明です。沢庵から一絲、当寺開山へと師から弟子へ相次いで伝わったとも思えます。沢庵はみずから〝野僧《やそう》〟（田舎の僧。自己の謙称）をもって任じていました。野の草にたとえたあの墨跡は、在野に生きんとする本来の信条をあらわしたものでしょうか。沢庵は「ユーモアの人」と評される向きもあります。ひょっとして、〝野僧《やそう》〟を〝野草《やそう》〟にかけたのか。などと言えば、「純粋直截《ちょくせつ》」（邪念なく断固として明快）が家風《かふう》と言われる一絲禅師に厳しいお叱りを受けることでしょう。

もっとも、あの墨跡の真偽のほどは不明です。ニセモノだとしても、禅の境地をあらわしたものであることは確かなことでしょう。それがほんとうに沢庵独自の表現なのか、どなたかご教示いただきたいものです。

ただ、岩倉具視を起点にわが寺の系譜をたどる中で、政治の最高の栄誉と脱俗枯淡な禅の境地が共にこの寺にあることをあらためて見出し、感慨を新たにしたのであります。

当寺の境内周辺は、昔「内野《うちの》」と呼ばれていました。平安京の天皇の住まいであった内裏《だいり》の跡が荒廃して野原になっていたのです。そこでこんな問答はいかがでしょうか。

「いかなるかこれ内野の仏法　答えていわく　ヨモギ　ドクダミ　ヒメジョオン」。これらの野草はこの頃当寺境内によく見られます。「ああ、なさけない。世も末だ」と、祖師方《そしがた》も岩倉具視公もひどく嘆かれることでしょう。深く深く慚愧懺悔《ざんきざんげ》いたします。〝野僧《やそう》〟ならぬよこしまな僧、〝邪僧《やそう》〟ということですなあ。

二〇二二年

七十一　うらを見《み》せおもてを見せて散るもみぢ

私は若い頃から好きな短歌や俳句を愛唱することがあります。「不来方《こずかた》のお城の草に寝ころびて空に吸《す》はれし十五の心」（石川啄木《たくぼく》）。二十歳のころ、青森の友人宅に連泊して遊んだ帰り。この歌碑がある盛岡の城跡に行き、寝ころんで空をボンヤリ見上げたことがありました。いつも虚《うつ》ろな自分から解放されたいような、その頃の気分に共鳴するものがあったようです。

禅僧の和歌・俳句ならやはり良寛《りょうかん》さんですね。「この里《さと》に手《て》まりつきつつ子《こ》どもらと遊《あそ》ぶ春日《はるひ》は暮《く》れずともよし」は、その境涯《きょうがい》をあらわしてあまりに有名です。禅の高僧というと、たいてい孤高峻厳《ここうしゅんげん》な印象があります。その境地をあらわした偈頌《げじゅ》（漢詩）や語録《ごろく》は崇高なものに違いないのですが、私には難解で厳《いか》めしく苦手に思えてしまうのです。しかし、良寛の和歌・俳句には、ほのぼのとしみいるものがあります。「あわ雪の中に顕《た》ちたる三千大千世界《みちおほち》またその中に沫雪《あわゆき》ぞ降《ふ》る」（春の沫雪が降る空に大宇宙が現れ、その中に沫《あわ》のように消えやすい雪が降っている）。仏法の説く広大深遠にして荘厳《そうごん》かつ無常《むじょう》の大宇宙が、目《ま》のあたりにやさしく清らかに見えるようです。オシャレでモダンなふうにも思えます。

良寛は江戸時代の後期、新潟出雲崎《いずもざき》の町名主《まちなぬし》の長男に生まれました。子どものころ、いつもボンヤリとしていて「昼行燈《あんどん》」と言われ、内向的で読書が好きだったようです。十八歳で父親の跡取りとして名主見習役についたけれど、世事に疎《うと》く適応できませんでした。その後出家し岡山の玉島円通寺《たましまえんつうじ》で十数年修行し、師の国仙《こくせん》禅師に悟りの証しである印可《いんか》を受けています。父親が京都桂川で自死した翌年、三十九歳で帰郷の途につき、郷里の周辺で質素な庵《いおり》を借りて住み、生涯寺院の住職にならず独身で乞食《こつじき》をしてわびしく暮らしました。子ども達とよく遊び庶民と親しく交わるなかで、彼を変人奇人と思う人もかなりあったそうです。しかし、膨大《ぼうだい》な読書量による知識は一流で、彼の漢詩・和歌・俳句・墨跡は生前から高く評価されていました。ある殿様が彼を城下に招こうと訪れた時。「焚《た》くほどは風がもてくる落ち葉かな」としるした書を無言で示し、殿様はあきらめて帰ったとか。彼はとても温和で慈しみがあり、さまざまな人々に敬慕《けいぼ》され支援を受けていました。その中の一人の医師に、子どもを亡くした親の心をよんだ歌を送り、はやり病で亡くなった多くの子ども達の冥福を祈っています。「けむりだに　あまつみそらに　きえはてて　おもかげのみぞ　かたみならまし」(子どもを火葬にした煙も大空に消えてしまい、面影《おもかげ》だけが亡き子どもの形見《かたみ》なのだろう)。

良寛は晩年、貞信尼《ていしんに》という若い尼僧との親交があり、彼女との逢瀬《おうせ》を待ちこがれ、最期《さいご》は彼女に看取《みと》られました。辞世《じせい》の句ともされるのは「うらを見《み》せおもてを見せて散るもみぢ」。別人の句を改めたものですが、折々に口ずさんでいたようで、貞信尼にはその句がとても尊く思えたようです。良寛の父も弟も実務の能力はなく実家は没落。草庵《そうあん》に病がちでわび住まいをしつつ、「羞恥《しゅうち》の人」と評されるように声高《こわだか》に説法することなく、仏の教えを、日々の哀楽《あいらく》を、さまざまな生死を、自然の美を、静かに見つめ、やわらかに人の心をつつむような作品をあらわしました。人生の万感の想いを、彩《いろど》りの変化《へんげ》を見せて散る紅葉《もみじ》の句にこめて、貞信尼に伝えたのでしょう。

良寛と貞信尼の話をすると、「ええなあ」としみじみ言われた方がおられました。故人で、奥様を亡くされた後に親しくさせていただいた檀家さんです。ご家族やご友人があっても伴侶のいない寂しさは常にあったようです。長い孤独の果てに、よき人に敬われつつ看取られた良寛に幸いがあったのでしょうか。

近年、松尾芭蕉の墓のある大津の義仲寺《ぎちゅうじ》に詣でました。境内の投句箱に、その場で思いついた俳句を一句書きつけていれました。まったく初めての試みでした。しばらくして、何と義仲寺の俳句会の機関紙に選ばれて掲載されました。

緑陰《りょくいん》の翁《おきな》の夢《ゆめ》に身《み》をゆだね

これがその拙句です。芭蕉翁《ばしょうおう》の辞世の句「旅に病《やん》で夢は枯野《かれの》をかけめぐる」と、初夏の麗《うるわ》しい木陰《こかげ》の墓の翁の安らぎを想いました。

初投句掲載に気をよくして次のようなわが寺をよんだ短歌をつくってみました。

生《い》き死《し》にのわが家《や》へ帰り観《み》る世《よ》には心も和《なご》み光《ひかり》は清《すが》し

悟りや死を旅人の帰宅にたとえた禅語「帰家《きか》」、本尊「観世音菩薩」、「心和山光清寺」をよみこみました。しかし、これはまったくの不評でした。さらに二、三の短歌・俳句を新聞に投稿してみましたがサッパリでした。

ずいぶん以前に、家人と一度一緒にパチンコ店に行ったことがあります。学生のころ時折やっていた私は全然ダメ。ところが初めての家人はどんどん玉が出たのです。私の入選した俳句も、これと同じビギナーズラックだったのでしょう。

ただ枯《か》れて虫食《むしく》いみせて散《ち》るもみぢ

私を看取る人がいて、こんな辞世の句を聞いたら、「ああ、くだらん」とため息をつくんでしょうねえ。良寛さまなら、そんな拙劣にも、やさしく微笑《ほほえ》んでくださるかなあ。

二〇二二年

七十二　回光返照《えこうへんしょう》

「マッチ一本火事のもと、火のよーじん」

もうずいぶん以前、ご町内に「火の用心当番」なるものがありました。とっぷり暮れた夜に、先のようなかけ声を大声で唱えつつ拍子木《ひょうしぎ》を打ちながら町内を巡回していました。若い頃、「こんなことで防火できるんだろうか」と思ったものです。しかし、今は懐かしいよき情景に思えます。復活しようというご意見はどうも出ないようですが。

こんなことをふと思い出したのは、最近アンデルセンの童話『マッチ売りの少女』をあらためて読んだからでした。ある時期まではマッチは生活必需品でしたね。台所のコンロ、ストーブ、お仏壇のお灯明など、それに点火するために各家庭には必ずマッチがあったものです。今はライターが普及し若い人はマッチを見たこともないのでは。

さて、『マッチ売りの少女』の話をいたしましょう。おおよその筋は何となく知っていたのですが、あらためて読みなおして感銘を深くしました。作品は一八四五年の発表で、マッチが発明されてからほぼ二十年後です。


〝雪の舞う寒い夜、貧しい少女が裸足でマッチを売り歩いていました。さっぱり売れず家に帰っても怒られそうで帰りたくありませんでした。寒さにふるえ、民家の軒下でマッチをすってわずかな暖をとろうとします。すると、マッチを一本するたびに、明るく燃えあがるわずかな間に、幸せな光景が次々に浮かんでは消えました。暖かいストーブ、ごちそうが並んだ家の中、すてきなクリスマスッリー。さいごに、今はもう天に召された、女の子をとてもかわいがってくれた、なつかしいたったひとりのおばあちゃんが、明るい光につつまれて、幸せそうに現れました。やがて少女はそのおばあちゃんにいだかれ、輝きと喜びにみちて天にのぼったのです。翌朝、少女は凍《こご》えて死んでいました。口もとに笑みをうかべながら。〟

一見ひたすらかわいそうなお話のようですね。しかしながら私は、この童話のなかに、死に臨んだ人の意識のありようや、それをとおした生涯の幸せやよきこと、だいじなこととは何かについて、とてもやさしく美しく描かれているように思えたのです。

知人の女性が一時的な激しい動悸《どうき》におそわれたことがありました。その時、ほんのわずかな間にわが子の誕生から今日までの思い出が走馬燈《そうまとう》のように次々にうかんだと言います。死を意識した状況の中で、母親にとって幸いそのものの、だいじなおさなごのことがひたすら強く思いだされたのでしょう。

私にはそんな経験はないけれど、死に臨んだ親しい方々と最後にお会いした鮮烈な記憶があります。

私の妻の父が末期ガンになり、自宅で療養していました。義父は長年、中学の美術教師をしていました。お見舞いに行くと、いつもはとてもやさしい人が、その時はいつになく強い口調で「あなたの勤めをしっかりとやりなさい」と言われ、ギュッと強く握手をしてくださいました。生涯忘れえぬ励ましの気合いを入れていただいた気がしました。

檀家さんで、末期ガンで入院されていた方にお会いしたことがありました。その方は舌ガンでお話はできなかったけれど、いつもの朗《ほが》らかな笑みを浮かべ、趣味のカメラで一緒に写真をとろうと身振りで示されました。握手をした際にやわらかな温《ぬく》もりがありました。その方のご葬儀で「私達を汗と油にまみれて育ててくれました」というご子息のご挨拶を聞いて、あの温もりを想いました。

檀家さんのご婦人をお見舞いした時のことです。もうずいぶん衰弱されておられたごようすでしたが、すこし言葉を交わすうちに、キリッとした表情になられ、「イヤなことは忘れて前進あるのみです」と、きっぱりと言われました。長年にわたるふだんのご信条を伝えてくださったのでしょうか。

化学分野で博士号をとられた檀家様がおられました。大変理知的な方で、「科学は考究するほど神秘的な領域が見えてくる」「宗教は人生において最も重要だ」と日頃言われておられました。晩年にガンで余命を宣告されてお会いした時。「ガンになってよかった。家族にしっかりと言い残し、死に支度《じたく》ができる」と淡々とお話しされていました。

働き盛りのなか、ガンで亡くなった友人がいました。とても穏和で誠実な人でした。亡くなる一週間ほど前に不思議に意識がしっかりとしていた時に会うことができました。ひどくせつなく悲しいなかで、ふと今までいちばん幸せなことは何だったかと聞きました。すると彼は「ガンになってからが幸せでした。変なこだわりがなくなり、すなおになれましたから」と言ったのです。命の限りを宣告され、一刻一刻が尊いと思えたからでしょうか。奥さんの深い愛につつまれてすごした姿が思い出されます。

みなさまには、〝死〟の深い闇が迫り来るなかで、渾身《こんしん》の力をふりしぼった、励ましを、親しみを、貴重なメッセージを、鮮やかに示していただいたように思えるのです。

禅語の「回光返照《えこうへんしょう》」を想いおこしました。「外へ向かう知の働きを自己に回し返し、自己の内に仏を見出すこと」（『臨済録《りんざいろく》』）です。「知の働き」を〝光〟としています。ここでの〝仏〟を「生涯をかけた大事なこと」に言いかえたとしたら。死に臨んだ方々が自らのうちに光を向け、そのことを示された〝回光返照〟だったのではないでしょうか。

ある冷え込んだ冬の夜、何だかとても切ない気持ちにかられた私は、ふと思いたち庭に出て『マッチ売りの少女』のマネをしてみました。凍《こご》えるような闇のなかで寒さにふるえながら、マッチを次々とすりました。パッと明るくなるほんの一瞬に、自分なりの「幸いやよきこと、だいじなこと」を想いうかべてみました。ふだんよりずっと鮮やかに深く想えるようでした。

こんなバカなことをする方はめったにいないでしょうけれど、もしされるようでしたら、くれぐれもご用心をお願い致します。

「マッチ一本火事のもと」ですから。

二〇二二年

七十三　不立文字《ふりゅうもんじ》

「もの言わず」

私が幼い頃、誰かが私につけたニックネームです。

私はずいぶん発達の遅い子どもでした。歩き出すのも言葉を発するのも人並みはずれて遅く、ひどく人見知りで無口な子どもでした。

小学校入学前に知能指数判定の検査がありました。三角形や四角形などの図面を見せられ、そのそばに小さな積み木のような立体が置かれていて、「この図と同じカタチはどれですか」という問いがありました。また部屋の片隅に棚があり、「そこに置かれているコップを持ってきなさい」という指示があったりしました。この検査の結果、私の知能指数は著しく低いと判定されたのです。今でこそ、家人は人見知りだったからだろうとフォローしてくれます。しかし、長じてもまわりが呆《あき》れるほどのスカタンをする私は、どこかおかしいのでしょう。小学校進学も危ういのではと心配した母親は、あちこちの小児科医に私を受診させました。医師の診断は、「まあ、だいじょうぶだろう」というふうなあいまいなものだったようです。

小学校入学当初の私は、まったく文字を読み書きできませんでした。「じぶんのなまえくらいかけんとあかんなあ」と家人につぶやいていたことがあったそうです。

そのころ国文学者の叔父に、よく童話の本を買ってもらいました。少しずつ文字を読むことの楽しさにめざめていったようです。『ドリトル先生航海記』を読んでから、このシリーズにすっかりはまり全巻をむさぼり読みました。動物と話ができる博物学者をめぐる物語で、生涯で最も夢中になりその世界にひたることができた読書でした。あるテレビ番組で、読み書きができない人生を送った年配の方が、識字学級に通い文字を習うと「夕焼けがとても美しいと思えるようになった」と言われていました。文字を学び始めた頃の私にも、そんな感覚があったのでしょうか。

他に鮮烈な思い出がある本は、『フランダースの犬』と『吾輩は猫である』ですね。前者は、画家志望の貧しい少年が苦難の日々の末に、大聖堂の荘厳な絵を見ながら愛犬と死んでいったお話。後者は夏目漱石が猫に託した文明批評の小説。そのテーマはとうてい理解できなかったのですが、最後に猫が甕《かめ》の水に落ちて死ぬ場面だけが強く印象に残りました。いずれも最後の場面で泣けてしまいました。小学生の頃、就寝前になぜだか自分が死ぬということを想像して、ひどく悲しくなり、なかなか眠れないことがありました。また、境内に来るノラ猫や飼っていた小鳥などがだいじなお友達でした。あのころ〝動物〟と〝死〟が魅《ひ》かれるテーマであったようです。

ともかく読書の習慣がこの頃についたようで。以後、日々何らかの文字を読まないと気がすまないのです。愛煙家《あいえんか》がタバコをやめられないのと同様で、「文字中毒」のようなものかもしれません。文字を読んでいくことの彼方に、何かよき世界に到達できるかのような妄想を抱いてしまったようです。ただ私はカタツムリのような遅読で遅筆です。大学で日本史を専攻し、屁理屈で固めたような卒業論文を先生に少しほめられただけでいい気になってしまいました。修行道場にいったん入門し短い修行期間を経て、また大学院に復学するつもりでいました。

入門した直後、後に高僧になられた古参の修行僧の方に「おまえは〝売り家《いえ》と唐様《からよう》で書く三代目〟だな」と言われました。しっかり本業に打ち込まず学芸におぼれて没落し、しゃれた唐様の書体で「売り家」と書いて貼り出すはめになる三代目のダメなボンボンのようだ、ということです。本来禅宗の僧たるものの本分とは、悟りをめざす坐禅や作務《さむ》の修行です。道場では、読経以外はほぼ文字を読むことは禁じられています。高僧夢窓《むそう》禅師も「仏典以外の書に心酔し文筆をなりわいとする者は剃髪《ていはつ》した俗人にすぎない」と厳しく戒めておられます。先ほどの高徳の方のご指摘は、まったくごもっともな鋭いご批評です。ただこの方は後に、「私も勉強を続けたかったという思いもあり、おまえの気持ちもわかる」と、言ってくださいましたが。

禅宗のスローガンに「不立文字《ふりゅうもんじ》」があります。禅宗の開祖達摩大師《だるまだいし》は、「この教えは文字による記録がありますか」とたずねられると、「私の教えは、心を心に伝えて、文字をおしたてぬ」と言われたそうです。以来、禅宗は、仏の教えは文字によるのではなく心から心へ伝わる、というこの「不立文字」を標榜してきました。「以心伝心《いしんでんしん》」と合わせて言うこともあります。まさに道場はこの姿勢を継承しています。

道場の師である老師《ろうし》様は、徹底して文字知識による立場を否定されました。私の大学の恩師が老師に会われた折、「本などすべて捨ててしまいなさい」と言われたそうです。その老師様はわが国の最高学府で学ばれた方です。また、道場の先輩で先の方もふくめ後に高僧になられた方々は、いずれも青少年期に大変高度な学問を修めておられました。それでは解決できない人生の難問に行き当たり、文字知識をすっかり捨てて修行に専念してこそ、禅の高僧となりえるのでしょう。先の方とは別の高僧になられた先輩は私に、「あなたは学問も修行も中途半端だね」と言われました。まさにその通りです。初めはとても厳しかったこの方にも、自分なりにマジメに修行にとりくんでいると、温かいお気遣いをいただくようになりましたが。

またある先輩が「学問で人が救えるのか」と言われました。そのことを世間で苦労された先輩におたずねすると「救われるかもしれないよ」と言ってくださいました。それも私への慈しみとして言われたのでしょう。

やはり修行も中途半端のまま、道場を退出する前日、老師様にこってりとしぼられました。禅宗の僧として堕落の極みというお叱り。ただただ低頭拝伏《ていとうはいふく》したまま冷や汗をかくばかりでありました。翌日、老師様へご挨拶にうかがうと、昨日とはうって変わった満面の笑みをたたえられ、「おまえの寺は道場から近いのだし、ちょくちょく来なさい」とやさしく言ってくださいました。思い返せば不肖の極みの私への慈しみに涙が出そうになります。しかしながら、どうも道場の敷居が高くてなかなか度々伺うことができないうちに老師様は亡くなられてしまいました。自坊へ帰ってからお勤めをこなしながら復学し、いくつか論文を書いてみたものの、評価はサッパリでした。恩師に報いることもできませんでした。今や、その文字知識の内容は忘却の彼方に消えてしまいました。逆に、鮮やかに蘇ってくるものがあります。わずかな期間の道場での、辛い修行を通した清々《すがすが》しさ。先輩方や同輩後輩との思い出。そして、参禅での老師様の、朗らかで安らかでありながら凛《りん》としたあのおもかげが。

そのようなことを、乾いた知識の世界から、みずみずしい経験の世界への気づき、と言うのはただの負け惜しみにすぎないのでしょう。

もしもこの拙文を老師様や先輩方が見られたら。「やっぱりおまえは〝売り家と唐様で書く三代目〟だったな」と言われるんでしょうか。せめて、「唐様」で書ければよいのですが、それすらもかなわないようで。

ああどうか、罪悪深重《ざいあくじんじゅう》の私をお許しください。

百拝
二〇二二年

七十四　幻化空身《げんけのくうしん》　即法身《そくほっしん》

ある夏の夜明けごろのことです。ふと目が覚めると、薄日《うすび》が窓からさしていました。ベッドの端の方へ目をやると。何と、そこに青白いハゲ頭をした小人が座っているではありませんか。

思わず「おまえは誰だ！」と大声をあげそうになりました。

しかしよく見ると、それは私じしんが立てていたわが貧弱な膝頭《ひざがしら》でありました。裸眼のド近眼のうえに起きぬけのモウロウとした意識で幻を見たということでしょう。

こんなおバカなありようによく似たお話の絵本があります。アーノルド・ローベルの『ふくろうくん』です。

〝ふくろうがベッドで寝ていると、体にかけた毛布の先のほうに二つのこんもりとしたものを見つけました。その毛布の下に自分自身の足があるだけなのに、彼には「へんてこなふたつのこんもりくん」に思えるのです。足を上げ下げすると「こんもりくん」は上がったり下がったり。毛布をとると、こんもりくんはいません。毛布をかけると、またこんもりくんが現れます。彼にはどこまでも「へんてこなこんもりくん」なのです。ひとりで大騒ぎをして、けっきょくベッドから離れ、暖炉のそばの椅子でやっと安心して眠りました。〟

なぜこんな絵本を知っているのかというと、妻が子どもたちへの絵本の読み聞かせのボランティアを長年していたからでした。その活動でとりあげる絵本の話題を聞くうちに、自分も興味をもつようになったのです。先のとぼけた味わいのある作品は私の好きな絵本のひとつです。
ほかにも私の思い入れのある絵本がいくつかあります。『おじいちゃんのトラのいるもりへ』は、私にとって死生観を問われる意義深いお話です。

〝舞台はインドネシアの大きな森のそばの村。少年サカは、いつもおじいちゃんといっしょ。おじいちゃんは、魚つりや竹で編むカゴや太鼓のたたき方など、いろいろ教えてくれた。「森の奥にいるトラは我々を見守っていて、村に近づく災いを追い払ってくれる。村のおまつりで、歌や踊りや音楽でそのトラにお礼を言うのだ」。そんなお話をしてくれた大好きなおじいちゃんが亡くなり、サカは寂しくてたまらなかった。彼は夢の中で、トラになったおじいちゃんに森で会った。そのトラはこう言った。「わしはいまは　こうして　たましいとなって、このトラの　からだにやどっている」。「このもりで、ずっとおまえのことをおもっているよ。おまえが　わしのことを　おもいだしてくれれば、それは　わしにも　ちゃんとわかる」。それから少年は、そのことを思い出すたびにうれしくなり、太鼓のけいこに励むようになった。〟

このお話じたいは、作者の乾千恵《いぬいちえ》さんの創作です。作者には、小さいころかわいがってくれたお隣のおばあちゃんの突然の死の深い悲嘆がありました。その思い出と、「トラは死者の魂を宿す神聖な生き物」というインドネシアの伝承が結びつき、「まるで、まっしぐらに駆け抜けるトラの背中に乗っているよう」に、この話ができたと乾さんは述べています。親しい人の死の悲しみが、トラをめぐる死生観の伝承にゆだねられたのではないでしょうか。〝死〟をなにものかにゆだねることは、必ずしも逃避ではない、という希望をこの作品に見出すのです。永遠に崇高なるものに〝死〟をゆだねることによって、死者とのつながりを抱き続け励ましをえるのではないかと。日本の仏教にも、そんな役割があり続けたのではないでしょうか。

とてもシンプルなのに何度読んでも飽きない絵本があります。『よあけ』です。

〝おともなく、しずまりかえって、さむくしめっている。みずうみの　きのしたに　おじいさんとまごが　もうふでねている。つきが　いわにてり、ときにこのはをきらめかす。（中略）おじいさんがまごをおこす。みずをくんで　すこし　ひをたく。もうふをまいて　ぼーとを　おしだす。みずうみに　こぎだす。おーるのおと、しぶき、みおをひいて…そのとき　やまとみずうみが　みどりになった。〟

絵はほぼ夜明け前の薄暗い色調で描かれ、最後の場面が、日の出の光に照らされた山と湖の明るい緑で、とても鮮やかに見えます。作者のユリー・シュルヴィッツは東洋文化に造詣が深く、この作品のモチーフは唐の詩人柳宗元《りゅうそうげん》の詩「漁翁《ぎょおう》」によるそうです。原詩には「漁翁の舟のこぐ掛け声がひびき山と水は緑に染まっている」という一節があり、絵の最後はこのイメージを投影しているようです。独特の物語は何もないのですが、静かな詩のような言葉とにじむようにやわらかな風合いの絵が、心地よい瞑想へといざなうようです。

好きな絵本をいくつか読み返すうちに、「幻化空身即法身《げんけのくうしんそくほっしん》」という禅語に思いあたりました。『証道歌《しょうどうか》』（悟りの歌）にある語です。八世紀末頃の作とされ禅思想の奥義《おうぎ》を格調高く歌う書物です。「幻化《げんけ》」とは、幻術士《げんじゅつし》が作り出した幻。

「空身《くうしん》」とは、永遠の実体のない無常の身体。「法身《ほっしん》」とは、仏の身になぞらえた仏教の真理。「作られた幻のような無常の存在がそのまま仏の真実である」という意のようです。悟りとは、幻のようなありように真実を見出す境地なのでしょうか。「幻化」について、『維摩経《ゆいまきょう》』は、おおよそ次のように説いています。「仏はすべてを幻化のように見て、永遠に変わらない主体はないと悟っているから、飽《あ》くことなく人々に慈しみを与える」。この経典は禅宗に強く影響を与え、先の語の背景にもあるようです。

先の絵本で描かれた「ふくろう」や「トラ」や「夜明け」などが、「幻化」だとしたら…。そして、絵本の心が、喜びや励まし、安らぎを与える慈しみの仏心だとしたら…。そこで先の禅語が思い浮かんだわけです。

ただ、冒頭の私の話は、「幻化空身即愚身《げんけのくうしんそくぐしん》」というべきでしょうね。「幻のような空《むな》しい身はそのまま愚かなわが身」だと。

二〇二二年

七十五　潜行密用《せんこうみつよう》は愚《ぐ》の如《ごと》く魯《ろ》の如《ごと》し

「いってきまぁす」

「ただいまぁ」

私は起床のあと、そして就寝前の坐禅（瞑想）のひとときに、こんな独《ひと》り言《ごと》をいつしか始めて日々〝魯《ろ》〟のごとく繰り返しています。

〝魯《ろ》〟とは、「おろか。にぶい」こと。〝魯鈍《ろどん》〟も同意で、まさに私のことです。何度も申し上げていて、いいかげんウンザリされるでしょうけれど、私は小学校進学直前の知能指数検査で並外れて低い点数しか出ませんでした。そのレベルを「魯鈍《ろどん》」と称するということを、のちに知ることがあって、哀《かな》しい気持ちになったことがあります。さすがに今ではそんな用語はあまり使われないでしょう。けれど、この頃は厚かましくも開き直り、その音の響きがいいのでわがニックネームに使おうかなんて思ったりします。

〝ロドン〟で思い出しましたが、ずいぶん昔に名をはせた俳優に〝アラン・ドロン〟という人がいます。名作映画『太陽がいっぱい』に出演した彼は、妖しいまでの美しさがあり、ひところ美男の代名詞のようでした。その彼がすっかりおじいちゃんになってインタビューに答える番組がありました。今はひっそりと一人暮らしをしているようでした。彼は無類の犬好きで知られ、「私は偽善を憎みます。だから私は犬が好きなのです。犬は絶対に裏切りません」と言います。今まで飼ってきた三十五匹の犬の墓のそばに瞑想をするチャペルを建て、死後はそこに埋葬されることを望んでいます。彼は自分の人生を振り返ってこう言いました。「ある日、信頼できる友人が言いました。〝アランは全てに才能がある。幸せになること以外は…〟私はゾッとしました。それが真実だったから」。世界的な名声と華麗な女性遍歴がありながら、幸せになれなかった。そんな彼がいきついたものが、禅宗の重んじる〝瞑想〟と〝犬への想い〟に重なるように思えるのが意味深ですね。師から弟子に課される代表的な問題（公案）に、以前とりあげた犬の仏性をめぐる話題「狗子仏性《くすぶっしょう》」がありますから。

ロドンの私は、ドロンのような名声とはまったく対極的な卑小な人生です。ただ、瞑想と犬を好むということだけに共通点があります。冒頭の私の瞑想のひと時のそばに、亡くなった愛犬の写真があるので。

私には幸いにも、「いってきまぁす」と「ただいまぁ」と言える安らぎの家と家族があります。さらに、もうひとつの〝家〟らしきものが私にはあるのです。それは私が呼びかける、見えない何ものか。今はそれをとりあえず〝瞑想のひととき〟と言っていいのかもしれません。それへ呼びかける「いってきまぁす」から「ただいまぁ」のあいだは、私の日々の〝旅〟だと思っているのです。ほんとうは、どこか遠くへ旅をしたいものだと常々思います。それはなかなかできないけれど、寺のなかに終日いたとしても、その一日は、私にとって〝旅〟なのだと。

たとえば何十年という親しいおつきあいのある檀家さんが来られてしばらくお話をした時。その方の生い立ち、ご経歴、ご近況、さらには亡きご両親やご先祖のことなどをうかがったり、私自身が思い出したり、居ながらにして時空を超えたひと時の〝旅〟をするようです。また、激しい風雨や凍える積雪の日、珍しく誰ひとり来られなかったとしても、かえって想いがさまざまに広がることがあります。そんな一日も、私にはよき旅をしたような気持ちになることもあります。その日の就寝前にも、「ただいまぁ」と声に出したり、心のなかでつぶやいたり。そんな何だか妙な習慣を続けるからこそ、平凡な一日が、〝旅〟のように思えるのかもしれません。詩人リルケはこう言っています。「〝旅〟にはたった一つしかない。自分自身の中へ行くこと」。

数年前、義理の叔父が亡くなりました。叔父は私の父の弟の友人でした。うちへ遊びに来て、父の妹、つまり叔母をみそめて結婚したのです。とても世話好きな人で、病弱だった幼い私をおんぶして病院へ行ってくれたりしたそうです。私の子どものお守りをしてもらったこともあります。わが寺の年中行事の度に朝早くからいつもお手伝いに来てもらいました。家の中でもマメでよく家事をしていたそうです。いつも快活だったその叔父が癌になり急速に衰えました。病床にあった時、叔母に「君は心配しなくていいよ。僕はもうすぐこの苦しみから解放されるから」と言っていたそうです。「やるなあ、オジサン」と思いました。叔父のお葬式の最後にお花をお棺に入れるお別れの時。何かこみあげるものがあって、「ありがとうございました」と大声で言ってしまいました。

それからしばらくして、叔母が外出先から家に帰った時。誰もいないのに、長年の習慣でついうっかり「ただいま」と言うと、「おかえり」という夫の声が聞こえるような気がする、と話していました。それは、私が日々見えないなにものかに「ただいまぁ」とつぶやく心境に似ているかもしれません。〝旅〟から帰り着き、ホッと身と心のこわばりがとける、親しく安らぎのある何者かの気《け》配《はい》への想いのような。

禅語に「潜行密用《せんこうみつよう》は愚《ぐ》の如《ごと》く魯《ろ》の如《ごと》し」があります。「仏法は知的理解によることなく、人知れずひそかに日々黙々と行うべきであり、それは魯鈍のようなものでなければならない」という意です。この語は、唐代の臨済《りんざい》禅師と同時期の洞山《とうざん》禅師の禅の哲学詩『宝鏡三昧《ほうきょうざんまい》』の一節です。物の形と鏡に映るその影が別でありつつ同じであることに喩《たと》え、自己と事物が本来融け合いひとつであるという瞑想の深い境地をあらわしているようです。

私の日々の「いってきまぁす」と「ただいまぁ」は、むろん正しい仏法などではないでしょう。ただ、魯鈍な行いそのものであることは確かでしょうね。

愛犬の名前ノンノ（如如）は京都の幼児語で〝家に帰ること〟。そして、本堂に掲げるわが老師にいただいた墨跡が、悟りや死を旅人がくつろぎの家に帰ることにたとえた〝帰家《きか》〟。それらはすべてフシギな符合《ふごう》としか言いようがありません。私は臨終のその時、お世話になった方々への感謝の念と共に「ただいまぁ」と言って逝《い》きたいな、と思ったりします。永遠の安らぎの家に帰るように。

そばにいて聞きつけた人は、〝ロドンが妙なことを言うなあ〟と思われるでしょうねえ。

二〇二二年

七十六　指月《しげつ》

「あれ、とって！」

私が幼いころ、母親におんぶされた夜の境内で、こう叫んだといいます。私が指さした先に、美しい満月があったそうで。また、『お月さんこんばんは』という絵本を、妻がおさないころのわが子に読み聞かせていたことがありました。そのあと、わが子はほんとうの月を見て「こんばんは、こんばんは」と繰り返しおじぎをし語りかけていたそうです。「名月を取ってくれろと泣く子かな」という小林一茶の句があるように、昔から月はおさない子どものアイドルだったようですね。

ところが、現代はそうばかりでもないようです。わが子が小学生のころ、同級生のお友達を車にのせて送っていったことがありました。彼女は頭脳優秀で有名な進学塾に通っていました。車窓から美しい満月が見えました。うっとりして「キレイなお月さんやなあ」とでも言うのかな、と思いきや。「月を見るとうっとうしい」と言うのです。驚いてわけを聞くと、「月を見ると、塾で教えられる月に関するたくさんの知識を思い出してしまうから」だそうです。夢みる乙女のはずが、何と荒涼とした現代のありさまかと哀しくなったことがあります。

しかし、その子は社会人になってから、よき人との出会いがあり、今は遠くで幸せに暮らしているとやら。その彼との満月の夜のロマンチックなデートの折、まさか「月を見てうっとうしい」なんてことはなかったでしょう。よかったねえ。

古来禅宗では月を真理の象徴として尊んできました。ご冥福をお祈りする回《え》向文《こうぶん》の一節にこうあります。「桂輪《けいりん》孤《ひと》り碧天《へきてん》に朗《あきら》かに普《あまね》く世間《せけん》を導いて同《ひと》しく覚《かく》路《ろ》に登らんことを」（月がただひとつ夜空に輝きすべての人々を導いてひとしく仏の境地への道を登らんことを）。「桂輪」とは雅《みやび》な月の異名です。

禅の教えのスタイルを端的に示す語に「指月《しげつ》」があります。〝月〟が真理だとしたら、経典などの文字や言葉による教えとは、その月を指し示す〝指〟であり、指そのものが尊いわけではないと。文字については「不立文字《ふりゅうもんじ》」の節で述べましたが、話す言葉も同様に本来本質的なものではないとされているようです。

とはいえ、法要を勤行のみで済ませて、法話をしないというのは、いささかヒンシュクを買うこともあるようです。ある方がこう言われていました。あるお寺での親戚の法事に参列した際、お坊さんが勤行だけ済ませて何も話さなかった。自分はそのお坊さんに何か話をするよう言おうかと思ったけれど、親戚のお寺なので遠慮して思いとどまった、と。つまり、財施《ざいせ》（金品の施し）に法施《ほうせ》（教えの施し）をすべきだと言われるのはごもっともです。

しかしながら、「言葉じたいは本質ではない」という禅宗のモットーからすればいかがなものでしょう。僧の勤行や所作や風貌などから、たとえお話がなくても崇高な仏心が伝わるとしたら。

こんな話を聞いたことがあります。

〝ある人が人生にいきづまり、死にたいと思いつめて船に乗った。深夜、いよいよ海に身を投げようと甲板《かんぱん》に出た。すると、その片隅で僧が独り静かに坐禅をしていた。月光に照らされたその姿はとても美しく尊く思え、死ぬことを思い留まることができた。〟

無言のうちにいのちの尊厳をあらわし人を救った、というこのお話は、まさに禅の真骨頂《しんこっちょう》と言うべきでしょう。しかし、私にはとうてい成し難く、せめて誠意だけは尽くすべく、法要の際に何やら要領をえない話をモソモソとほんの少し申し上げるしだいです。

元来私は人前で話をするのが大の苦手でありました。小学生の折、なぜか学級委員にクラスの選挙で選ばれることがありました。まず最初に当選するのは頭脳優秀で弁舌巧みな人。次は明るく元気な人気者。いずれもクラスの代表として申し分ない人でしょう。その次かその後くらいになぜかどう見ても不適格なボンヤリした私が当選したのでした。黒板に私の票数が増えていくのを見るのが冷や汗ものの恐怖でした。当選したその日の夜、不安でなかなか寝つけず、この世から消えてしまいたいと思ったくらいです。クラスの皆の前で話そうとすると、頭の中が真っ白になるようでした。

そんな私が話をすることの楽しさを覚えたのは、大学入学以後のことでした。ある勉強会でふとしたきっかけで屁理屈をこねまわして話したことが、同輩に「理論家だねえ」とほめられて調子にのったようでした。

その後に憧れだった教師をほんのしばらくしたことがあります。満を持してのぞんだはずが、やんちゃな男子校で、すっかりダメでした。「退屈で聞いてられへん」「話にオチがない」「お笑い芸人の会社へはいって修行したほうがいい」「恋人の心にスーッとはいっていくような話し方をしてほしい」などと言われ、さんざんでありました。たった一回だけ、何かおもしろい話をふまえて本題に入ると「センセイ、うまいな」と言われたこともありましたが。ベテランの先生に、生徒といつも格闘して授業がうまくいかない悩みを申し上げると、さすがに上手に慰めていただきました。「お互いカッカして生きてる証拠や。わしらのような年になるとなあ、お互いあきらめてるんや」と。

あれから幾星霜、けして話はうまくなりませんが、今は法要の際に、何ものかにゆだねるような心地でお話し申し上げることがあるように思えます。その眼に見えない、私の心をゆだねるものは何だろうか、とふと思います。故人の方や、そのご家族やご子孫との、長年にわたる親しいおつきあいになのか、われわれを見守る大いなる御仏《みほとけ》にでしょうか。年月を経て私に恵まれてきた、あるぬくもりにもとづいて、何ほどか〝イキイキとイメージできること〟（『ことばが劈《ひら》かれるとき』）があり、やっと自分のことばが少し劈《ひら》かれてきた。そんな気もするのです。そして、何ものかが、私の肩をそっと押してくださるようにも思えます。「ヘタクソでもいいから、何か話してあげなさい」と。本堂での法要のあと、ご参列の皆様に向いてお話しする私の背後には、一千年の時をこえて人々の祈りが捧げられている聖観世音菩薩《しょうかんぜおんぼさつ》がおられます。

私に〝指月〟はかなわぬまでも、月に照らされる星屑《ほしくず》ほどは指させるかもしれません。

でもやっぱり、こう言われるのがオチかなあ。

「センセイ、月でも星でもない、ぜんぜん違うとこ指さしてはりまっせ〜」

二〇二二年

七十七　蒟蒻問答《こんにゃくもんどう》

夕食に、おでんをいただいていた時でした。

大きな三角形のコンニャクをそのまま口にほおばり、かみくだこうとしたその時。半分ほどになったかたまりが、ツルッとノドの奥へ飛びこみ、そのまま中ほどに詰まってしまいました。

そのうち胃袋の方へ落ちていくだろうと、安易に構えておりました。ところが、ノドの途中で止まったまま、まったく動きません。それどころか、息を吸おうとしても入っていきません。コンニャクが気道にフタをしたかっこうになり、窒息状態におちいって、人生最大の苦しみを味わいました。そばにいた妻が「よつんばいになって!!」と叫んで、背中を激しくたたき続けてくれました。

するど何と！

ノドのコンニャクが、いともあっさりポロッと飛び出したのであります。

その瞬間、まるでひどく苦しい地獄から、いっきに安楽な極楽へ行き着いたようでありました。

一休《いっきゅう》さんの、こんなとんちばなしを思い出しました。

ある人が、一休さんに「あなたは『目の前に、地獄極楽有り』というが、実際にどういうことなのか納得できない」と言いました。すると一休は、縄でその人の首をしめつけて「どうだ」と問います。彼は「確かにこれは地獄だ」と言いました。すると一休さんが、縄をゆるめて「こうならどうだ」と問うと、彼は「なるほど浄土だ」と答えたのでした。

この話は、名僧一休禅師にたくして江戸時代に作られた笑話であります。現代において、このような乱暴なパフォーマンスは、まったくよろしくないことでしょう。ただ、その背景には、地獄や浄土は遠い世界のことではなく、すぐ自らの足もとにある境地だという禅の思想があるようです。達摩《だるま》から六代目の祖師で唐代の慧能《えのう》禅師は、「むさぼりや怒りは地獄」であり、「まじりけのない正直な心が浄土である」と言われています。

私は、ひとりで地獄を味わい、浄土はわが相棒の助けによって味わえたというわけでしょうか。伴侶のありがたさを身にしみて想ったしだいでもあります。ひとりでいたら、あの日、十二月十二日が私の〝命日《めいにち》〟になったかもしれません。

この一件から、禅僧が登場する『蒟蒻問答《こんにゃくもんどう》』という落語にも思いおよびました。

この話は幕末の落語家二代目林家正蔵《はやしやしょうぞう》の作で、彼はもと託善《たくぜん》という禅僧だったそうです。ある空き寺で、そこの住職になりすましたコンニャク屋の六兵衛《ろくべえ》と、そこへ訪れた禅僧の問答の話です。

旅の途中の禅僧が、ニセモノ住職六兵衛に難しい問答を次々しかけました。「有無《うむ》の二道は禅家悟道《ぜんけごどう》にして、いずれが是《ぜ》なるやいずれが非《ひ》なるや」などと。六兵衛はわけがわからず、ひたすら黙っておりました。

すると禅僧は、身振り手振りで問いかけます。まず、両手の指で輪を作り胸の前に示しました。それに対して六兵衛は、両腕で大きな円を示します。このしぐさに禅僧は、「ははッ」とひれ伏しました。それではと、禅僧が十本の指を示すと、六兵衛は片手で五本の指を突き出しました。再び禅僧はうやうやしく平伏《へいふく》しました。さらに禅僧が三本の指を立てて見せると、六兵衛は片目の下に指を置きました。そこで禅僧は、「はァーッ」と、すっかり恐れ入って平伏し、逃げるように本堂を出てしまいました。ものかげからそのようすを見ていた六兵衛の知人が、どういうことかとたずねると、禅僧はこう言ったのです。

「途中から禅家荒行《ぜんけあらぎょう》の無言の行《ぎょう》をされていると気づき、こちらも無言でおたずねした。『和尚のご胸中は』と問えば、『大海《たいかい》のごとし』とのお答え。『十方世界《じっぽうせかい》は』と問えば、『五戒《ごかい》で保つ』との仰《おお》せ。さらに『三尊《さんぞん》の弥陀《みだ》は』と問えば、『眼の下にあり』とのお答え。とうてい愚僧ごときの及ぶところではございません」

その話を聞いた人は、何だかよくわからないけれど、六兵衛が禅問答に勝ったと感心し、本堂に入っていくと、彼はまっ赤になって怒っています。話を聞くとこうでした。

「あの坊主はふざけたヤツだ。途中でオレがニセ住職で、コンニャク屋のオヤジだと気づきやがった。指で小さな丸をこしらえて、『おまえン所のコンニャクはこんなに小せえだろう』とバカにしやがるんで、腕を広げて『こんなに大きいぞ』と返してやった。野郎、『十丁《じゅっちょう》でいくらだ』と聞くから『五百文《もん》』と答えたら、『三百文にまけろ』とぬかしやがったんで、『あかんべえ』をしてやったんだ」

これは、勘違いのおかしみを、しぐさであらわした古典落語です。禅僧の思いこんだニセ住職の境地に、禅の思想が表現されているようにも思えます。この落語の題名から、「こんにゃく問答」を、「とんちんかんな問答」や「見当はずれの応答」という意味に用いるようになりました。

私は、あのコンニャク事件のあとしばらくは、「どんな苦悩があっても、今ここに生きている、そのことじたいが幸せなのだ」と思えてなりませんでした。家人も、私が何だか妙に元気になったと言うのです。親しい方にこの話をすると、「悟りを開かれたんですか」と、冗談まじりに微笑みながら言ってくださいました。しかしながら三日ほどすると、私のこのフシギな心境は、つかのまの虹のように消えてしまいました。

あの一件の数日後、訪問介護の仕事をしている友人が訪ねてきました。その方も、あるお年寄りが目の前で巻き寿司をノドに詰まらせ、危うく窒息しかかり、あわてて指を入れてかきだしてあげたことがある、と話してくれました。巻き寿司の他に、コンニャク、モチ、から揚げなどが、ノドに詰まりやすいそうです。その友人は、私の無事に「よかったなあ」としみじみ言ってくださいました。

愚かしい私の、コンニャク事件をめぐるトンチンカンな思い込みは、まさに「コンニャク問答」のたぐいの話でしょう。しかし、私じしんは、命を救うてくれた伴侶や、この一件にご好意を寄せられた方々に、ひたすら感謝の念をいだくばかりなのであります。

　みなさまにおかれましては、お食事の前に一杯の水でノドを潤し、よくよく咀嚼《そしゃく》してお食べくださいますよう念じております。

二〇二三年

七十八　天上天下《てんじょうてんげ》 唯我独尊《ゆいがどくそん》

　天を指して並び立つような、巨石がおかれたこの寺の本堂前庭をながめるうちに、こんな歌が思い浮かんできました。

「上を向いて歩こう　涙がこぼれないように　思い出す春の日　一人ぽっちの夜　上を向いて歩こう　にじんだ星をかぞえて　思い出す夏の日　一人ぽっちの夜　幸せは雲の上に　幸せは空の上に…」

一九六一年、坂本九《さかもときゅう》が歌うこの『上を向いて歩こう』が発表されるや、世界中で大ヒットしました。私が中学生のころ。何だか毎日が哀しくて、涙をにじませながら、この歌を口ずさみつつ、一人トボトボ下校したことがありました。今思えば思春期にありがちなたわいのないことだったのですが、地上でのモヤモヤした心を、この歌をとおして天空の彼方へ向けることに、しばしの慰みがあったようです。この歌が世界中の人々に受け入れられたのは、〝永遠なる世界の根源への瞑想に慰めを見出す哀歌〟だからではないか、と評されています。

古来時として人は、遥か天空の崇高にして永遠なる何者かにまなざしを向け、そこに〝祈り〟というカタチで不安や苦悩をゆだねてきたのではないでしょうか。数年前、そのような風景の一つを見たことがあります。

「ヨーイ　ヨーイ　ヨーイヤサー」

京都らしいやんわりとした響きのかけ声が街角にあがりました。七月中旬の市内下京《しもぎょう》でのことでした。そこは、祇園祭《ぎおんまつり》で山鉾《やまぼこ》が立てられる地域です。山鉾とは、屋台《やたい》の上に作り物があり、さらにその上に細長い鉾《ほこ》などを立てたものです。私が通りかかった所は「南観音山《みなみかんのんやま》」という山鉾が立てられる町内です。折しも、その山鉾の上にそびえる真松《しんまつ》という高い木を立てる作業が始まるところでした。横に置かれた松の木を綱でくくり、その綱を何人もの人力で屋台に引き立てるようでした。町内の方が、通りかかった人々にも応援をお願いされたので、私も貴重な体験と思い、一緒に綱を引くことにしました。先のかけ声を合図に力をこめて皆で綱を引くと、松の木がゆっくりと立ち上がり、先の方にだけ枝が残されたその木が、まっすぐ立てて置かれたのです。その高さは、ビル街となった中でわずかに残っているすぐそばの二階建ての町屋の屋根をこえて二十メートルほど。かつての瓦屋根の街並みの中で、その真松は、ひときわ高く天空をさすように見えたでしょう。それは、地域を見守る神霊《しんれい》のよりしろとされています。祇園祭は平安時代の疫病《えきびょう》を退散させる行事を起源としています。「動く美術館」とも称される豪華絢爛《ごうかけんらん》な現在の山鉾に発展したのは、中世以来の町衆の繁栄があるからです。そうした地域のほぼ中央に、毎年南観音山が立てられます。

まさにこの町内の一角に、かつて私の祖父の実家がありました。南観音山町内の会所《かいしょ》に展示された江戸時代の地域の家並みを描いた絵図に、「舛屋《ますや》市兵衛殿」と記された商家があります。それこそが私の先祖の家であり、祖父はこの家に生まれました。さらに遠い先祖は滋賀県湖西の高島を出て、この京都の商業の中心地で一旗あげ、いったんは成功したようです。ところが祖父の幼いころ、祖父の父が投機で失敗し、一家離散の憂《う》き目《め》となり、祖父は当寺の小僧となったしだいです。

曾祖父はあの富裕な町内の一員として、私が参加した真松を立てる作業を誇らしげにしただろうか。天をさす真松を、幼い頃の祖父が、母親に抱かれながら見上げただろうか。そんなことを想うのは、悠久の昔より引き継がれてきた天空を仰いで祈る人々のいとなみがあるからにほかなりません。

そんな祈りのさらにいっそう古いカタチを、近年間近に見たことがあります。岡山県倉敷にある楯築《たてつき》遺跡です。弥生時代最大級と言われる二世紀末頃の古墳の上に置かれた巨石群です。大人の背よりずっと高い数個の巨石が、それぞれ天空を仰ぐように立て置かれていました。何らかの祭祀がなされたのではないかと推測されています。遺跡の地下には首長と思われる人が葬られています。その死をめぐる想いを天空に向けたのでしょうか。猛暑のさなか、汗を吹き出しながら巨石の指す天を仰ぎ見ると、雲間《くもま》に鮮やかな青空がのぞき、しばし心がそこへ吸いこまれるような清涼感がありました。

この遺跡を度々訪れた人がいます。作庭家の重森三玲《しげもりみれい》氏です。氏は伝統的な庭作りをふまえつつ、独創的でいつまでも新鮮な造形の美、「永遠のモダン」を追求しました。また、石をよこざまではなく、立てるように置く傾向があります。その発想のモチーフにこの遺跡があったのでしょうか。

実は、当寺の本堂前庭『心和《しんわ》の庭』は、一九六七年の三玲氏の作です。山号にちなんだ「心」字の形の築山に、三尊石をはじめとする巨石群が、天空を指向するように立てられています。それは、楯築遺跡のイメージと重なるように思えます。同じ枯山水《かれさんすい》様式で私が好きな龍安寺《りょうあんじ》石庭の枯淡な静けさと対照的に、こちらは、天空へ向ける躍動感があります。そこで、冒頭の歌が思い浮かんだわけです。歌詞には哀しさがありますが、この歌を歌う坂本九さんの声の響きには、希望にはずむような明るさがあります。笑顔で歌う九さんのバックに、天空を指す巨大な手がいくつも描かれている映像を見ることがありました。

仏教にも天空を指す言葉があります。

〝天上天下唯我独尊〟

釈尊が生まれた時、七歩あゆみ、右手で天を指し、この言葉を言ったとされています。「世界において私が最も尊い」という意で、もとは釈尊一人の崇高さをあらわす伝承でした。後には一人一人の尊厳をいうと解釈されてきました。私には、広大な天空を示されることにおいて、卑小な自己からしばし解放され、わが心の無限の広がりをうながされるようで、『心和の庭』にもそれを想うのです。

禅の高僧が一つの○を描き、先の言葉をそえた墨蹟があります。その○は円《えん》相《そう》と言い、言外の悟りの心をカタチで表したものです。この墨蹟について、仏は遠いものではなく自己の内にあると、現代の禅の高僧のご教示があります。しかし私には、ついぞ届かぬ天空の彼方に、そのような境地があるように思えてしまうのです。円相を月に見立て、「誰やらが心に似たり秋の月」と書いた禅僧の墨蹟もあります。美しい月のような仏心が誰にもあるのだとか。

『心和の庭』の中ほど手前に、唯一横ざまに寝ているように置かれた小ぶりの石があり、そのすぐそばに座って寄り添うような石があります。この頃この二つの石から、こんな声が聞こえてくるのです。「皆は上を向いてガンバレと言うけれど、時にはやさしい者のそばで横になって休みましょうよ」。これは、人生にくたびれた私の心の声なのでしょうか。「コラッ、休みすぎだぞ」という厳しいツッコミの声も他の石から聞こえてくるようで。

のちに、三玲氏の次のような感懐を見出しました。「石ほど沈黙を守っているものはないのですが、その石が随分とお喋りするのです」。また氏は、「私の作った庭をどのように解釈してもかまわない」「庭の鑑賞も批判もまた創作でなければならない」と言っています。これらはすぐれた現代作庭家の境地でしょう。天龍寺などの名庭を作った高僧夢窓《むそう》禅師は、庭によって心を磨くのだと唱《とな》えています。禅寺の庭は、いっそう各自の境地を深め創作するためにあるのでしょう。

あの歌には、こんな逸話があるそうです。

女優の中村メイコさんが、友人だった作詞家の永六輔《えいろくすけ》さんに、別の男性との婚約を告げたことがありました。すると、永さんが涙ポロポロ泣き出しました。戸惑ったメイコさんは、すぐに電話で父親に相談の連絡を入れるとこう言いました。「『上を向いて帰りたまえ』と伝えたまえ。『涙がこぼれないように』とね」。メイコさんは、そのとおり伝えました。それが、あの歌詞になったのかもしれないと。

ええ話やなあ…。

二〇二三年

おわりに

おさないころの私を、家人はこう評していました。ある問題に向き合った時、「ウ〜ン」と言って考えこんでいるようで、ただボーッとしていて、さっぱり解決せずに時間がたってしまう…と。以来私の歩みは、こころざしがあってのスローライフなのではなく、根っからのスローモーなのです。

いやしくも私が〝禅〟らしきことを言う根拠の核になるものは、わずかな期間の道場での修行体験です。老師様をはじめ先輩方や同輩後輩諸氏には、さまざまに貴重な御法愛《ごほうあい》をたまわりました。時おり肚《はら》の底からワクワクするような喜びがこみあげてくる、フシギな心境もありました。その日々は、終生《しゅうせい》思い慕う遠い〝恋人〟のような光明《こうみょう》です。初恋の人を想い続けて生涯独身で終わった男の、こんな言葉がうかんできます。「わずか一時間のうちに、人間は一生を生きぬくこともできるのです」（アンデルセン『柳の木の下で』）

カバー装画は、檀家さんで京都市立芸術大学名誉教授の井隼慶人様が創作して下さいました。書中の写真は私の素人撮影ですが、「浮かれ猫」（三十八節）のみ、檀家さんで写真家の中田昭様による寄贈作品を掲載させていただきました。映像ディレクターの別府隆様、ギャラリーテラの小林亜里様、普門軒前住職の杉本虚道師・クララ様ご夫妻に、刊行に向けての的確なアドバイスと温かな励ましをいただきました。原稿の校正は、妻の高校時代の恩師である濱岡弘一様・みち様ご夫妻に大変お世話になりました。カバー文字は、檀家さんでアーティストの水口菜津子様に、今では貴重なガリ版で制作していただきました。ウインかもがわの斉藤治様には、編集で丁寧なお世話をいただきました。

他にも多くの方々から、ご法愛ご厚意ご教示を賜りました。

拙文を連載してきた寺報『もんじゅ』は、ほぼ三十五年にわたり刊行を続けています。檀家様をはじめ親しい方々との交流をはかり、妻珠里《まり》と共にとりくんできました。妻の支えと励ましで継続することができました。イラストは、娘知里《ちさと》が気に入った節に描いてくれました。私によき家族があることのありがたさをあらためて想います。

じつにさまざまな方々が、ぼんやりカタツムリへの、やさしい雨のような慈しみをくださいました。その恵みによって、ふだんは自分のカラにひきこもりがちな男が、やっとノロノロ歩みだし、仄《ほの》かな〝光〟を集めてみた。そんなことをあらわしたのがこの書のようです。

私によき縁《えにし》をもたらしていただいた方々と、その背後の、慈《いつく》しみと悲《あわ》れみのまなこでわれわれを見そなわす〝大いなるもの〟へ、深く感謝の祈りを捧げます。

合掌

仏歴二五六七年初春

野僧透雲

［参考文献］

〈辞典〉

石井修道ほか『禅の思想辞典』（東京書籍）
石田瑞麿『例文仏教語大辞典』（小学館）
井之口有一ほか『京都語辞典』（東京堂出版）
大貫隆ほか『岩波キリスト教辞典』（岩波書店）
国史大辞典編集委員会『国史大辞典』（吉川弘文館）
駒澤大学内禅学大辞典編纂所『禅学大辞典』（大修館書店）
中村元『広説佛教語大辞典』（東京書籍）
中村元ほか『岩波仏教辞典第二版』（岩波書店）
日本国語大辞典第二版編集委員会『日本国語大辞典第二版』（小学館）
林屋辰三郎ほか『日本歴史地名大系27　京都市の地名』（平凡社）

〈史・資料〉

秋里籬島『拾遺都名所図会』（臨川書店）
麻生芳伸編『落語百選　春』（筑摩書房）
安藤年山『千年山集』（口丹波史談会）
安藤昌益『統道真伝』（岩波書店）
イグナチオ『霊操』（岩波書店）
石田瑞麿訳注『往生要集』（岩波書店）
石田瑞麿訳『維摩経』（平凡社）
石田瑞麿訳『歎異抄　教行信証ⅠⅡ』（中央公論新社）
入矢義高訳注『臨済録』（岩波書店）

入矢義高訳注『良寛詩集』（平凡社）
入矢義高ほか訳注『碧巌録』（岩波書店）
上村勝彦訳『バガヴァッド・ギーター』（岩波書店）
海老沢有道ほか校注『日本思想大系25　キリシタン書・排耶書』（岩波書店）
内山知也ほか編集『定本良寛全集』（中央公論新社）
大橋乙羽『日本紀行文集成第二巻』（日本図書センター）
奥野高広ほか校注『信長公記』（角川日本古典文庫）
表章ほか『日本思想大系24　世阿弥禅竹』（岩波書店）
金子大栄校訂『教行信証』（岩波書店）
亀岡市史編さん委員会編『新修亀岡市史　本文編第二巻』、『同上　資料編第二巻』（京都府亀岡市）
金谷治訳注『論語』（岩波書店）
川瀬一馬校注・現代語訳『夢窓国師　夢中問答集』（講談社）
木藤才蔵『日本古典文学大系66　連歌論集　俳論集』（岩波書店）
木内小繁石亭『復刻日本古典全集地誌・書目集4　雲根志』（現代思潮社）
京都北山丸太生産共同組合ウェブサイト『京都北山丸太北山杉』
京都市編『史料京都の歴史6　北区』、『同上7　上京区』（平凡社）
宮内庁『皇室制度史料皇族四』（吉川弘文館）
近栄蔵校注『日本古典集成　芭蕉句集』（新潮社）
久保田淳ほか校注『明恵上人集』（岩波書店）
光清寺蔵『光清寺文書』
小西甚一編訳『世阿弥能楽論集』（たちばな出版）
金剛巌『雪』（檜書店）
坂本幸男ほか訳注『法華経』（岩波書店）
柴山全慶輯『禅林句集』（其中堂）

参考文献

清涼山霊源寺護持会『清涼山霊源寺図録』
新約聖書翻訳委員会訳『新約聖書』（岩波書店）
禅文化研究所編集部『江湖叢書諸回向清規式抄』（禅文化研究所）
禅文化研究所編『禅門逸話集成』（禅文化研究所）
禅文化研究所編『臨済宗檀信徒経典』（禅文化研究所）
大應寺蔵『本末相改之帳面　京北野興聖寺』（天保十二年）
高橋秀栄ほか訳『大乗仏典中国・日本篇20　栄西・明恵』（中央公論社）
田中敏隆訳注『ガンディー自叙伝全2巻』（平凡社）
田中裕校注『世阿弥芸術論集』（新潮社）
谷川敏朗『校注良寛全句集』・『校注良寛全歌集』・『校注良寛全詩集』（春秋社）
玉城康四郎『現代語訳　正法眼蔵』（大蔵出版）
寺田貞治『京都名家墳墓録』（山本文華堂）
東光寺蔵『興聖寺宗派図』（万延元年）
中村元『現代語訳大乗仏典1　般若経典』（東京書籍）
中村元・紀野一義訳註『般若心経・金剛般若経』（岩波書店）
中尾良信ほか『禅語録傍訳全書禅苑清規』（四季社）
中村璋八ほか『典座教訓・赴粥飯法』（講談社）
中村幸彦『日本思想大系59　近世町人思想』（岩波書店）
野村豊ほか編『河内屋可正旧記』（清文堂）
平野宗浄監修『一休和尚全集全5巻』（春秋社）
平泉洸全訳注『明恵上人伝記』（講談社）
古田紹欽ほか『日本の禅語録全20巻』（講談社）
古田紹欽ほか『禅の古典全十二巻』（講談社）
本田済『中国古典選2　易下』（朝日新聞社）
松尾芭蕉『おくのほそ道』（岩波書店）、『芭蕉俳句集』（同上）

増谷文雄訳注『正法眼蔵』（講談社）
益富壽之助『石・昭和雲根志』（白川書院）
三浦浄心「慶長見聞集」『日本庶民生活史料集成第8巻』（三一書房）
水野弥穂子訳注『原文対照現代語訳道元禅師全集』（春秋社）
宮本武蔵『五輪書』（徳間書店）
柳田聖山『世界の名著18　禅語録』（中央公論社）
柳田聖山『大乗仏典13　祖堂集』（中央公論社）
柳田聖山ほか『禅の語録全二十巻』（筑摩書房）
吉岡眞之ほか監修『伏見宮実録第八巻』（ゆまに書房）
吉野秀雄校註『良寛歌集』（平凡社）
芳澤勝弘『白隠禅師法語全集第四冊　夜船閑話』（禅文化研究所）

〈著書・論文〉
赤松明彦『バガヴァッド・ギーター』（岩波書店）
浅尾直弘『豊臣・徳川の政治権力』（岩波書店）
アーノルド・ローベル『ふくろうくん』（文化出版局）
天野文雄「世阿弥の芸道思想と禅」『禅文化241』（禅文化研究所）
荒井荒雄『夜船閑話―白隠禅による健康法』（大蔵出版）
有賀要延『香と仏教』（図書刊行会）
アンデルセン『マッチ売りの少女／人魚姫』（新潮社）
アンドレイ・タルコフスキイ『タルコフスキイの映画術』（水声社）
泉田宗健『澤庵』（淡交社）
池上裕子『織田信長』（吉川弘文館）
石井義長『空也』（ミネルヴァ書房）

参考文献

伊藤古鑑『禅宗日課経新釈』（国書刊行会）
伊藤唯真『空也』（吉川弘文館）
市川次郎『日本の酒　その起源と歴史』（東亜文物懇話会）
五木寛之『21世紀　仏教への旅　中国編』（講談社）
乾千恵・あべ弘士『おじいちゃんのトラのいるもりへ』（福音館書店）
井上文勝『「千の風になって」紙袋に書かれた詩』（ポプラ社）
井上靖ほか『古寺巡礼京都15　高山寺』（淡交社）
今泉淑夫『世阿弥』（吉川弘文館）
入矢義高『求道と悦楽』（岩波書店）
ヴィヴィアン・ラッセル『モネの庭』（西村書店）
上田閑照『十牛図』（ちくま学芸文庫）
上村勝彦『バガヴァド・ギーターの世界』（筑摩書房）
内山興正『禅の心　悟りのうた―証道歌を味わう』（柏樹社）
NHKスペシャル取材班『戦慄の記録　インパール』（岩波書店）
江原絢子ほか『日本食物史』（吉川弘文館）
エリザベス・キューブラ・ロス『死ぬ瞬間』（中央公論新社）
遠藤周作『遠藤周作文学全集全十五巻』（新潮社）
遠藤周作『遠藤周作文学論集　宗教篇』（講談社）
おおえまさのり『チベットの死者の書99の謎』（二見文庫）
大隅和雄ほか『シリーズ女性と仏教2　救いと教え』（平凡社）
大平博四『新編有機農業の農園』（健友館）
大平博四『有機農業農園の四季』（七つ森書館）
岡本聡「安藤定為年譜稿」『水戸史学第五十七号』（水戸史学会）
小川常人「安藤朴翁口丹波帰栖に関する試稿」『丹波史談第112号』（口丹波史談会）
荻野獨園『近世禅林僧寶傳』（思文閣）

奥野勲『明恵』（東京大学出版会）
小野晃嗣『日本産業発達史の研究』（法政大学出版局）
笠谷和比古『信長の自己神格化と本能寺の変』（宮帯出版社）
カトリック長崎大司教区『大浦天主堂物語』
片岡弥吉『日本キリシタン殉教史』（時事通信社）
片岡弥吉『長崎のキリシタン』（聖母文庫）
加藤正俊『円相　禅の究極』（毎日新聞社）
亀岡市文化資料館『第十九回企画展　一絲文守と丹波・法常寺』
亀岡市文化資料館『第三十二回企画展　～国学者～安藤一族とその業績』
風間敏夫『新釈碧巖集』（法政大学出版局）
河合隼雄『明恵　夢を生きる』（京都松柏社）
河合隼雄『新版心理療法論考』（創元社）
川端康成『美しい日本の私』（講談社）
菊水健史ほか『犬のココロをよむ』（岩波書店）
菊水健史『社会の起源』（共立出版）
木村俊彦ほか『臨済宗の陀羅尼』（東方出版）
木村元彦『オシムの言葉』（文春文庫）
木村義志『机の上で飼える小さな生き物』（草思社）
京都国立博物館『国宝鳥獣戯画と高山寺』
京都市編『京都の歴史全十巻』（学芸書林）
金文京『水戸黄門「漫遊」考』（講談社）
久須本文雄『禅語入門』（大法輪閣）
久保貴子『後水尾天皇』（ミネルヴァ書房）
熊倉功夫『茶の湯』（教育社）
熊倉功夫『茶の湯の歴史』（朝日新聞社）

参考文献

熊倉功夫ほか『夢窓疎石』（春秋社）
熊本県立美術館『永青文庫展Ⅷ　澤庵と一絲』
倉敷市教育委員会文化財保護課『楯築遺跡』
桑田忠親『日本茶道史』（河原書店）
芸術新聞社『別冊墨第1号　良寛　その生涯と芸術』
コックス『世俗都市』（新教出版社）
小松茂美『続日本の絵巻8　華厳宗祖師絵伝』（中央公論社）
小宮良之「バスク特別紀行　アスレティック・ビルバオ」『ナンバー771』（文芸春秋）
坂本一登『日本史リブレット人74　岩倉具視』（山川出版社）
坂口謹一郎『日本の酒』（岩波書店）
坂口謹一郎監修・加藤辨三郎編『日本の酒の歴史』（研成社）
佐々木克『幕末維新の個性5　岩倉具視』（吉川弘文館）
佐藤初女『おむすびの祈り』（集英社）
佐藤剛『上を向いて歩こう』（岩波書店）
佐藤義英『雲水日記』（禅文化研究所）
鯖田豊之『肉食の思想』（中公新書）
寒川鼠骨『滴水禅師逸事』（政教社）
沢木興道監修・久馬慧中編『袈裟の研究』（大法輪閣）
重森三玲『枯山水』（河原書店）
重森三玲『刻々是好刻』（北越出版）
重森三玲『庭を見る心得』（平凡社）
柴崎輝和『明恵上人思想の研究』（大蔵出版）
柴山全慶『禅画の円相』（春秋社）
柴山全慶『禅心茶話』（春秋社）
ジム・ラヴロック『地球生命圏』（工作舎）

シャスティン・ウヴネース・モベリ『オキシトシンがつくる絆社会』（晶文社）
白洲正子『明恵上人』（講談社）
シルヴィ・バルネイ『聖母マリア』（創元社）
末松文美士『親鸞』（ミネルヴァ書房）
鈴木暎一『徳川光圀』（吉川弘文館）
スタニスワフ・レム『ソラリス』（早川書房）
青山社編集部『消災呪とは何か』（青山社）
ソギャル・リンポチェ『チベットの生と死の書』（講談社）
平雅行『改訂 歴史のなかに見る親鸞』（法蔵館）
谷耕月『逸外老師随聞書　底なし釣瓶で水を汲む』（柏樹社）
外山英策『室町時代庭園史』（思文閣）
第五十三師団第二野戦病院部隊史編纂委員会『ビルマ北から南まで　「安」第二野戦病院の記録』（第五十三師団第二野戦病院部隊史編纂委員会）
高木恭造『方言詩集まるめろ』（津軽書房）
高津明恭『選仏寺年表』（選仏寺）
竹内敏晴『ことばが劈《ひら》かれるとき』（筑摩書房）
竹田黙雷『叢書禅13　禅機』（国書刊行会）
竹貫元勝『古渓宗陳―千利休参禅の師、その生涯』（淡交社）
竹村俊則『昭和京都名所図会5　洛中』（駸々堂出版）
竹山道雄『ビルマの竪琴』（新潮社）
田中貴子『猫の古典文学誌』（講談社）
田中久夫『明恵』（吉川弘文館）
辻善之助ほか『明恵上人と高山寺』（同朋舎）
常石英明『日本刀の鑑定と鑑賞』（金園社）
トーマス・カーシュナー『禅僧になったアメリカ人』（禅文化研究所）

参考文献

登谷伸宏『近世の公家社会と京都』（思文閣出版）
直木公彦『白隠禅師健康法と逸話』（日本教文社）
中田昭『・京・瞬・歓・』（京都新聞出版センター）
永井政之「南宋における一居士の精神生活」（『駒沢大学仏教学部論集第十五・十六号』）
中山寛治『母なる神を求めて　遠藤周作の世界展』（アートデイズ）
中村生雄『肉食妻帯考』（青土社）
中村元『ゴータマ・ブッダ』（春秋社）
中村元『中村元選集第11巻　ゴータマ・ブッダⅠ』（春秋社）
中村元『ブッダの世界』（学習研究社）
中村元『仏教植物散策』（東京書籍）
中村メイコ『もう言っとかないと』（集英社インターナショナル）
奈良国立博物館『特別展ブッダ釈尊―その生涯と造形』
新村拓『日本仏教の医療史』（法政大学出版会）
西嶋和夫『信心路　証道歌　提唱』（金沢文庫）
沼野充義『NHK100分de名著　スタニスワフ・レム』（NHK出版）
野口善敬『ナムカラタンノーの世界』（禅文化研究所）
野口善敬『禅門陀羅尼の世界』（禅文化研究所）
野口武彦『徳川光圀』（朝日新聞社）
野地秩嘉『高倉健インタヴューズ』（小学館文庫プレジデントセレクト）
ノーマン・マクリーン『マクリーンの川』（集英社）
服部正明・上山春平『仏教の思想4　認識と超越〈唯識〉』（KADOKAWA）
原島修「安藤氏研究の現状と諸課題」『水戸史学第五十七号』（水戸史学会）
原田信男『歴史のなかの米と肉』（平凡社）
原田マハ『モネのあしあと』（幻冬舎）
ハンス・ウイルヘルム『ずーっとずっとだいすきだよ』（評論社）

東山紘久『プロカウンセラーの夢分析』（創元社）
弘前市教育委員会『わが青春の〝まるめろ〟』
平野多恵『明恵』（笠間書院）
藤井享子「江戸前期小袖の猫文様について」『王朝文学と服飾・容飾』（竹林舎）
フレッド・ハーゲネーター『木々の恵み』（毎日新聞出版）
船岡誠『日本禅宗の成立』（吉川弘文館）
文藝春秋篇『高倉健』（文春文庫）
古田紹欽ほか監修『叢書禅と日本文化全十巻』（ぺりかん社）
ホセマリア・サンチェスシルバ『汚れなき悪戯』（小学館）
掘正三『朝倉文夫の青春』（国文社）
堀尾青史『宮沢賢治年譜』（筑摩書房）
前川健一『明恵の思想史的研究』（法蔵館）
増谷文雄『仏陀』（角川書店）
枡野俊明『夢窓疎石　日本庭園を極めた禅僧』（日本放送出版協会）
松岡達英・村田真一『マザーツリー』（小学館）
松澤克行「近世の公家社会」『岩波講座日本歴史第12巻』（岩波書店）
松原泰道『禅語百選』（祥伝社）
松原泰道『だるまさん』（大道社）
松村薫子『糞掃衣の研究』（法蔵館）
松本章男『道元の和歌』（中央公論社）
見田宗介「『リスク社会』の向こうへ」（『京都新聞』二〇二〇年三月十一日）
宮榮二ほか『別冊墨第一号　良寛』（芸術新聞社）
宮沢賢治『新修宮沢賢治全集』（筑摩書房）
宮間純一『国葬の成立』（勉誠出版）
水上勉『良寛』（中央公論新社）

参考文献

村井康彦『茶の文化史』（岩波書店）
村木弘昌『白隠の丹田呼吸法』（春秋社）
湊素堂『鎌倉十八年』（大徹会）
本橋成一『アレクセイと泉』（小学館）
本橋成一『アレクセイと泉のはなし』（アリス館）
森蘊『日本史小百科19　庭園』（近藤出版）
安井裕雄『図説モネ「睡蓮」の世界』（創元社）
安井裕雄『もっと知りたいモネ』（東京美術）
安永寿延『増補写真集　人間安藤昌益』（農文協）
藪田嘉一郎『五輪塔の起源』（綜芸舎）
柳田聖山『禅思想』（中公新書）
柳田聖山『人類の知的遺産16　ダルマ』（講談社）
柳田聖山『禅語録』（中央公論社）
矢野道子『ド・ロ神父　その愛の手』
安丸良夫『日本の近代化と民衆思想』（平凡社）
山川均『石塔造立』（法蔵館）
山田無文『証道歌』（禅文化研究所）
山本健吉『芭蕉　その鑑賞と批評』（飯塚書店）
ユリー・シュルヴィッツ『よあけ』（福音館書店）
横井清『室町時代の一皇族の生涯』（講談社）
横山紘一『唯識の思想』（講談社）
吉川需『日本の美術61　枯山水の庭』（至文堂）
吉田伸之『日本の歴史一七　成熟する江戸』（講談社）
吉村貞司ほか『禅文化一〇一号　特集・一絲文守禅師』（禅文化研究所）
笠智衆『小津安二郎先生の思い出』（朝日文庫）

笠智衆『俳優になろうか』（日本経済新聞社）
レイチェル・カーソン『沈黙の春』（新潮社）
ロス・キング『クロード・モネ』（亜紀書房）
若杉準治『日本の美術413　絵巻華厳宗祖師絵伝』（至文堂）
和田謙寿「五輪塔の成立発展を考える」（『駒澤大学仏教学部論集八』）
渡辺金造「安藤素軒と年山」『日本書誌学大系47　(2)渡辺刀水集二』（青裳堂書店）

〈映像作品〉

アンドレイ・タルコフスキイ監督『惑星ソラリス』（ソ連映画）
イ・チュンニュル監督『牛の鈴音』（韓国映画）
ＮＨＫスペシャル『民族共存へのキックオフ～〝オシムの国〟のＷ杯～』
小津安二郎監督『東京物語』
マーク・ライデル監督『黄昏』（アメリカ映画）
本橋成一監督『アレクセイと泉』
山本進監修『落語百選ＤＶＤコレクション』第30号（デアゴスティーニ・ジャパン）
ラディスラオ・バホダ監督『汚れなき悪戯』（スペイン映画）
ルネ・クレマン監督『禁じられた遊び』（フランス映画）
ロバート・レッドフォード監督『リバー・ランズ・スルー・イット』（アメリカ映画）

著者　透雲　義文

臨済宗建仁寺派 心和山光清寺住職

ZEN でいましょう　禅のことばをめぐる雑感

2024 年 2 月 15 日　初版第 1 刷発行

著　者　透雲　義文

発行者　竹村　正治

発行所　ウインかもがわ
〒 602-8119
京都市上京区出水通堀川西入亀屋町 321

発売元　かもがわ出版
〒 602-8119
京都市上京区出水通堀川西入亀屋町 321

印刷所　シナノ書籍印刷株式会社

ISBN978-4-909880-40-6　C0095

JASRAC 出 2206966-201